本书系
教育部人文社会科学研究青年基金项目
（11YJC630045）研究成果

TO HELP OURSELVES

同舟共济

高恩新 —— 著

突发事件受害人救助政策研究

北京大学出版社
PEKING UNIVERSITY PRESS

图书在版编目(CIP)数据

同舟共济：突发事件受害人救助政策研究 / 高恩新著 .—北京：北京大学出版社，2018.8

ISBN 978-7-301-29729-2

Ⅰ.①同… Ⅱ.①高… Ⅲ.①突发事件—被害者—社会救济—社会政策—研究—中国 Ⅳ.① D632.1

中国版本图书馆 CIP 数据核字 (2018) 第 170146 号

书　　　名	同舟共济：突发事件受害人救助政策研究 TONGZHOU-GONGJI
著作责任者	高恩新　著
责 任 编 辑	朱梅全
标 准 书 号	ISBN 978-7-301-29729-2
出 版 发 行	北京大学出版社
地　　　址	北京市海淀区成府路 205 号　100871
网　　　址	http://www.pup.cn　新浪微博：@ 北京大学出版社
电 子 信 箱	sdyy_2005@ 126.com
电　　　话	邮购部 62752015　发行部 62750672　编辑部 021-62071998
印 刷 者	北京富生印刷厂
经 销 者	新华书店 730 毫米×980 毫米　16 开本　16.25 印张　226 千字 2018 年 8 月第 1 版　2018 年 8 月第 1 次印刷
定　　　价	54.00 元

未经许可，不得以任何方式复制或抄袭本书之部分或全部内容。

版权所有，侵权必究

举报电话：010-62752024　电子信箱：fd@pup.pku.edu.cn

图书如有印装质量问题，请与出版部联系，电话：010-62756370

序

自从贝克(Ulrich Beck)提出"风险社会"的概念以来,风险的多样性以及风险后果的不平等性问题开始受到人们越来越多的关注。自然灾害、安全事故、传染性疾病和各种各样的社会安全事件多发,给世界各国的公众造成了严重的财产和生命损失。社会中的个体,尤其是处在社会底层的弱势群体暴露在现代社会风险之下,遭受的人身伤害和财产损失日益严重。在日益增长的现代风险面前,各类突发事件导致"因灾致贫""因病致贫"的问题呈现在社会面前,成为各国政府必须面对的挑战。

在中国漫长的历史中,灾害既是自然难题又是政治统治难题。灾害往往伴随着灾民、流民甚至是暴民,对社会生产、生活和政治统治秩序造成严重冲击。一旦灾害的受害人食不果腹,颠沛流离,又不能得到及时救助和安置,就意味着政治统治体系离垮台不远了。纵观历史,王朝统治的兴衰往往与能否妥善救助、安置灾民有密切的关系。两千多年来,君王、臣僚、社会贤达与普通民众,依赖于一套共识性的价值观体系,超越彼此间的分歧,在灾害救助方面为我们留下了一整套救灾制度与文化遗产。政府推出一整套"荒政"体系,社会贤达以威望、财力和仁爱之心广施恩惠于地方灾民,形成了比较有效的国家与社会合作应对灾害模式。在大多数时候,政府能够从观念、行为和基本生活上帮助受害人摆脱困境。当政治体系和政策体系不能有效发挥作用时,很容易导致政府与社会之间离心离德,甚至演化成剧烈的社会冲突。在中国灾荒史上,灾民演变成流民、暴民,引发农民起义直至王朝换代的例子不胜枚举。从这一角度说,自然灾害是理解传统中国王朝兴衰沉浮的重要因素之一。

现代中国面临的风险压力已经完全超越了传统制度资源的限度,需要创新风险治理体系来应对日益复杂的多元挑战。今天,无论是理论界还是实践部门,对谁来承担各类突发事件受害人救助的责任存在争议。市场主义者认为,既然市场机制在社会资源配置中具有明显的优势,保险业已经发展出成熟的风险模型、定价机制和运营模式,那么就应该推动市场力量来应对各种风险。许多国家的政府积极鼓励个人和商业机构开拓商业保险市场来应对灾害风险、事故风险、健康风险,预防潜在的人身和财产损害。借助于保险市场,风险损失实现了在保险人、被保险人、再保险人以及其他商业市场主体之间的转移、分散和共担。在这种策略主导下,商业保险、再保险市场已经成为世界各国主导型的风险分散、损失分担的力量,有效地降低了公民和商业机构可能遭受的损害程度。相反,政府责任论者主张运用国家干预和积极的财政政策,提供普惠型的社会保险和社会保障来帮助每一个公民应对可能的人身伤害和财产损失。作为公共产品和公共服务供给者的政府,应该以公平性、普惠性和公共性保障与救助消解不同社会个体在面对风险时存在的资源、能力差异,避免商业保险经常遭遇的"市场失灵"问题,从而减轻风险社会后果的不平等性。

中国作为一个拥有13亿人口的大国,各类突发事件发生频繁,影响面广,人身伤害和财产损失大,受害人往往快速陷入困境。对受害人救助不及时、不到位不仅仅可能引发"因灾致贫""因灾返贫"的问题,还可能严重影响到社会的和谐与稳定。但是,单靠政府力量已经无法应对各类风险事件对受害人造成的损害。法律体系、财政能力、政府效率以及稳定压力迫使政府认识到不能单独承担突发事件受害人救助的责任。政府一家单打独斗,既不符合现代风险治理理念,也没有能力做好事后的救助工作。因此,如何理清政府、市场与社会在救灾中的责任边界,构建一个整合三方力量的突发事件善后救助合作治理、责任分担体系就是当前亟须解决的问题。

本书从常态情境下政府、市场和社会的边界出发，通过理论分析，建立了非常态情景下政府、市场和社会合作治理的框架，并结合跨国比较研究，分析了中国、美国、日本等国在自然灾害救助、事故赔偿和救助、传染性疾病救助以及社会安全事件补偿方面的政策体系及政策变迁历程。在写作过程中，本书结合典型案例分析了不同国家、不同类型突发事件善后救助的风险分散和转移制度，在讨论制度借鉴意义的基础上，构建了中国突发事件善后救助责任分担体系。

现代风险治理体系要求必须建立风险分散、责任共担的风险治理结构。在现代风险治理结构中，政府—市场的责任边界既此消彼长，功能上又相互增强。政府以社会保险和社会保障为核心提供普惠型保险赔付和社会保障，帮助社会成员维持基本生活和尊严；市场借助于商业保险、再保险实现个体风险的社会化，社会成员之间则通过捐助和志愿活动实现互助互惠来应对各种风险和挑战。风险治理结构的创新要求作为政策供给主体的政府，必须通过强制性立法将保险作为基础性的风险分散体系，通过商业保险市场、再保险市场、公共财政发挥最后保险人作用的政策设计提升保险人赔偿损失的能力。以受害人为中心、以风险分散为方向、以责任分担为目的，是下一阶段中国风险治理结构和制度创新的基本要求。公共财政通过保费补贴、超额赔付以及社会保险为全体社会成员提供普惠型福利保障，以增强抵御社会风险的能力。同时，创新公共财政支出方式，需要积极引入第三方力量，以独立、专业和公益为原则，最大化地提升公共财政的救助效率。只有全社会合作起来，同舟共济，才能应对越来越多的风险事件，迈向国家繁荣富强、人民安居乐业、社会和谐稳定的新时代！

目　录

第一章　风险社会与受害人救助//1
　　第一节　风险社会已经到来//3
　　第二节　厘清概念：正本清源//7
　　第三节　谁来救助受害人//9

第二章　风险治理与救助责任分担//13
　　第一节　风险治理的多元策略//15
　　第二节　政府、市场与社会：如何分担责任//19
　　第三节　构建以"受害人"为中心的合作救助体系//23

第三章　"仰望青天"：中国政府主导型灾害救助模式//29
　　第一节　"多灾多难"的国度//31
　　第二节　"祖宗之法"：救灾的历史遗产//36
　　第三节　自力更生 vs. 依靠政府：当代救灾政策的流变//42
　　第四节　中国自然灾害救助政策实践存在的问题//50

第四章　美国 vs. 日本：谁的救灾制度更有效 //55
- 第一节　美国市场主导型灾害救助体系 //57
- 第二节　日本公私合作型灾害救助体系 //75
- 第三节　美国、日本自然灾害救助政策的启示 //82

第五章　事故受害人救助：中国的探索与政策 //85
- 第一节　生产安全事故高发的时代 //87
- 第二节　中国事故受害人救助政策体系 //90
- 第三节　中国事故受害人救助面临的难题 //114

第六章　美国事故受害人赔偿政策分析 //117
- 第一节　美国已跨越事故高发期 //119
- 第二节　美国事故受害人赔偿政策的发展历程 //122
- 第三节　美国事故受害人救助政策的实践 //128
- 第四节　墨西哥湾漏油事故的案例分析 //133
- 第五节　美国事故受害人救助政策的启示 //139

第七章　突发公共卫生事件救助政策分析：中国经验 //143
- 第一节　突发公共卫生事件救助需求大 //145
- 第二节　中国突发公共卫生事件医疗保障和救助政策 //152
- 第三节　中国突发公共卫生事件受害人救助面临的难题 //167

第八章　突发公共卫生事件受害人救助的国际经验 //171
- 第一节　全球面临日益增多的突发公共卫生风险 //173
- 第二节　美国混合型医疗保障和救助政策 //175
- 第三节　中国香港地区公共财政救助基金模式 //181
- 第四节　突发公共卫生事件的国际组织援助 //185

目 录

第五节　国际突发公共卫生事件救助政策的启示//189

第九章　社会安全事件受害人救助政策分析：中国经验//193
　　第一节　突发社会安全事件造成重大损失//195
　　第二节　突发社会安全事件受害人救助政策构成//199
　　第三节　突发社会安全事件受害人救助实践中的问题//206

第十章　社会安全事件受害人补偿政策：美国经验//211
　　第一节　全球面临恐怖主义风险//213
　　第二节　美国社会安全事件保险赔偿体系//215
　　第三节　社会安全事件受害人的国家补偿政策//218
　　第四节　社会捐赠资金的"基金化"运作模式//222
　　第五节　美国社会安全事件受害人救助政策的启示//224

第十一章　构建突发事件受害人救助责任分担体系的建议//229
　　第一节　以"受害人"为中心构建风险治理体系//231
　　第二节　突发事件善后救助责任分担的连续统//233
　　第三节　突发事件善后救助责任分担政策供给建议//235

参考文献//242

第一章

风险社会与受害人救助

第一节 风险社会已经到来

现代社会已经进入风险社会。由各种不确定性因素引发的突发事件逐渐呈现高发、多发的趋势,其破坏性后果也越来越大,对全球政治、经济和社会造成重大影响。德国慕尼黑再保险公司报告称,2013年全球因自然灾害引发的经济损失总计高达1250亿美元。[①] 联合国研究报告指出,近年来全球每年因地震、洪水、干旱和龙卷风等天灾造成的经济损失平均已达2500亿至3000亿美元。[②] 2015年全球发生的各种自然灾害共造成约2.3万人死亡,近1亿人受到影响。2016年全球包括地震、洪水、森林火灾等自然灾害造成1680亿欧元损失,是过去4年的峰值。[③] 中国民政部报告显示,2015年各类自然灾害共造成全国18620.3万人次受灾,819人死亡,148人失踪,644.4万人次紧急转移安置,181.7万人次需紧急生活救助;24.8万间房屋倒塌,250.5万间不同程度损坏;农作物受灾面积

[①] 《2013年全球自然灾害经济损失1250亿美元》,http://gb.cri.cn/42071/2014/01/08/5931s4383156.htm。

[②] 联合国国际减灾战略办公室(UNISDR)2016年2月11日在日内瓦的年度报告。

[③] 《2016年全球自然灾害造成1680亿欧元损失》,http://finance.sina.com.cn/roll/2017-01-06/doc-ifxzkssy1010037.shtml。

2176.9万公顷,其中绝收223.2万公顷;直接经济损失2704.1亿元。① 2016年,各类自然灾害共造成全国近1.9亿人次受灾,1432人因灾死亡,274人失踪,1608人因灾住院治疗,910.1万人次紧急转移安置,353.8万人次需紧急生活救助;52.1万间房屋倒塌,334万间不同程度损坏;农作物受灾面积2622万公顷,其中绝收290万公顷;直接经济损失5032.9亿元。②

在化工、采矿、交通、航空、建筑等领域发生的各类突发生产安全事故造成的损失也越来越大。近10年来,中国每年发生各类生产安全事故70多万起,造成10多万人死亡,70多万人受伤,直接和间接的损失约为2500亿元。2014年,中国共发生各类安全事故29万起,死亡6.6万人,经济损失达5000多亿元。③ 2015年,全年各类生产安全事故共造成66182人死亡。④ 2016年,全年各类生产安全事故共造成43062人死亡。⑤ 公共卫生事件也成为社会关注的热点问题。2013年,中国各级卫生部门成功处置各类突发的公共卫生事件1077起,救治伤病员36900多人。⑥

在社会安全领域,有组织暴力、报复社会、故意杀人、群体性暴力以及恐怖袭击等事件造成了严重的人员伤亡。例如,2013年6月7日,福建厦门一公交车突然起火,造成47人死亡、34人因伤住院;2014年3月1

---

① 《民政部、国家减灾办发布2015年全国自然灾害基本情况》,http://www.gov.cn/xinwen/2016-01/11/content_5032082.htm。
② 《民政部、国家减灾办发布2016年全国自然灾害基本情况》,http://www.mca.gov.cn/article/zwgk/mzyw/201701/20170100002965.shtml。
③ 《中华人民共和国2014年国民经济和社会发展统计公报》,http://www.stats.gov.cn/tjsj/zxfb/201502/t20150226_685799.html。
④ 《中华人民共和国2015年国民经济和社会发展统计公报》,http://www.stats.gov.cn/tjsj/zxfb/201702/t20170228_1467424.html。
⑤ 《中华人民共和国2016年国民经济和社会发展统计公报》,http://www.stats.gov.cn/tjsj/zxfb/201702/t20170228_1467424.html。
⑥ 《卫计委:2013年成功处置1077起突发公共卫生事件》,http://www.china.com.cn/news/2014lianghui/2014-03/06/content_31697636.htm。

日,昆明火车站广场发生蒙面暴徒砍人事件,造成31人死亡、141人受伤。

面对各类突发事件造成的重大人员、财产损失,各种赔偿、救助数额也屡创新高。在自然灾害领域,全球保险赔付额度随着极端天气导致的自然灾害逐渐多发、高发,动辄数千亿美元。瑞士联邦再保险发布的数据表明,2013年全球因灾损失为1250亿美元,2014年为1130亿美元,近10年来每年平均损失约为1880亿美元。① 2005年,自然灾害保险赔付总额为900亿美元。2011年已申请保险赔付的灾害类保险金额已稳坐历史第二高的位置,各保险公司赔付和待赔付的保险金额达700亿美元。②

在中国,各类突发事件之后的赔偿和救助是应急管理的难题和焦点。2014年7月19日,沪昆高速公路湖南省邵阳市境内,一辆运载6.52吨乙醇的轻型货车与一辆大客车发生追尾碰撞,致轻型货车运载的乙醇瞬间大量泄漏燃烧,造成大量人员伤亡。中国大地财产保险股份有限公司立即启动大案应急响应,快速完成2650万元的理赔款支付。③ 事故引发的赔偿有时候数额巨大且存在一定的分歧,赔偿往往比较难。2010年11月15日,上海市静安区胶州路728号公寓大楼发生特别重大火灾事故,造成58人死亡、71人受伤,直接经济损失1.58亿元。上海"11·15"火灾事故相关的人身赔偿、房屋赔偿、财产赔偿三部分方案已全数公布。静安建设总公司于2010年12月被确定为赔偿主体,为每位死者支付死亡赔偿金、丧葬费、精神损害抚慰金等总计65万元。地方政府也打包发放政府综合帮扶金与社会捐助资金等,由相关救助单位支付每位遇难者救助金额总计31万元。但在涉及房屋的产权、价格、屋内财产的赔偿上,各

---

① 华晔迪:《机构:2013年全球自然巨灾致1250亿美元直接损失》,http://finance.huanqiu.com/data/2014-01/4734682.html。
② 《今年灾害保险赔偿逼近历史记录》,http://news.cntv.cn/20110911/101530.shtml。
③ 《中保协发布2014年度中国十大保险典型赔案》,http://xw.sinoins.com/2015-03/13/content_148550.htm。

方一直存在较大的争议,政府、建设总公司、受害人之间很难达成一致。①

在公共卫生领域,突发事件带来的损失由谁承担也一直存在争议。2003年,中国爆发了大范围的重症急性呼吸综合征(SARS)疫情,自广东开始蔓延至全国,造成了大范围的交叉感染,经济损失巨大。为了应对SARS疫情,各级财政共投入了150亿元用于预防、救治病人,其中中央财政承担了42亿元,地方财政承担了108亿元。② 尽管在SARS期间,社会各界也捐助了30.1亿元用于应对疫情,但是突发公共卫生事件的应急处置主要由财政资金承担的局面没有改变。过度依赖中央财政资金,政府、保险、社会和个人之间缺乏有效的风险分担机制已经成为历次突发公共卫生事件应急处理的常态化难题。

在社会安全领域,随着各类突发社会安全事件越来越多,政府面临更大的财政救助压力。2013年6月7日,厦门市一辆公交车在行驶过程中起火,造成47人遇难。事后,保险理赔工作全面展开,除承运人责任险外,事故共涉及26名被保险人、1名投保人,截至2013年8月1日,保险公司已预赔付1559万元。③ 2014年3月1日,10余名统一着装的暴徒蒙面持刀在云南昆明火车站广场、售票厅等处砍杀无辜群众,造成31人死亡、141人受伤。在善后工作中,昆明市政府决定承担遇难者的基本丧葬费,包括火葬、殡仪、悼念等服务费用,均由政府支付;对受伤人员的治疗费用,也由政府全额支付;善后工作开展期间,遇难者和伤者家属在昆明的吃、住、行等费用,政府全部负责。此外,昆明市还对无辜遇难者家属给予一次性救助金,作为人道主义救助。除医疗费用外,昆明市政府向每位遇难者家属支付30万元一次性救助金。

面对各类突发事件造成的经济、人员损失,中国政府既面临巨大的财

---

① 《艰难的谈判:上海11·15火灾赔偿清单调查》,https://finance.qq.com/a/20110709/000396.htm。
② 冯俏彬:《我国应急财政资金管理的现状与改进对策》,载《财政研究》2009年第6期。
③ 《厦门市招办:公交纵火案受伤7考生直接上大学》,http://politics.people.com.cn/n/2013/0801/c1001-22403207.html。

政压力,又处在矛盾的焦点。现代政府的典型特征是"预算政府",即必须严格按照年度财政预算安排各项政府活动。但是,突发事件的本质特征以及造成损失的不确定性却与预算的刚性约束相冲突。在发生突发事件后,即使各级政府在年度预算中按照法律法规的规定预留了一定比例的专项救助基金和应急基金,但各级政府仍然面临较大的财政救助压力。作为一个社会主义国家,政府主导的财政救助模式在资源调配和财政救助公平性方面确实具有明显的优势。但是,在突发事件的善后救助过程中,政府并不是唯一的救助责任主体。政府除了承担救助责任之外,还应该通过制度供给激励市场主体、社会主体共同参与救助,建立良性的政府、市场和社会三方合作的救助责任分担体系来化解当前财政救助压力大、救助规模小的难题。因此,从制度供给的角度理清政府、市场、社会三方主体在突发事件救助中的责任,针对不同类型的突发事件探索三方合作分担救助风险的体系对于完善应急管理体系、优化突发事件救助制度、提升善后救助效能具有重要意义。

第二节 厘清概念:正本清源

"风险"是理解现代社会面临的不确定性的一个核心概念。风险本义上是指人身或者财产遭受损失的可能性。[①] 风险意味着在某一特定环境下,在某一特定时间段内某种损失发生的可能性。最早提出"风险"概念的是美国人海恩斯(Haynes),他认为"风险"一词意味着损失或损失的可能性。某种行为能否产生有害的后果应以其不确定性而定,如果某种行为具有不确定性,其行为就反映了风险的负担。这一定义反映了风险的两个基本特性:负面性和可能性。从结构上看,风险是由风险因素、风险事故和风险损失等要素组成的。风险通过一定的途径传达给受到影响的

---

① 〔美〕米切尔·K. 林德尔、卡拉·普拉特、罗纳德·W. 佩里:《应急管理概论》,王宏伟译,中国人民大学出版社2011年版,第61页。

社会成员,从而造成特定的损失。风险作为一种造成不确定损失的可能性,是嵌入在社会之中的因素。任何一个风险都会通过社会结构分配转移到特定的社会个体和群体中。社会中不同的个体面临同一种风险时,由于所处的社会结构位置不同、拥有的资源不同,对风险的承受能力也不同。风险借助于社会结构使得破坏性后果更多集中于特定的弱势群体和个体身上。[1] 这些弱势群体和社会个体只能承受加注于他们身上的损害,而没有能力、没有机会去摆脱困境。风险的破坏性、风险分配的不平等性要求全社会必须通过特定的制度安排来帮助社会中的弱势群体和个体增强承受风险的能力,尽快摆脱困境。

在中国语境中,人们常常用"突发事件"这个词语来指代各类风险事件。突发事件是指偶然发生、对社会造成一系列损伤的事件的总称。根据国务院办公厅2004年印发的《关于〈国务院有关部门和单位制定和修订突发公共事件应急预案框架指南〉的说明》中规定,突发公共事件是指突然发生的,造成或者可能造成重大人员伤亡、重大财产损失、重大生态环境破坏和对全国或者一个地区的经济社会稳定、政治安定构成重大威胁或者损害,有重大社会影响的涉及公共安全的紧急事件。2006年,国务院发布的《国家突发公共事件总体应急预案》规定,突发公共事件是指突然发生的,造成或者可能造成重大人员伤亡、财产损失、生态环境破坏和严重社会危害,危及公共安全的紧急事件。2007年11月1日,《突发事件应对法》正式生效。该法规定,突发事件是指突然发生,造成或者可能造成严重社会危害,需要采取应急处置措施予以应对的自然灾害、事故灾难、公共卫生事件和社会安全事件。突发性、破坏性和后果的不确定性是各类突发事件的典型特征。突发事件的基本特征要求各级政府必须及时响应,快速介入实施应急处置和救援,并妥善做好善后工作,防止突发事件可能引发的一系列社会不稳定问题。

---

[1] 〔德〕乌尔里希·贝克:《风险社会》,何博闻译,译林出版社2004年版。

在各类善后工作中,对受害人进行"救助"是地方政府的重要责任。在汉语中,"救助"意味着"拯救和援助",即用金钱或者物资帮助生活困难的人,减轻或解除痛苦、困苦、忧虑等。[①] 救助与救济不同。救济主要是针对贫困人口实施的一种经济、物资的施舍,具有慈善的意义。而救助本质上是一种针对有需要的社会个体给予的必要的帮助。社会救助是指政府与社会大众对那些需要帮助的人给予的扶助。社会中的个体、团体因天灾、人祸、意外事故遭受重大损失时,面临生活困难需要他人进行帮助,救助是保障他们在突发事件情境下基本生活的一种制度。[②] 救助强调了特定的社会背景,即受助者因自然灾害、意外事故、个人原因导致的生存困难、不能维持基本生活时,由国家或者社会给予一定的物资和资金援助和扶助,以保证其基本生活的社会保障措施。[③] 在困难情境下获得救助是现代公民的基本权利之一。当公民难以维持最低生活水平时,国家和社会必须按照法定的程序和标准向其提供保证其最低生活需求的物质援助。国家向面临困难的公民或者不幸者提供款物接济和扶助是政府当然的义务和责任。[④] 本书从广义上界定救助,即因突发事件导致人身、财产损害的个人或者机构获得的外部帮助。广义上的救助不仅仅包括针对生活困难人群的基本生活救助,也包括针对人身伤害、财产损失以及其他困难给予的赔偿、补偿、安置和帮扶等内容。

第三节　谁来救助受害人

突发事件的破坏性后果历来是公共管理特别是应急管理研究关注的

[①] 中国社会科学院语言研究所词典编辑室编:《现代汉语词典(第7版)》,商务印书馆2016年版,第700页。
[②] 江亮演:《社会救助的理论与实务》,桂冠图书股份有限公司1990年版,第4—8页。
[③] 陈成文、胡书芝等:《社会救助与建设和谐社会》,湖南师范大学出版社2007年版,第8页。
[④] 郑功成:《社会保障学——理念、制度、实践与思辨》,商务印书馆2000年版。

重点。研究者除了重点讨论如何通过有效的预防策略来减少损失之外,还普遍关注通过补偿、赔偿、救助等政策实现减灾救灾,帮助受害人尽快摆脱困境。

在突发事件的善后救助方面,国内学者进行了大量的研究。有的研究者从巨灾保险的角度出发,提出应该积极探索建立有中国特色的巨灾保险制度,以减轻当前巨灾损失和救灾压力。[1] 有的学者认为,中国当前救灾过程中的单一财政型救灾模式优势明显,但是缺陷也很突出,应该借鉴日本建立多层级巨灾损失补偿模式。[2] 有的学者借助于个案研究,分析了中国自然灾害事件下的社会救助法制体系存在的问题,并提出了从公民权利的角度完善社会救助立法的建议。[3] 也有的学者关注自然灾害政策性保险实施过程中的问题,提出借助于准备金制度、再保险体系来分担风险。[4] 总的来看,国内学者已经就各类突发事件的整体管理体系进行了系统的研究,对于突发事件善后救助过程中保险市场分散风险的作用机制进行了研究。但是,当前的国内研究主要集中在自然灾害救灾过程中政策性农业保险的研究,对与其他类型的突发事件如生产安全事故、公共卫生事件、社会安全事件造成损失的救助制度和实践的研究较为薄弱。

在国外,灾害引发的损失主要是通过保险市场机制实现减损救灾,即通过人身、财产保险的方式由市场承担损失风险和救助责任的分散与转移。公共财政主要是通过救助基金的形式发挥补充性作用。[5] 面对各类

---

[1] 郭瑞祥:《重建我国巨灾损失补偿体系的构想》,载《经济与管理研究》2009 年第 3 期。
[2] 陈志杰:《我国灾害应急事件中受害者的补偿机制研究》,载《广西社会科学》2010 年第 4 期。
[3] 陈珊:《我国自然灾害事件下社会救助法制体系研究》,中国政法大学出版社 2013 年版。
[4] 庹国柱、赵乐、朱俊生等:《政策性农业保险巨灾风险管理研究:以北京市为例》,中国财政经济出版社 2010 年版。
[5] Erwann Michel-Kerjan & Burkhard Pedell, How Does the Corporate World Cope with Mega-Terrorism? Puzzling Evidence from Terrorism Insurance Markets, *Journal of Applied Corporate Finance*, 2006, Vol. 18, Iss. 4, pp. 61-75.

突发事件造成的损失具有不确定性的特征,保险公司必须考虑自身的赔付风险,往往借助于债券融资、再保险等手段分散承保风险。例如,日本二级再保险模式、挪威的保险基金模式、美国的巨灾保险证券化体系都可以通过市场手段分散承保风险,确保受害人能够得到较好的赔付。在不同层级的政府之间,也可以通过合作协议分担各种突发事件的救助责任。例如,日本建立了针对自然灾害的三级政府公共财政救助分担机制,美国则通过"应急管理协作契约"实现联邦政府与州政府救助资源的整合。[①]从整体上看,国外市场分散风险模式对于完善中国突发事件救助政策具有良好的借鉴意义。很多学者也已经关注到国际上救灾理念先进国家的市场机制在灾后救助、重建等过程中所起的巨大作用,积极推动中国快速发展保险市场来解决当前善后救助过度依赖政府的问题。

但是,任何一个制度的生成和运作都必须有特定的资源支持,尤其是意识形态、惯习的支持。在中国长期以来形成的政府主导型善后救助模式中,如何通过制度供给创新科学地界定政府、市场、社会三方在突发事件善后救助中的作用,不能忽视国外市场主导型救助政策体系背后的理论和意识形态支持。因此,在反思和借鉴国外先进经验的过程中,不仅仅需要关注具体的政策,更重要的是关注政策背后的制度供给。当代中国突发事件善后救助要摆脱"政府依赖症",就必须通过制度供给来规范受害人、保险公司、社会、政府等多元主体的损失风险的分担和分散机制。

---

① N. Kapucu, Public Administrators and Cross-sector Governance in Response to and Recovery from Disasters, *Administration & Society*, 2009, Vol. 41, Iss. 7, pp. 910-914; N. Kapucu, T. Arslan, & M. L. Collins, Examining Intergovernmental and Interorganizational Response to Catastrophic Disasters: Toward a Network-centered Approach, *Administration & Society*, 2009, Vol. 42, Iss. 2, pp. 222-247.

第二章
风险治理与救助责任分担

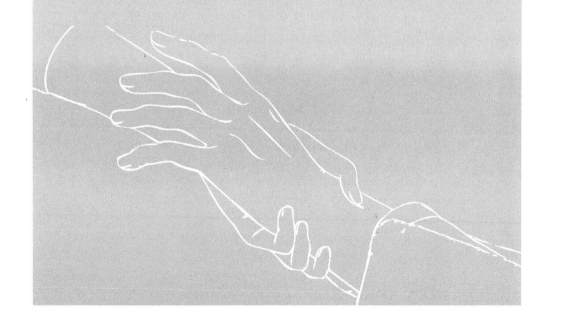

当前,自然灾害、生产安全事故、公共卫生事件、恐怖袭击、食品危机、金融危机、环境危机等突发事件相互交错,给各国的政治、经济、社会、财产和生命安全带来了巨大的伤害。同时,各类突发事件扩散力、传染力不断增强,波及范围更广,相较于过去而言,破坏性更大。面对这些传统的、非传统的安全威胁,必须构建现代风险治理结构,有机地整合公共财政、市场力量和社会力量,合力应对各类突发事件带来的挑战。

第一节　风险治理的多元策略

从一般意义上看,风险是一种客观存在。风险,本意上是指尚未发生的危险、灾难,主要是指某件事情的发生具有一定的可能性,或者说具有一定的概率,并导致负面后果或者破坏性。例如,最早在航海业中将风险理解为自然现象或者航海过程中遇到风暴、触礁等事件。风险的客观性意味着一种破坏性的要素或者环境,是可以计算、预测和补偿的。同时,对风险的认识也是一种主观建构的结果。风险实际上是一个社会群体对于危险的认知。例如,人类学者道格拉斯(M. Douglas)认为,风险是"关于未来的知识与对于最期望的未来所持共识的共同产物"[①]。

---

① M. Douglas & A. Wildavsky, *Risk and Culture*, University of California Press, 1982, p. 5.

尽管人们对于风险的客观性和主观性有不同的认识,但是现代社会是一个风险社会已经获得越来越多人的认可。从本质上说,风险是个人或者群体在未来遇到伤害的可能性以及对这种可能性进行的判断和认知。风险既是客观存在的物质,也是社会群体主观建构的结果。作为客观存在的物质,风险来源于客观存在的自然要素、人类制度、技术发明以及各种决策。作为主观建构的结果,风险意味着人类的认知、判断有可能夸大或者缩小某个危险,从而导致准备不足或者过度恐慌。在特定的时间和空间维度内,人类可以有效地利用风险、规避风险。这就决定了人类社会必须以有效的制度安排来治理风险。

一般来说,风险治理有三种常见的策略:选择风险、规避或者预防风险、分担风险。风险本质上是外在于社会群体的危险性因素或者对危险性因素的社会认知。选择风险就意味着社会群体的成员必须通过认知改变实现外部风险的"内在化",将风险纳入社会结构内部,从而减少环境的复杂性。常见的选择风险策略在不同民族会有不同的禁忌。例如,羌族的禁忌包括婚丧、动土等生产生活中特定日期的禁忌;围绕火塘喝茶、全家聚餐等过程中也有一系列行为的禁忌等等。这些作为文化的禁忌从本质上反映了羌族人民在特定的生活背景下将可能影响安全、社会秩序、生产等的因素通过禁忌的形式纳入社会规范中,从而实现外部威胁的内部化。[1] 对羌族文化的人类学考察表明,羌族的一系列习俗表现了通过"危险内化",再通过"危险排除"的仪式来应对社群内外部的一系列不安全因素,如关于祭山的仪式、"毒药猫"的传说等。[2]

风险治理的第二个策略是规避或者预防风险。规避或者预防策略是风险管理的常用策略。风险管理是指根据风险评估和对法律、政治、社会、经济等综合考虑所采取的过程和活动,是由面临风险者进行风险识别、风

---

[1] 罗敏:《论羌族禁忌的形成与道德文化的构建》,载《西南民族大学学报(哲学社会科学版)》2011年第S3期。
[2] 王明珂:《羌在汉藏之间:川西羌族的历史人类学研究》,中华书局2008年版。

险估测、风险评价、风险控制,期望以最小的成本获得最大的安全保障的一项管理活动。① 借助于现代科学技术手段,人类可以更好地进行风险评估,然后采取有效的处置措施来减少损失、保障安全。常用的风险处置措施包括风险减缓、风险保留、风险规避和风险转移。"趋利避害"是所有动物的本能,人类也不例外。在诸多风险处置措施中,有效地规避风险是人类社会风险治理的常用策略。风险规避是指人们通过避免卷入某种风险状况或者撤离某种风险状况的行动,回避损失发生的可能性。风险规避的手段包括放弃或者阻止某些存在风险的行为、隔离风险等。风险规避的本意在于远离风险,但是不能根除风险发生的概率,即风险仍然存在致损性。这就需要采取其他的风险管理策略来减少风险可能带来的损失。

使用少量的钱预防而不是花大量的钱治疗是政府管理的目标。② 减少风险带来损失的另外的策略是风险预防。风险预防是指风险的承受者采取努力减少风险发生的可能性。在危机管理领域,预防策略是最有效的危机管理策略。最好的危机管理是危机预防,通过减少危机发生的概率来降低损失。积极的危机管理方式要求管理者制定和实施预防政策,还需要不断地对这些政策定期进行更新和检验。危机预防的政策包括清晰、全面地对各种可能发生的危机进行预测;制定针对不同危机的应对战略和程序;确保这些应对战略和程序能够得到贯彻实施;组织内部成员对危机应对的战略和程序进行演练,并且不断地更新和完善这些程序。③ 在危机演变成事实损害之前,危机管理者通过危机预防策略,及时消除危机产生的根源,可以为社会节约大量的人力、物力和财力。通过预防来实现危机避免相比于其他的策略来讲,是一种既经济又简便的方法。危机

---

① 闪淳昌、薛澜主编:《应急管理概论:理论与实践》,高等教育出版社 2012 年版,第 183 页。
② 〔美〕戴维·奥斯本、特德·盖布勒:《改革政府:企业家精神如何改革着公共部门》,周敦仁译,上海译文出版社 1996 年版,第 205 页。
③ 〔英〕迈克尔·雷吉斯特、朱蒂·拉尔金:《风险问题与危机管理》,谢新洲等译,北京大学出版社 2005 年版,第 183 页。

管理者可以通过对历史资料的分析找到所有可能对组织活动造成潜在损害的因素,并加以列举、分类和预测分析,针对每一种危险因素可能导致的后果设计不同的应对预案,把对不同危机事态的行动方案变成组织的惯例,损害在一定程度上就可能得到减轻甚至避免。[①]危机预防管理应该建立一种开放、多元协同的治理结构,将不同的利益主体纳入危机预防管理体系中来。政府能够从过去单一责任主体的等级制中解脱出来,积极以组织者的身份参与到协作式危机管理的过程中,使整个风险治理的过程更具有灵活性、创新性、效率性和积极性,从而建立一种多元合作、平等参与、共同担责的风险治理体系。

风险治理的第三个策略是分担风险,即通过特定的制度安排决定由哪些社会群体共同承担风险、承担多少风险以及付出什么样的成本。分担风险策略要求社会必须建构有关风险治理的总体制度安排,明确不同利益相关者的权利与责任,通过有效的制度引导和社会激励,使利益相关方能够在应对风险的制度安排中找到自己的位置,愿意承担成本,分担风险责任。这一过程既体现了社会不同的利益相关方之间的沟通、说服和协作,也体现了社会公共事务治理机制的演化和完善。通过有效的分担风险的制度设计,可以确保不同的利益相关方明确风险来源、了解风险收益,清楚自己的风险角色,建立社会合力应对风险的现代治理结构。这种分担风险的机制不论是在公共事务领域还是在私人领域都普遍存在。在公共事务领域,为了应对社会集体面临的风险,合作治理或者集体主义的制度安排长期存在。在私人领域,为了更好地应对各种风险,现代商业管理演化出了不同的治理结构,如通过无限责任公司和有限责任公司的治理架构,形成不同的商业风险分担机制。

[①] 薛澜、张强、钟开斌:《危机管理:转型期中国面临的挑战》,清华大学出版社2003年版,第57页。

第二节　政府、市场与社会：如何分担责任

在经济全球化和信息化的时代，风险的不确定性引发的各种冲突、损失和动荡已经成为政治权力主体、市场主体和社会成员共同面对的治理挑战。在公共治理领域，国家、市场和社会已经成为现代社会公共治理的基本机制。在不同的经济、政治、文化背景下，各国演化出了不同的治理结构与形态来解决各种公共问题。治理结构与形态的多样性为我们反思各类突发事件受害人的救助提供了理论基础。

国家、市场和社会作为公共治理的三种机制已经得到充分的讨论。[1] 在公共管理领域，国家和市场机制有着久远的历史，相对来说社会作为公共治理机制是现代公民社会产生以后才出现的。从公共物品供给的角度来看，政府与市场是人类社会两种最基本的组织形式，也是推动、控制和影响社会发展的两股最基本的力量。政府应该做什么、不应该做什么，是公共管理者所关注的基本问题。在一般的公共管理理论中，政府作为公共权力的行使主体承担着一系列的职能。在前工业社会，传统的政府职能包括避免外敌入侵、应对自然灾害、建设公共设施以及保护私人财产不受侵犯等。相较而言，现代政府既继承了传统的职能，又大大拓展了自身的权力范围。在凯恩斯主义者看来，现代政府需要承担的职能不仅仅包括传统的安全、法治、公共设施以及社会秩序，还需要政府深入介入市场经济过程中去，通过一系列宏观调控手段来实现市场经济的平稳运行。在现代市场经济环境下，政府的职能还包括充分就业、物价稳定、经济增长、国际收支平衡、收入均等化等责任。[2] 现代政府的职能包罗万象，可

---

[1] 〔美〕埃莉诺·奥斯特罗姆：《公共事物的治理之道》，余逊达等译，上海三联书店2000年版。

[2] 陈振明主编：《公共管理学》，中国人民大学出版社2005年版，第183、184页。

以概括为保护性职能、调适性职能、转移性职能、驱动性职能。[①] 政府的保护性职能主要体现在维持社会的正常运行,确保国家社会的稳定与安全,如监管社会个体的行为、惩罚违法行为、实施国家防御等。调适性功能是指为了实现具体的政治、经济目标实施整合与调控,如调控宏观经济、整合政治权力、推动政治改革等职能。转移性职能是指国家利用税收和公共财政支出将来源于社会的资源向社会进行再分配的职能,如社会保障、民生救助、公共服务均等化以及各种社会补贴等。转移性职能本质上是通过对社会资源的再分配实现社会公平与公正。驱动性职能表明政府利用权力或者资源推动社会的技术创新、经济制度改革、政治制度改革以及直接参与经济活动等来实现社会的发展。从世界各国公共管理和公共服务的一般过程来看,不同国家在不同的发展阶段履行上述职能的程度有所差别。例如,有的发展中国家更多的政府职能集中在保护性职能或者驱动性职能,而许多发达国家则更多集中于转移性职能。当然,一个国家的政府究竟履行什么职能、多大程度上履行这些职能,实际上取决于国家的性质、经济发展水平、政府规模、社会需求等因素。很多国家的政府往往是处在某种混合职能的区间之内,即有些职能更强一些、另外的职能稍弱一点,形成了不同的政府职能类型,如"守夜人政府""福利主义国家的政府"以及"全能政府"。

  相比较而言,市场机制基于效率原则实现私人产品和服务的供给。市场本质上体现了社会成员之间为了某种需求而进行的交易。通过均衡价格机制,市场可以为社会中的生产、交换、消费和分配提供一套体系,从而实现资源的最优化配置。均衡价格就是市场供求平衡时所实现的价格。在完全竞争的条件下,短缺和过剩都是短期现象。在市场自动校正的机制下,市场总会通过供求曲线的扩张或者收缩来实现均衡。尽管完全竞争市场是一种理想的假设状态,但市场借助于价格均衡实现社会资

[①] 曹沛霖:《政府与市场》,浙江人民出版社1998年版,第59页。

源的合理配置表明该种机制的优越性。除了资源配置的功能之外,市场机制一个典型的特征是具有风险计算的经济理性。在日益专门化的社会分工下,经济体系之间的联系日益紧密,从而产生了大量的专门组织和知识。这些组织和知识除了满足人们的多种需求之外,还相互支持,从而分担或减少风险,使市场机制的运行更加稳定。保险业的发展是一个典型的例子。为了减少海运中的商业损失,保险业在地中海地区应运而生,并扩展到几乎所有的商业领域。现代保险业超出个人范围,覆盖社会生活各个方面,在认知和确定风险、推算风险概率、实现保险赔偿、防范和规避风险等方面形成一系列具有很强的政策性和可操作性的措施。[①]

  股份公司是借助于市场机制实现风险分散的另一个典型例子。股份公司使得所有持有股份的投资者共同承担潜在的风险损失,并可以转移自己承担的风险。同时,由于多元的投资结构使得公司治理更加有效,通过内部严格的等级结构、科学的财务管理以及复杂的决策程序以组织化的手段减少风险发生概率。在现代企业管理中,股份公司作为一种市场机制大大降低了投资者的风险,提高了组织利用市场机制扩张的能力。市场机制的典型特征就是不厌恶风险。不像传统的国家和社会主体从本质上厌恶各种风险,市场是一种典型的风险偏好机制。面对交换关系带来的利润,市场主体往往愿意通过承担风险来换取潜在收益。这种风险偏好机制使得市场更多体现了一种诱发更大、更多风险的特征。例如,当代金融体系对于任何一个国家来说都是经济增长的重要支撑体系。借助各种金融工具,企业可以获得信用扩张的支持,银行可以获得利息、股份等收益,而其他的金融机构则可以借助于各种债券、证券以及保险等手段获得公司股份与股息。毫无疑问,在一个金融体系运行过程中,基于获利动机的企业、金融机构和各种现代市场组织都会不断地制造新的风险。当这种市场机制滋生的风险累积到一定的程度时,市场机制必须通过短

---

① 〔德〕乌尔里希·贝克:《从工业社会到风险社会》,王武龙编译,载《马克思主义与现实》2003年第3期。

期猛烈的调整来实现平衡,消除内在的风险,这一结果更多体现在各种规模的金融危机、经济危机等过程中。政府和社会厌恶风险,市场却偏好风险,使得市场与国家之间在对待风险的态度上存在明显的差异。

在常态的公共管理领域,国家与市场的分工与对立是动态共生的关系。市场机制的发展历程暴露了"市场失灵"问题,国家机制的发展历程也表明存在"政府失灵"问题。现代公共管理和公共服务的供给过程需要重新思考二者的关系,以国家—市场的"混合"来避免市场失灵与政府失灵同时发生。但是,公共管理并不是仅仅存在国家机制和市场机制,公民社会成为近代以来公共管理的另外一个机制。在公共领域,公民社会发挥着重要的作用。公民社会是近代社会产生以来出现的一种公共管理和公共服务载体。哈贝马斯(Jürgen Habermas)认为,公民社会构成的核心是一些非政府、非经济的联系和自愿联合,它们使公共领域的交往结构扎根于生活世界的社会成分之中。自发出现的社团、组织和运动组成了公民社会,它们对私人生活领域中形成共鸣的那些问题加以感受、选择和浓缩,并经过放大以后引入公共领域。[①] 通过公民社会内部的讨论、共识和自愿行动,社会成员之间才会形成包容、合作和团结的共同体来面对各种可能遇到的风险。国家和市场受制于正式的规范、惯例和制度,往往没有能力、没有意愿和没有资源解决一些社会面临的新问题、难题,公民社会可以借助自身的优势承担对此类事务的管理和服务功能。在一个现代治理体系良好的国家,公民社会的健康发展、有效运行是国家和市场正常运行的一个重要保证。因此,从各种公共事务管理和供给的角度来看,现代国家必须构建一种政府、市场和公民社会既有分工又有合作的治理结构,从而实现国家和社会的"善治"。

---

① 〔德〕哈贝马斯:《在事实与规范之间》,童世骏译,生活·读书·新知三联书店2003年版,第454页。

第三节 构建以"受害人"为中心的合作救助体系

在公共事务治理领域,国家、市场和社会构成了治理的基本主体。国家、市场和社会之间既相互支持、制衡,又弥补了彼此之间的不足,为整个社会提供了稳定的秩序和服务。在正常状态下,国家、市场和社会在公共事务中的合作治理有效运行使得三者之间逐渐形成了相互依赖、良性互动、彼此支持的结构。

但是,危机作为一种"非常态情景",对于国家、市场和社会之间的关系带来了挑战。一般来说,危机就是一种情景状态,在这种状态下,决策主体的根本目标受到威胁,在改变决策之前可获得的反应时间有限,事情出乎决策主体的意料。① 罗森塔尔(Uriel Rosenthal)指出了危机的情景特征,他认为危机就是对一个社会系统基本的价值、行为准则构成严重挑战,并且在时间压力和不确定极高的情况下,必须对其作出关键决策的事件。② 在危机情景中,不仅仅国家权威和秩序受到挑战,企业生产和经营活动受到破坏,社会成员的安全感、彼此之间的信任以及价值都会受到冲击。公共权力、市场主体和社会成员在面临直接的外部威胁时,往往会打破常规,以一种本能的反应来调整与其他主体的关系,以便更好地保护自己、规避风险。

风险社会的核心问题在于从工业社会时期的财务分配、不平等的改善与合法化转变为如何缓解伤害和分配风险。③ 在风险社会的背景下,各类突发事件造成的损害具有明显的大规模损害的特征。相对于私人利益的损害主体具有特定性、锁闭性以及有限性的特征,大规模损害的主体

---

① Charles F. Hermann, ed., *International Crises: Insights From Behavioral Research*, The Free Press, 1972.
② U. Rosenthal, M. T. Charles, & P. T. Hart, eds., *Coping with Crises: The Management of Disasters, Riots and Terrorism*, Charles C. Thomas, 1989.
③ 〔德〕乌尔里希·贝克:《风险社会》,何博闻译,译林出版社2004年版,第36—39页。

具有开放性、广泛性以及不确定性的特征。[①] 大规模损害的客体包括社会成员共同需求的安全、秩序、基本生活保障等,属于典型的公共物品范畴,具有明显的公共性、非竞争性和非排他性的特征。这些公共物品的供给需要所有的社会成员来履行责任,以事前规制的形式来降低风险,通过事后赔偿、补偿和救助来减少受害人损失。

在确定损害责任方面,侵权法确定的赔偿原则往往关注小规模、存在客观责任的损害。侵权责任的威慑作用是以侵权行为的发展可以由人的意志控制、在实施行为时有选择的余地作为条件的。在现代社会各种类型突发事件导致的损害责任认定方面,侵权责任的确定性受到了挑战,毕竟很多突发事件最明显的特征是非主观意图,难以确定因果关系。即使是生产安全事故,运用侵权责任来确定责任主体时也面临一个问题:事故发生是多种因素复杂作用的结果,而且不以人的意志为转移,此时特定个体的行为与侵权后果之间的联系比较弱,客观上使得侵权责任的确立缺乏事实依据。在面对各种风险时,不同主体对如何分担风险成本、分散风险损失和承担事后救助责任往往存在分歧。

面对普遍存在的风险与风险损害,非故意侵权的现象大量发生,造成了受害者众多、损害规模大、影响程度深的各种大规模损害事件屡屡发生,已经成为当前各国必须面对的问题。在这种情况下,风险社会导致法律上有关侵权责任的界定由一般意义上侵权行为的特定主体承担过错转变为多主体采取补偿损失的方式来履行侵权责任。[②] 法律的重心由侵权行为转向损害结果,侵权法的关注目光也从侵权责任人转向受害人。[③] 基于上述观点,社会应该以"受害人"作为各项法律、制度考虑的基点,遵循"社会利益"的原则,加强对受害人的救济和救助,以减轻风险损害,缓

[①] 刘水林:《风险社会大规模损害责任法的范式重构——从侵权赔偿到成本分担》,载《法学研究》2014年第3期。
[②] 〔德〕马克西米利安·福克斯:《侵权行为法》,齐晓琨译,法律出版社2006年版,第4页。
[③] 张铁薇:《侵权法的自负与贫困》,载《比较法研究》2009年第6期。

解社会矛盾。① 社会共同体应该以"受害人"为中心构建分散损害的社会制度,共同承担风险成本和风险损失,最大化地帮助受害人回归社会正常生活。这种分散损害的社会制度有两个优点:一是受害人的救济获得较好的保障,二是加害人不至于因为巨额的损害赔偿而陷于困难或者破产。这种分散风险的方式不是关注于加害人,而是关注受害人,即通过一种分散风险的方式寻找一个有能力分散损害的主体,使社会认识到在风险社会下所有人福祸与共,凸显损害赔偿和救助的集体化、社会化的发展趋势。②

受害人救助的集体化、社会化也符合人类所追求的终极价值:正义、公平。在人类共同体的生活中,"有一种东西,对于人类的福利要比任何其他的东西都更重要,那就是正义"③。在罗尔斯(John Rawls)看来,正义是社会制度的首要价值,国家有义务促进社会正义的实现。④ 对于任何一个社会成员来说,正义应该是一个普世的标准和价值观。罗尔斯认为,正义的对象是社会的基本结构,即用来分配公民基本权利和义务、划分由社会合作产生的利益和负担的主要制度。作为不同角色的集合,社会共同体应该认识到正义的基本目标是满足个人的合理需要和主张,并同时促进生产进步和提高社会内聚性的程度,也就是维续文明的社会生活所必需。⑤

社会正义的实质是分配正义问题。分配正义所关注的是社会成员或者群体成员之间进行权利、权力、义务和责任配置的问题。分配正义要求一个社会经济、政治和法律按照人们认可的合理原则安排,每个社会共同

---

① 〔法〕埃米尔·涂尔干:《社会分工论》,渠东译,生活·读书·新知三联书店 2000 年版,第 33 页。
② 王泽鉴:《侵权行为法》,中国政法大学出版社 2001 年版,第 1 页。
③ 〔英〕威廉·葛德文:《政治正义论》(第二、三卷),何慕李译,商务印书馆 1980 年版,第 375 页。
④ 〔美〕罗尔斯:《正义论》,何怀宏等译,中国社会科学出版社 1988 年版,第 3 页。
⑤ 〔美〕博登海默:《法理学——法律哲学与法律方法》,邓正来译,中国政法大学出版社 2004 年版,第 261 页。

体成员都能得到其应得到的东西。分配正义规范了主体之间的权利和义务、利益与负担。通过社会保障制度,分配正义可以对社会的利益和成本负担实现分配和再分配。① 国家通过社会保障制度,如社会救济、社会保险以及绝对收入的转移来体现和实施分配正义。任何一种分配正义都必须对应着某种社会保障制度。当然,自由主义、国家福利主义和社会共同体主义对于社会个体、国家和共同体到底承担多大比例的社会保障责任存在分歧。但是,一个正义的社会必须满足社会个体成员最低限度的需要,一个正义的社会不能让任何一个社会成员降低到最低生活标准之下。一个正义的国家应该保障处于贫困状态的公民获得最低限度的保障是自由主义、国家主义和社会共同体主义的共识。② 国家有责任通过社会保障制度的建构为所有的社会成员提供最低生活保障,从而实现社会分配正义,达到社会正义的理想状态。国家承担分配正义的责任,通过社会保障制度来分担各类风险损失。

市场机制也可以通过不同的制度机制参与分散风险过程。以分散风险为目标的侵权责任认定,应该通过责任保险的形式,围绕受害者的损失来设计各类治理的制度安排、产品与服务。责任保险是指以被保险人对第三者依法应负的赔偿责任为保险标的的保险。③ 责任保险机制有两个基本目标:其一,通过提高和改进加害人的赔偿能力来减少受害人的风险损害;其二,通过保险赔付来减少受害人的风险损失。市场机制的这两个目标属于"事后赔偿"机制,即通过责任保险的形式将各种风险损害转移给其他的第三方,从而有效地化解加害人和受害人的损失。责任保险的存在使得侵权责任不再是加害人和受害人之间的损失转移,名义上的责任人只是扮演渠道的角色,通过风险损失分散机制,损失最终由社会众多的投保人分别承担。如果在不削弱责任人财力的前提下让受害人获得补

---

① 汪行福:《分配正义与社会保障》,上海财经大学出版社2003年版,第135页。
② 陈国刚:《福利权研究》,中国民主法制出版社2009年版,第94页。
③ 我国《保险法》第65条。

偿,使损失分散于社会,对双方当事人和整个社会都是有利的。责任保险将承担损害赔偿责任的损失,在同种危险制造者之间进行社会性的分配,一定意义上说就是损害赔偿责任的社会化。① 因此,在责任保险的作用下侵权责任的赔偿功能大大增强了。②

当然,责任保险市场也会面临市场失灵问题,包括由于资本市场的不完善导致的资金流动性问题、挤兑效应问题、过度赔付风险问题等。为了避免市场失灵对商业保险市场的破坏作用,政府应该及时通过干预的形式解决保险市场面临的信息不对称、"挤出效应"以及各种道德风险引发的逆向选择问题。只有通过政府的干预,消除了保险市场上的信息不对称,才能引导保险人、被保险人在风险认知上达成共识并作出理性的决策。政府干预要定位于"补位"的作用,目的在于减轻市场失灵,促使商业保险作为分散风险损失的一种重要机制发挥作用,而不是由政府的保障体系取而代之。只要处理好侵权责任、责任保险以及社会保障之间的关系,促进多元赔偿机制之间的协调发展,就可以解决赔偿不足或者赔偿过度的问题。③

风险损失分散的另一种机制在于社会。风险损害会影响到社会的发展,社会不仅仅要承担必要的风险成本,也要承担风险损害的补偿和救助责任。风险关涉到所有人的利益,因此要求社会的所有成员都应该负责,且人人相互负责,否则社会秩序就会被损害,产生社会性危害。"在社会中,每个人都有自己要履行的某种职能,不能容许他不去履行这种职能,因为如果他不去履行,就会产生对社会的危害。"④在一个社会中,个体、社会组织与国家共同承担风险,并各尽其力,是确保一个社会共同体存在、延续和发展的基本要求。社会共同体只有形成了有效的社会救助体

---

① 刘士国:《现代侵权损害赔偿研究》,法律出版社1998年版,第27页。
② 梁慧星主编:《民商法论丛》(第6卷),法律出版社1996年版,第717—718页。
③ 张俊岩:《风险社会与侵权损害救济途径多元化》,载《法学家》2011年第2期。
④ 〔美〕罗斯科·庞德:《通过法律的社会控制:法律的任务》,沈宗灵等译,商务印书馆1984年版,第49页。

系,才能从整体上实现社会共同体成员的权利。

"互惠互助"作为基本的社会规则,直接决定了社会对共同体成员的整合能力和效果,也决定了一个共同体的兴衰存亡。① 受到能力天赋差异的影响,不同社会个体之间的能力具有显著的差别,导致在现实的社会生活中个体之间权利实现上的差别。尤其是在危机状态下,由于社会资源的分配、个体能力缺陷等因素,导致弱势社会成员在危机背景下基本权利难以得到保障。他们就需要借助外力来保障自己的天赋权利得到实现。除了借助于国家强制性的制度供给之外(如国家针对弱势群体的基本社会保障制度),还需要社会力量介入来保障个体成员的权利。社会志愿活动、社会救助就是解决危机状态下社会成员权利不能实现的重要制度。在发生危机的背景下,如自然灾害,社会成员短期内会陷入困难状态,其行为能力会受到严重的削弱和制约,必须通过短期的救助帮助其摆脱困境。一个社会的成员能否从身边的成员和所在的团体得到及时的救助,直接决定了该成员在危机状态下的权利能否实现。因此,从社会机制的角度来看,任何一个社会都必须建立救助机制,借助既存的社会资本、社会支持网络等结构来应对危机挑战。

因此,与常态下的公共管理和公共服务供给不同,在应对突发事件带来的损害时,应该构建一个市场为首要风险分散机制、公共财政发挥引导和补充作用、社会互惠互助承担辅助性功能的受害人救助体系。这一体系本质上是一种集体性、社会性的合作机制,由全体社会成员、机构和公共权力机关共同面对风险。毕竟,风险的普遍性、不确定性和扩散性将所有的相关方置于同一艘"船"上。我们只有本着"同舟共济"的心,才能合力应对越来越多的风险。即使一个社会成员不幸集中承担了风险后果,在全社会合力救助下,也能渡过难关,过上有尊严的生活。

---

① 关于这一问题的讨论,可以参见〔美〕贾雷德·戴蒙德:《崩溃:社会如何选择成败兴亡》,江滢等译,上海译文出版社2011年版。

第三章

"仰望青天"：中国政府
主导型灾害救助模式

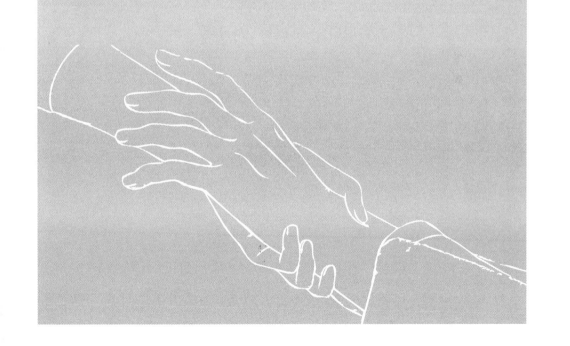

灾害是指由于自然因素、人为因素或自然因素与人为因素相结合所引发的对人类生命、财产和生存发展环境造成破坏的事件。人类历史的发展过程总是伴随着各种各样的灾害。从这个意义上说,灾害已经成为人类社会生活的一个重要组成部分,而灾害的频发性、破坏性又对社会造成各种各样的损害,社会也由此形成了多种应对策略。从适应生存策略到综合减灾和救灾策略,人类社会已经通过各种社会制度安排来应对自然灾害、人为灾害带来的各种损失。

第一节 "多灾多难"的国度

自古以来,我国就是一个灾害多发的国家。考虑到灾害具有典型的区域性、群发性、周期性和社会性,一些特定地区和人口往往经常遭受巨大的因灾损失。例如,环太平洋地区、阿尔卑斯山地区、喜马拉雅山脉地区等都是世界公认的重灾区,全球60%—70%的自然灾害发生在上述几个地区。除了特殊的地理因素之外,全球气温变异导致极端天气频发也是全球灾害的新趋势。科学家研究发现,全球气候正在逐年升高,全球平均气温已升高0.3—0.6摄氏度。特别是20世纪80年代以后,全球升温的趋势已经越发明显,全球变暖已经成为一个毋庸置疑的事实。在这种气候变化的大背景下,我国灾害已经进入新一轮的多发、高发期。旱灾、水灾、地震、滑坡、泥石流、风暴等灾害的发生频率、发生规模都有所增加。与此同时,随着城市化、工业化的进展,人类活动,尤其是破坏性的人类活动对自然环境造成的负面影响也日益显现。无节制的围湖造田、开发区建设、城市化、滥伐树木等问题严重破坏了自然生态的平衡,各类自然灾害造成的损害日益加剧。人类活动已经成为除了自然风险之外最大的风险源。

  在全球自然灾害不断加剧的背景下,我国每年因灾损失也逐年增多。20世纪50年代,我国因灾损失年均476亿元(按照1990年可比价格计算),90年代上升为年均1064亿元。从90年代开始,我国因灾损失规模明显增加:年均受灾人口3.7亿人,农作物受灾面积7.4亿亩,因灾倒塌房屋418.2万间,紧急转移安置人口400多万人,直接经济损失超过1000亿元,分别比80年代同期高出20%、20%、70%、100%、200%。[①]

  因灾致损的情况在进入21世纪后没有改善,甚至更加严重。民政部自然灾害损失情况分析显示,2004年全年各类自然灾害共造成3.4亿人(次)受灾,2250人因灾死亡,紧急转移安置563.3万人,倒塌房屋155万间,损坏房屋550.9万间,农作物受损面积3710.6万公顷,因灾直接经济损失1602.3亿元。[②]

  2005年,全年各类自然灾害共造成2475人死亡,紧急转移安置1570.3万人,倒塌房屋226.4万间,因灾直接经济损失2042.1亿元。[③]

  2006年,我国自然灾害比较严重。据统计,2006年全年因灾死亡3186人,紧急转移安置1384.5万人(次);农作物受灾面积4109.1万公顷,其中绝收面积540.8万公顷;倒塌房屋193.3万间;因灾直接经济损

[①] 孙绍骋:《中国救灾制度研究》,商务印书馆2005年版,第23、24页。
[②] 民政部救灾救济司、国家灾害信息中心灾害信息部:《2004年全国自然灾害损失情况分析》,载《中国减灾》2005年第2期。
[③] 《2005年自然灾害造成2042.1亿损失》,http://www.china.com.cn/chinese/2006/Jan/1083341.htm。

失 2528.1 亿元。①

2007年,民政部发布的灾害统计显示全国各类自然灾害共造成约 4亿人(次)不同程度受灾,因灾死亡 2325人,紧急转移安置 1499万人(次);农作物受灾面积 4869.1万公顷,其中绝收面积 574.9万公顷;倒塌房屋 146万间;因灾直接经济损失 2363亿元。②

2008年是"灾害高发年份"。据统计,2008年全年各类自然灾害共造成约 4.7亿人(次)受灾,死亡和失踪 88928人,紧急转移安置 2682.2万人(次);农作物受灾面积 3999万公顷,其中绝收面积 403.2万公顷;倒塌房屋 1097.7万间,损坏房屋 2628.7万间;因灾直接经济损失 11752.4亿元。③

2009年,全国各类自然灾害共造成约 4.8亿人(次)受灾,死亡和失踪 1528人,紧急转移安置 709.9万人(次);农作物受灾面积 4721.4万公顷,绝收面积 491.8万公顷;倒塌房屋 83.8万间;因灾直接经济损失 2523.7亿元。④

根据《中国保险报》披露的数据显示,2010年各类自然灾害共造成 4.3亿人(次)受灾,因灾死亡或失踪人口 7844人,紧急转移安置人口 1858.4万人;农作物受灾面积 3742.6万公顷;倒塌房屋 273.3万间,损坏房屋 670.1万间;因灾直接经济损失 5339.9亿元。⑤

2011年,各类自然灾害造成全国 4.3亿人(次)受灾,1126人死亡(含

---

① 《民政部介绍 2006年中国自然灾害和救灾工作等情况》,http://gb.cri.cn/3821/2007/01/11/1385@1395155.htm。
② 《民政部公布 07年中国自然灾害和救灾工作总体情况》,http://www.gov.cn/gzdt/2008-01/10/content_855169.htm。
③ 《2008年中国自然灾害共造成 88928人死亡或失踪》,http://news.qq.com/a/20090924/000886.htm。
④ 《民政部发布 09年自然灾害损失情况:部分地区严重》,http://www.gov.cn/gzdt/2010-01/12/content_1508378.htm。
⑤ 《民政部:2010年全国 4.3亿人次受灾 7844人死亡失踪》,http://politics.people.com.cn/GB/1027/13730282.html。

失踪112人),939.4万人(次)紧急转移安置;农作物受灾面积3247.1万公顷,其中绝收289.2万公顷;倒塌房屋93.5万间,损坏房屋331.1万间;因灾直接经济损失3096.4亿元。①

2012年,各类自然灾害共造成2.9亿人(次)受灾,1338人死亡(包含森林火灾死亡13人),192人失踪,1109.6万人(次)紧急转移安置;农作物受灾面积2496.2万公顷,其中绝收182.6万公顷;倒塌房屋90.6万间,严重损坏房屋145.5万间,一般损坏房屋282.4万间;因灾直接经济损失4185.5亿元。②

2013年,各类自然灾害共造成全国38818.7万人(次)受灾,1851人死亡,433人失踪,1215万人(次)紧急转移安置;农作物受灾面积3134.9万公顷,其中绝收384.4万公顷;倒塌房屋87.5万间,损坏房屋770.3万间;因灾直接经济损失5808.4亿元。③

2014年,各类自然灾害共造成全国24353.7万人(次)受灾,1583人死亡,235人失踪,601.7万人(次)紧急转移安置,298.3万人(次)需紧急生活救助;农作物受灾面积2489万公顷,其中绝收309万公顷;倒塌房屋45万间,损坏房屋354.2万间;因灾直接经济损失3373.8亿元。④

2015年,各类自然灾害共造成全国18620.3万人(次)受灾,819人死亡,148人失踪,644.4万人(次)紧急转移安置,181.7万人(次)需紧急生活救助;农作物受灾面积2176.9万公顷,其中绝收223.2万公顷;倒塌房

---

① 《民政部国家减灾办发布2011年自然灾害损失情况》,http://www.gov.cn/gzdt/2012-01/11/content_2041888.htm。
② 《民政部国家减灾办发布2012年全国自然灾害基本情况》,http://www.gov.cn/gzdt/2013-01/06/content_2305958.htm。
③ 《民政部国家减灾办发布2013年全国自然灾害基本情况》,http://www.mca.gov.cn/article/zwgk/mzyw/201401/20140100572865.shtml。
④ 《民政部国家减灾办发布2014年全国自然灾害基本情况》,http://www.gov.cn/xinwen/2015-01/05/content_2800233.htm。

屋 24.8 万间,损坏房屋 250.5 万间;因灾直接经济损失 2704.1 亿元。[①]

2016 年,各类自然灾害共造成全国近 1.9 亿人(次)受灾,1432 人因灾死亡,274 人失踪,1608 人因灾住院治疗,910.1 万人(次)紧急转移安置,353.8 万人(次)需紧急生活救助;农作物受灾面积 2622 万公顷,其中绝收 290 万公顷;倒塌房屋 52.1 万间,损坏房屋 334 万间;因灾直接经济损失 5032.9 亿元。[②] (见图 3-1)

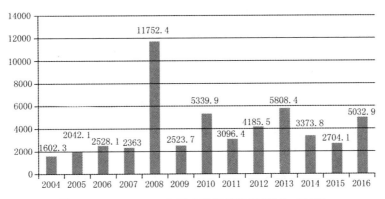

图 3-1　2004—2016 年因灾致损统计图(单位:亿元)

注:数据来源于民政部历年自然灾害损失统计报告。

我国自然灾害的发生特征非常明显,具体包括:

第一,灾害种类多。气象灾害、地震灾害、地质灾害、海洋灾害、生物灾害和森林草原火灾等几乎所有自然灾害都在我国出现过。

第二,分布地域广。我国各省(自治区、直辖市)均不同程度受到自然灾害影响,70%以上的城市、50%以上的人口分布在气象、地震、地质、海洋等自然灾害严重的地区。2/3 以上的国土面积受到洪涝灾害威胁。东部、南部沿海地区以及部分内陆省份经常遭受热带气旋侵袭。东北、西

---

① 《民政部国家减灾办发布 2015 年全国自然灾害基本情况》,http://www.mca.gov.cn/article/zwgk/mzyw/201601/20160100879299.shtml。

② 《民政部国家减灾办发布 2016 年全国自然灾害基本情况》,http://www.mca.gov.cn/article/zwgk/mzyw/201701/20170100002965.shtml。

北、华北等地区旱灾频发,西南、华南等地的严重干旱时有发生。各省(自治区、直辖市)均发生过 5 级以上的破坏性地震。约占国土面积 69% 的山地、高原区域因地质构造复杂,滑坡、泥石流、山体崩塌等地质灾害频繁发生。

第三,我国自然灾害发生频率高。我国受季风气候影响十分强烈,气象灾害发生频繁,局地性或区域性干旱灾害几乎每年都会出现,东部沿海地区平均每年约有 7 个热带气旋登陆。我国位于欧亚、太平洋及印度洋三大板块交汇地带,新构造运动活跃,地震活动十分频繁,大陆地震占全球陆地破坏性地震的 1/3,是世界上大陆地震最多的国家。另外,森林和草原火灾时有发生。

第四,自然灾害造成的损失严重。每年各种自然灾害对生命、财产、农业生产、建筑物、工矿、交通运输等领域均造成重大损失。[①]"十二五"时期,我国各类自然灾害多发频发,年均造成 3.1 亿人(次)受灾,因灾死亡、失踪 1500 余人,紧急转移安置 900 多万人(次),倒塌房屋近 70 万间,农作物受灾面积 2700 多万公顷,直接经济损失 3800 多亿元。[②]

第二节 "祖宗之法":救灾的历史遗产

长期以来,我国作为一个农业国家一直饱受各种自然灾害带来的困苦。作为一个历史悠久的国度,我国关于防灾、救灾的思想和制度也有丰富的历史遗产。考诸典籍可以发现,尧舜时期就有很多有关灾情、救灾等的记录。例如,《孟子·滕文公上》记载:"当尧之时,天下犹未平。洪水横流,泛滥于天下;草木畅茂,禽兽繁殖,五谷不登;禽兽逼人……舜使益掌火,益烈山泽而焚之,禽兽逃匿。禹疏九河,瀹济、漯,而注诸海;决汝、汉,

---

① 国务院新闻办公室 2009 年 5 月 11 日发布的《中国的减灾行动》白皮书。
② 《国家减灾委员会办公室发布〈"十二五"时期中国的减灾行动〉》,http://www.mca.gov.cn/article/zwgk/tzl/201610/20161000002055.shtml。

排淮、泗,而注之江。"一部救荒史足以揭示历代人对自然控制关系发展的历史事实,看清楚人防止、挽救因自然灾害导致的人与自然、人与人关系破裂所产生的一切思想和政策。① 我国救灾的历史表明,只有贯彻执行有效的防灾救灾政策,才能确保社会和政权稳定。

我国古代的救灾政策、措施种类繁多,体系繁杂。总的来看,我国古代的救灾制度可以分为两个层次:"以德禳灾"和"荒政"。"以德禳灾"起源于"天人合一"理论。"天"作为人们崇拜的对象,在人们心目中占据重要的位置。按照董仲舒的说法,"天生万物以养人","人之形体化天数而成,人之血气化天志而仁,人之德行化天理而义"②。"天"就成为外在于人的一种"自然存在",也就是"自然之天"。"自然之天"的内在逻辑如四季更替、风雨变化是作为天的衍生物的人必须遵守的规则。在"自然之天"下,"君命天授"所倡导的天君关系实为"天人合一"的关键。董仲舒提出:"唯天子受命于天,天下受命于天子。"在"天命观"体系下,哪怕是天子处理政事也必须依天意而行,否则必然遭受"灾异",作为上天对主政者的警告,这就是董仲舒提出的"灾异象说"。

"天地之物有不常之变者,谓之异,小者谓之灾。灾常先至而异乃随之。灾者,天之谴也;异者,天之威也。谴之而不知,乃畏之以威。《诗》云:'畏天之威。'殆此谓也。凡灾异之本,尽生于国家之失,国家之失乃始萌芽,而天出灾害以谴告之;谴告之而不知变,乃见怪异以惊骇之,惊骇之尚不知畏恐,其殃咎乃至。以此见天意之仁而不欲陷人也。谨案灾异以见天意。天意有欲也,有不欲也。所欲所不欲者,人内以自省,宜有惩于心;外以观其事,宜有验于国。"③

"灾异论"在维护君权天授的同时,又以"天命和天道"限制君权。君

---

① 邓云特:《中国救荒史》,河南大学出版社2011年版。
② 《春秋繁露·为人者天》。
③ 《春秋繁露·必仁且知》。

主之职权,不在于个人利益,而在于代天宣化,完成天所不能完成的工作。① 这项工作包括:其一,教化百姓。"天生民性,有善质而未能善,于是为之立王以善之。"② 其二,调节贫富。"圣者则于众人之情,见乱之所从生。故其制人道而差上下也,使富者足以示贵而不至于骄,贫者足以养生而不至于忧。以此为度而调均之,是以财不匮而上下相安,故易治也。"③ 德教、德治就成为国家政治体系的核心理念。当灾害出现时,上至帝王、下至普通百姓都应该根据"天的警示"纠正自己的德行、政事或者日常行为对"天道"的违背。"以德禳灾"的常见方式包括罪己诏、避正殿、减膳、滤囚、出宫女、改年号、祭天等。以唐代为例,几乎每一位帝王在发生灾害之后都会坦陈自己的德行有违天意,而甘愿代替黎民受过的心迹。唐高祖时,京师少雨,高祖祈告上天:"某若无罪,使三日内雨。某若有罪,请秧其身,无令兆民,受兹饥馑。"④ 唐德宗时,罪己诏言:"此皆由朕寡德,播灾于人,为之父母,实用愧耻。"⑤ 罪己诏不仅仅从皇帝自身德行出发来寻求灾害起因,还检讨政事得失,如吏治败坏、用人是否得当等问题。唐文宗时,山东降大雨,文宗下诏:"如闻山东降灾,淫雨泛滥,岂政理有所未明,人情有所未达耶?"⑥ 从实际效果来看,禳灾措施具有重要的政治象征意义。通过帝王对自身德行的检省,实际上就将灾害归因于上天,从而强化了帝王与上天一体的思想,增加了权力的神圣性。如不奏效,则归因于官僚系统,从吏治入手变革政府部门,然后再配合以蠲免、赈济、宣慰等行政措施。这种自然灾害应对模式将天—帝王—政事—人民有机地整合起来,通过道德检省强化了帝王权力的神圣性、权威性与合法性。

除了"以德禳灾"之外,历朝历代推行的"荒政"构成了古代救灾政策

---

① 萧公权:《中国政治思想史》,新星出版社 2005 年版,第 201 页。
② 《春秋繁露·深察名号》。
③ 《春秋繁露·度制》。
④ 《册府元龟·卷二十六·帝王部·感应》。
⑤ 同上。
⑥ 《册府元龟·卷一百六·帝王部·惠民第二》。

的另外一个重要内容。"荒政"所包含的政策体系比较复杂,形式多样。

> ……以为地法而待政令。以荒政十有二聚万民:一曰散利,二曰薄征,三曰缓刑,四曰弛力,五曰舍禁,六曰去几,七曰眚礼,八曰杀哀,九曰蕃乐,十曰多昏,十有一曰索鬼神,十有二曰除盗贼。①

邓云特将传统社会的救灾政策体系分成两种:临灾治标的政策、灾后补救的政策。临灾治标的政策包括赈济、调粟、养恤、除害(如治蝗、怯疫等)。自然灾害往往会导致流民四起,饥民聚集成盗,甚至啸聚起义,危及政权安定。灾后补救的政策包括安辑、蠲免、放贷、倡导节约等政策。治标之策与灾后补救的措施共同构成了历朝历代应对自然灾害的"消极政策"体系。② 除了消极救灾政策之外,各种积极预防自然灾害的政策体系也发挥着重要的作用。防灾政策体系主要体现在以下几个方面:重视农耕、建设一套完整的粮食储备系统、重视水利工程建设以及重视植树造林或者保护森林。例如,自汉代开始我国就构建了一套完备的粮食储备体系:常平仓。国家以常平仓为主体发挥粮食储备的主导性作用,民间通过义仓、社仓等社会性粮食储备系统发挥救灾的补充作用。③ 通过防灾政策的实施,国家可以有效地改良社会条件,减少灾害发生的原因,从而起到减灾的作用。

在传统时期,救灾政策能否取得效果取决于很多因素,如官僚的品格和能力。魏丕信在研究清代荒政的著作中提出,一个作为救荒特使的官员所具有的可资效仿的品格,如正直诚实、不知疲倦、对下属的威慑力、关心百姓疾苦等,是有效救灾的关键因素。他们(具有高尚品格的官员)每

---

① 《周礼·地官司徒》。
② 邓云特:《中国救荒史》,河南大学出版社2011年版,第162—197页。
③ 陈桦、刘宗志:《救灾与济贫:中国封建时代的社会救助活动(1750—1911)》,中国人民大学出版社2005年版,第86页。

当想起人民的悲惨遭遇时都感到痛苦,往往彻夜为百姓的饥渴而焦虑。①这一群"治国精英"具有的理想与行政才能,恰恰是荒政政策体系发挥作用的最重要因素。赈济必需的勘灾、报灾、分配灾款或者粮食效率如何,能否发挥最大的救助功能完全取决于作为救灾政策执行者的各级官吏。儒家伦理道德为整个官僚体系提供了凝聚力,为每一位官员在荒政政策执行过程中发挥最大的能动性提供了道德激励。例如,清代在赈灾的过程中朝廷一直强调各级赈灾要坚持"宁宽勿刻、宁滥勿遗"的原则,广施救济。② 在受灾时期,儒家伦理意识形态如忠孝仁悌、忠君爱民的意识对官僚集团的成员产生强大的内在激励,促使他们为救灾救荒尽心尽力。一旦官僚集团对这种观念系统的认同弱化了,特殊利益如集团利益、个人利益占据了上风,在救灾的过程中就会出现渎职、贪污以及其他的违法行为。

儒家伦理不仅仅被官僚群体所接受,那些接受过系统教育却不在官位的士人群体如退休官员、生员以及地方贤达也会成为救灾政策的重要构成部分。地方精英大多数在本乡本籍居住,一旦发生自然灾害,对灾情发生的时间、影响范围、影响程度、救助需求比较容易了解,更能够有针对性地采取救助措施。同时,地方精英拥有较好的物质条件,可以弥补国家财政力量的不足。仅仅有这两个方面的原因,并不足以鼓励地方精英群体参与灾后救助,激励他们参与救助行动的动力主要来源于儒家理论对动乱的恐惧与对秩序的追求。在一个特定的共同体内,如家庭、家族、宗族、乡里、地方乃至国家,要追求整体性稳定必须避免任何一个部分出现不稳定。因此,在灾害发生的过程中,那些可能导致人民不能安居乐业的问题必须尽快解决。这也是为什么在自然灾害中,地方精英如士绅一方

---

① 〔法〕魏丕信:《十八世纪中国的官僚制度与荒政》,徐建青译,江苏人民出版社2006年版,第88页。

② 张祥稳:《试论清代乾隆朝中央政府赈济灾民政策的具体实施》,载《清史研究》2007年第1期。

第三章 "仰望青天"：中国政府主导型灾害救助模式

面广施善行，积极救助本地受灾人口，另一方面则采取各种办法对外来流民加以安置、劝返甚至阻止他们流入本籍。地方精英"泽加于民"的道德理想与对动乱的恐惧叠加在一起，为他们积极救助灾民提供了强大的心理动力。尽管地方精英在很多方面与国家存在权力竞争，但在救灾的过程中国家并不担心地方精英可能会带来的政治威胁，反而鼓励、支持他们的救灾义行。国家会适时采取社会性激励措施，包括表彰、授予官职、树碑立传等措施。在国家通过道德教育、社会奖励的激励下，地方精英以及他们主导的各种社会组织成为传统灾后救助的主要社会力量。毕竟，介于政府与民众之间的各类民间组织可以有效地分担国家管理的社会事务，对灾害的政治破坏力起到重要的缓冲和抑制作用，也乐为政府所支持。[①]

人们总是发现国家与社会、不同群体之间在救灾的过程中存在着各种利益、权力之争。这恰恰成为影响救灾效果的根本原因。如果不能提供一套有效的，能够将国家、官僚群体与社会有机整合起来的制度以及意识形态体系，那么任何时候救灾都不可避免引发利益与权力的争夺。这就需要一种"社会共容性利益"的整合机制。传统中国几千年的救灾史有助于我们去思考这个问题。从"天人合一"引申出来的"灾异象说"与官僚群体所接受的儒家信念存在内在的一致性，在君主、官僚与社会精英之间生产出一个"共容性利益"，也就是秩序与稳定。国家作为政策的供给者必须超越君主个人利益、官僚集团群体利益以及社会精英的自我利益，致力于追求国家统治秩序的稳定与持久。国家提供了一整套意识形态，其政治意义在于使所有参与救灾的行动者能够拥有共同目标和信念，从而将可能的分歧与冲突最小化。只有这样，皇帝的禳灾、官员的救灾与地方精英的义举才能实现充分整合，发挥最大化的救灾效能。

[①] 最典型的一个研究案例是民国时期位于上海的"华洋义赈会"在救灾方面的贡献，参见蔡勤禹：《民间组织与灾荒救治：民国华洋义赈会研究》，商务印书馆2005年版。

第三节　自力更生 vs. 依靠政府：当代救灾政策的流变

中华人民共和国成立后，自然灾害是我国面临的严重威胁之一。1949年，当时的政务院内务部提出救灾工作的方针是"节约防灾，生产自救，群众互助，以工代赈"。1950年，国家对救灾工作方针进行了调整和补充，提出"生产自救，节约度荒，群众互助，以工代赈，辅之以必要的救济"的思路。1953年，中央又进一步修改了救灾工作方针，提出"生产自救，节约度荒，群众互助，辅之以政府必要的救济"。1953年，中央在农村地区开展农业合作化运动之后，农村集体经济出现，相应的生产关系、生产资料和生活资料的所有制形式也发生了变化。根据农业合作化运动的形势，中央提出救灾工作的方针为"依靠群众，依靠集体，生产自救为主，辅之以国家必要的救济"。直到20世纪70年代后期，整个自然灾害的救助工作都按照上述方针执行。

1983年，根据农村改革的进展和家庭联产承包责任制的实施情况，中央提出救灾工作的方针调整为"依靠群众，依靠集体，生产自救，互助互济，辅之以国家必要的救济和扶持"。

整体来看，当代中国自然灾害救灾工作的基本思路体现在三个方面：第一，倡导灾民"生产自救"是第一位的救灾措施，避免滋生灾民依赖的思想。国家主张正确处理好基本生活救助、生产扶持和灾后恢复的关系，在保障灾民吃、穿、住、医等基本生活需求的基础上，扶持灾民开展生产自救，通过灾民自己的劳动生产解决生产、生活中的困难。第二，充分发挥集体组织的作用，互助互济，共同渡过困境。在社会主义经济体制下，集体经济拥有一定的物资储备、组织生产能力以及相互帮助的社会资源。灾害发生后，当依靠个人力量不能解决生产生活困难时，可以由集体（主要是农村的村集体）给予帮扶，发挥社会主义集体的力量，按照"一方有难，八方支援"的精神，互帮互助，共渡灾荒。第三，政府的救灾作用在于帮助灾区的受灾群众和集体解决其不能解决的困难。国家的救灾在于维持灾民基本生活保障、维持基本社会秩序、扶持灾民通过个人力量和集体力量渡过困境。① 因此，当代中国自然灾害救助的基本原则非常明确：个人自救，然后依赖集体力量互救，最后国家给予必要的扶持和基本生活救助。

进入21世纪之后，我国发生了多起特大自然灾害，对灾区民众的生产、生活、财产和人员造成重大伤亡。单纯依靠个人生产自救和集体互救显然不能有效地应对救灾需求。国务院明确提出，必须建立"以人为本、政府主导、分级管理、社会互助、灾民自救为原则"的新时期自然灾害救助体系。② 各级人民政府应该承担主要的救灾责任，包括：（1）立即向社会发布政府应对措施和公众防范措施；（2）紧急转移安置受灾人员；（3）紧急调拨、运输自然灾害救助应急资金和物资，及时向受灾人员提供食品、饮用水、衣被、取暖、临时住所、医疗防疫等应急救助，保障受灾人员的基本生活；（4）抚慰受灾人员，处理遇难人员善后事宜；（5）组织受灾人员开展自救互救。自然灾害危险消除后，受灾地区人民政府应当统筹研究制订居民住房恢复重建规划和优惠政策，组织重建或者修缮因灾损毁的居民住房，对恢复重建有困难的家庭予以重点帮扶。自然灾害发生后的当年冬季、次年春季，受灾地区人民政府应当为生活困难的受灾人员提供基本生活救助。③

一、举国之力救汶川

2008年5月12日下午2点28分，四川省汶川县映秀镇发生特大地震，波及417个县，4000多万人受灾，转移安置灾民1500万人，死亡、失踪8万多人，30多万人受伤。以重灾区什邡市为例，汶川地震共造成

---

① 孙绍骋：《中国救灾制度研究》，商务印书馆2005年版，第130—132页。
② 《自然灾害救助条例》第2条。
③ 《自然灾害救助条例》第14、19、21条。

11.74万户农民和数千集镇居民无家可归,需要临时转移安置。地震发生后,抗震救灾指挥部共发放棉被158027床,衣物126502件,食品14438.8吨,饮用水8593.97吨,其他救灾物品355150件。① 根据国家有关规定,市政府为全市受灾人口发放基本生活救助,三个月内按照每人每天10元、1斤成品粮的方式发放生活救助。自5月下旬开始,按照家庭发放临时房搭建补助,家庭人口2人以下的,每户发放2000元,每增加一人的家庭增加800元。极重灾区的6个镇和城区无家可归的居民由政府负责提供活动板房安置,确保在冬天来临之前入住过渡房或者活动板房。

随后,国家出台了具体的补助标准用于灾后救助和重建。2008年6月2日,财政部印发了《地震灾区过渡安置房建设资金管理办法》,明确了灾区公共设施、安置灾民活动板房以及相关配套建设的资金使用标准。在受灾期间,由灾民自己自建过渡安置房的,由地方政府提供2000元安置费用补助;过渡期居住活动板房的建设,由专项资金按照每平方米350元的标准给予补助;有关配套建筑的建设如医院、学校等公共设施,按照每平方米500元标准建设;其他的生活配套设施的建设补助如生活燃气设施,按照建设套数补助,每套补助300元;在建设安置房的过程中,场地平整以及水、电、路、消防等配套基础设施建设,实行定额安排资助。②

在震后重建的过程中,针对汶川震区国家提供一定数额的房屋维修或重建补助,按照3000万—10000万元的标准实施。为了支持房屋的维修或者重建,财政部会同中国人民银行对重建工作给予贷款补贴支持。根据规定,向灾区农村居民房屋重建和修复因灾受损的房屋发放贷款是灾后重建信贷支持的重点对象。发放对象具体为因地震导致房屋损毁、有相应经济偿还能力、财政建房补助已经到户、自筹资金达到一定比例、

---

① 中国人民政治协商会议四川省什邡市委员会编:《什邡文史·2008年专辑》,四川美术出版社2008年版。
② 《两部委制定地震灾区过渡安置房建设资金管理办法》,http://news.163.com/08/0613/17/4EB8KPIG000120GU.html。

已取得相应的建房批准手续并且符合经办金融机构贷款基本条件、自愿申请贷款的农村居民,对农房重建贷款利率给予优惠,可以取得1年期2万元的低息贷款,1年后转化为商业贷款。①

除了货币形式的救助之外,针对汶川地震救灾,国家也出台了一系列政策保障救灾物资的合理分配。例如,《国务院办公厅关于加强汶川地震抗震救灾捐赠款物管理使用的通知》《国务院办公厅关于汶川地震抗震救灾捐赠资金使用指导意见》《民政部、财政部、住房和城乡建设部关于进一步做好汶川地震灾区救灾款物使用管理的通知》《关于汶川地震抗震救灾捐赠资金使用有关问题的意见》等政策相继出台,规范救灾款物的使用和管理过程。除此之外,国家出台了一系列政策指导、规范灾后重建过程。国务院出台了《国务院关于支持汶川地震灾后恢复重建政策措施的意见》,明确规定:免收新增建设用地土地有偿使用费和土地出让收入,包括对受灾地区按照受灾居民新建的各类安置房以及非地震受灾地区为安置受灾居民新建的各类安置住房;受灾地区各类行政机关、学校等事业单位、各类企业、人民团体、社会团体等单位因地震造成房屋倒塌、毁损,需要在原地区进行重建或迁至异地重建的。② 在什邡地区,地方政府为每户受灾家庭提供30平方米的宅基地用于建设房屋或安置迁移民众,原有的宅基地转为耕地。③

二、"看不见的手":保险市场初显效力

2013年10月7日1时15分,台风"菲特"在福建省福鼎市沙埕镇沿海登陆,登陆时中心附近最大风力达14级。尽管"菲特"7日9时已在福

---

① 《财政部关于印发〈汶川地震灾后恢复重建贷款中央财政贴息管理办法〉的通知》(财金〔2008〕97号)、《中国人民银行、中国银行业监督管理委员会关于做好汶川地震灾区农村居民住房重建信贷服务工作的指导意见》(银发〔2008〕304号)。
② 《国务院关于支持汶川地震灾后恢复重建政策措施的意见》(国发〔2008〕21号)。
③ 徐晓军等:《灾后财富分配与流动:汶川地震个案研究》,华中师范大学出版社2011年版,第91页。

建省建瓯市境内减弱为热带低压,但其"风声小雨点大",对浙江造成了严重影响。作为浙江受灾最严重的地方,宁波余姚市遭受了百年一遇的降雨。城区70%以上受淹,主城区城市交通瘫痪。此次台风使得余姚市21个乡镇、街道均受灾,145个行政村和社区被围,受灾人口832870人,受损较严重的房屋25650间,转移人口61665人。据统计,余姚市直接经济损失69.91亿元,其中工业、商贸企业损失35.1亿,交通等基础设施损失8.21亿,农林牧渔损失6.12亿元,水利设施损失2.78亿元,城市受淹直接经济损失15.2亿元,其他损失2.5亿元。①

2015年7月11日16时40分,台风"灿鸿"在浙江省舟山市朱家尖沿海登陆,登陆时中心附近最大风力有14级。受台风"灿鸿"影响,余姚市共有17个乡镇(街道)受灾,67个村庄受淹,10余个低洼地段小区积水,受灾人口4.28万人,倒塌房屋121间;堤防损坏30处,护岸损坏20处,灌溉设施损坏43处;公路因塌方、积水等原因受阻或中断230条(次);供电线路中断174条(次)。余姚市直接经济损失3.58亿元,其中农林牧渔业直接经济损失2.14亿元,工业和交通企业直接经济损失1.10亿元,水利设施损失0.33亿元。就受灾面积而言,余姚市农林牧渔业受灾面积达26.13万亩,畜牧业圈舍进水11万平方米、倒塌1.5万平方米,余姚市农林牧渔业直接经济损失近2.2亿元。②

2013年,遭受台风"菲特"袭击以后,宁波市政府、余姚市政府迅速出台了救灾政策。根据《宁波市人民政府关于迅速开展灾后自救全力恢复生产的意见》(甬政发〔2013〕104号)和《中共余姚市委余姚市人民政府关于迅速开展暴雨洪涝灾后自救和恢复重建的意见》(余党发〔2013〕58号)文件精神,为做好灾后重建,尽快恢复正常生产生活,余姚市政府出台了

---

① 关于台风"菲特"的报道,可参见《台风"菲特"重创浙江18县市区城区被淹》,http://news.163.com/13/1010/10/9AQOHKD800014AEE.html。
② 关于台风"灿鸿"的报道,可参见《超强台风"灿鸿"直扑浙江》,http://news.163.com/15/0711/02/AU79ASJ900014AEF.html。

《余姚市人民政府关于开展灾后重建和恢复生产生活的若干政策意见》（余政发〔2013〕128号），从税收扶持政策、财政扶持政策、困难群众基本生活保障政策、社保扶持政策、金融扶持政策以及工商扶持政策六个方面对灾后重建和恢复生产生活提出了指导性意见。

台风"菲特"过后，余姚财税局共安排救灾资金2.01亿元，用于各部门和各乡镇（街道）对口开展救灾补助，其中9200万元直接安排用于乡镇（街道）的救灾补助。在税收扶持方面，台风过后，余姚财税局立即组织干部进村入企，开展受灾情况调查和财税扶持政策宣传辅导，主动做好税款缓缴、税收优惠减免等纳税服务。在财政扶持方面，余政发〔2013〕128号意见提出财政安排1500万元，酌情给予受灾较严重的小微企业、个体工商户一定补助。财政安排1000万元，专项用于受灾严重的企业恢复生产中新增贷款所需的担保公司担保费补助。同时，该意见也提出将对受灾严重的晚稻，给予50元/亩以内的补助；对受灾面积20亩以上的蔬菜瓜果等经济作物种植大户，给予60元/亩以内的补助；对受灾果园、茶园补植分别给予300元/亩、800元/亩以内的补助；对市级及以上定点苗圃受淹部分，给予2000元/亩以内的补助；对补放水产苗种或换养品种，给予50元/亩以内的补助；对受灾特别严重的规模场（户）从有资质的种畜禽场引入的种畜禽，按引种价格的30%给予补助；对市级以上农业龙头企业灾后新改造项目，按实际投资额进行补助，补助比例在原有政策基础上提高两个百分点。在困难群众基本生活保障方面，该意见指出，对受灾的低保户、五保户、孤儿给予每户（人）2000元的生活救助；对低保边缘户、重残低收入人员、重点优抚对象给予1500元的生活救助；对其他困难群众视受灾程度给予临时生活救助；对倒房和严重损房的受灾农村困难群众，每户最高补助不超过2万元。受灾特别严重的，视情况适当提高补助标准。在金融扶持方面，对受灾特别严重的畜牧、水产养殖市级及以上农业龙头企业和示范合作社、专业规模场（户）新增的贷款，按贷款利息实际发生额给予50%的补助，补助期限暂定6个月。

除了生活救助之外,地方政府还积极探索市场化的救灾机制。2014年,宁波市率先进行了巨灾保险的试点,并出台了《宁波市人民政府办公厅关于开展巨灾保险试点工作的实施意见》(甬政办发〔2014〕211号,以下简称《意见》)。《意见》首先明确了宁波进行巨灾保险试点的指导思想,以商业保险为平台,以多层次风险分担为保障。根据巨灾风险特点,通过建立应对台风、龙卷风、强热带风暴、暴雨、洪水和雷击自然灾害及其引起的突发性次生灾害风险的巨灾保险制度,宁波市积极稳妥地推进余姚市巨灾保险试点工作,健全灾害管理和民生救助体系,逐步形成财政支持下的多层次巨灾风险分散机制。宁波市的巨灾保险制度主要包括公共巨灾保险、巨灾基金、商业巨灾保险三部分,其中公共巨灾保险由政府统一购买。

《意见》确定了公共巨灾保险的保障范围、保障对象和赔付标准。《意见》规定,承保的保险机构严格执行365天、24小时的全天候接报案制度,并接受居民邮件、短信、微信等方式报案。根据受灾的区域和损失情况,保险机构按照监管要求和合同约定及时做好事故损失查勘、资料收集、定损核赔、赔款支付等各项理赔服务工作。《意见》希望通过开展巨灾保险试点,建立巨灾基金、巨灾风险专项准备金等风险资金积累机制,鼓励发展商业巨灾保险,尽快建立多层次的巨灾风险防范体系。《意见》确立了巨灾保险试点工作领导小组,明确了各部门的职责,要求在各级政府及相关部门相互协作、配合和支持下,充分发挥各级民政、金融、财政、气象、水利、安监、环保等部门的作用,协同配合,共同推进余姚市巨灾保险制度顺利实施。其中,民政部门作为市政府委托的投保人和被保险人,牵头组织实施巨灾保险制度,协调各项政府政策及资金落实,督促协调巨灾保险承保、理赔以及防灾防损工作的开展,管理巨灾基金等;财政部门落实巨灾保险保费、巨灾基金等政策资金,督促巨灾保险资金使用的规范性和效率;保险监管部门配合、支持政府相关部门做好巨灾保险试点工作,积极争取专项准备金等政策支持,督促指导保险机构做好巨灾保险服务及商业巨灾保险产品开发、保险理赔服务等工作;各县(市)区政府及相关部门配合做好巨灾保险理赔等各项实施和衔接工作,协助解决巨灾保险制度运行中出现的问题。

最后,《意见》指出,通过建立巨灾保险工作联络机制和会商沟通机制,针对巨灾保险理赔过程中出现的重大矛盾纠纷,由所在地政府调解和裁定,民政部门会同其他成员单位予以协助指导,确保巨灾保险工作的公开透明和公正公平。2015年7月14日,台风"灿鸿"过后,余姚市政府相关人员就开展了巨灾保险理赔的工作。同时,民政部及时下发了《关于做好"灿鸿"台风巨灾保险理赔工作的紧急通知》,迅速开展理赔工作。各乡镇(街道)、经济开发区和有关部门组织所辖行政村、社区严格按照《宁波市巨灾保险理赔细则》进行理赔。村(社区)巨灾保险联络员在乡镇(街道)巨灾保险联络员的指导下,配合保险公司在受灾地开展勘查定损和理赔工作;协助受灾群众向保险公司或分支机构报案;协助保险公司在村(社区)开展巨灾保险政策宣传。

自2007年开始,余姚市实行政策性农业保险,保险品种不断增加。2015年,余姚市发布了《关于做好2015年政策性农业保险工作的通知》。余姚市政策性农业保险共有18个保险险种计24个保险品种,具体保险品种、保险金额、保险费率及保费财政补贴比例有所调整,加大了保险救助的力度。政策性农业保险创新了政府救灾方式,提高了财政资金使用效益,分散了农业风险,保障了农民的收入。除此以外,保险公司和依法设立的互助保险等保险组织与被保险人之间的农业保险业务和涉农保险业务也进一步保障了农民的利益。此外,浙江省制定了《农业保险条例》,规范农业保险和涉农保险活动,保护保险活动当事人的合法权益,促进农业保险和涉农保险事业健康发展。总体来说,各级政府越来越重视灾害发生后的农民利益的保护和救助问题。目前,余姚市已经形成了以政策性农业保险为主,配合以公共巨灾保险的试点的救灾模式。政府积极鼓励保险公司和依法设立的互助保险等保险组织与农民之间的农业保险和涉农保险活动，促进农户、互保组织、保险公司、政府共同分担风险，尽可能地减少农民因自然灾害而遭受损失。

第四节　中国自然灾害救助政策实践存在的问题

随着《自然灾害救助条例》的颁布和实行，我国自然灾害救助已经实现了有法可依，为落实灾区受灾人口的生活救助、医疗救助以及重建工作提供了基本的规范。另外，中央政府也不断通过推进巨灾保险试点工作，探索积极整合政府财政资源、市场力量和社会力量共同参与救灾工作。但是，从整体上看，我国自然灾害救助在实践中仍然面临救助主体单一、救助资源缺口较大以及风险意识薄弱等问题，政府依靠公共财政实现救灾"单打独斗"的局面仍然没有改变。

1. 公共财政资金作为灾害救助资金的主要来源，总额偏少

近几年来，每年中央政府安排50多亿元的救助资金，但是相对于每年平均4000多亿元的灾害损失来说，可谓杯水车薪，缺口较大。从国家救灾资金规模占自然灾害直接经济损失的比重来看，尽管救灾支出的投入总量有所增加，但对于直接经济损失而言，国家救灾资金仅仅是"临时性"和"紧急性"的特殊救助，受灾单位和个人承担了主要损失。国家救灾资金占因灾损失的比重基本维持在2%—3%左右，难以做到对损失的弥补。当代中国的灾害救助在相当程度上还处于低水平的自发状态。

2. 救灾资金存在被地方政府挪用的风险

现行的救灾体系中，救灾资金安排的基本方针是"分级承担，以地方为主"。在地方财政压力普遍比较大的情况下，救灾资金基本全靠上级拨付，尤其是中央政府和省级政府的财政拨付。在救灾资金拨付和使用的过程中，不同层级的政府之间存在一种"资金博弈"的现象：中央政府要求地方政府按照一定的比例配套救灾资金，加大在灾害预防、预警和救灾中的支出以减少因灾损失；地方政府则借助于中央政府的专项拨付来获取

第三章 "仰望青天":中国政府主导型灾害救助模式

更多的上级拨款,用于经济建设、教育、社会保障等其他平时财政缺口较大的公共服务和社会发展事务。分级拨付的救灾资金受到地方政府尤其是基层政府的"青睐",基层政府往往会挪用部分救灾资金用作其他公共服务或者基础设施建设。据报道,2003年云南大姚地震发生后,云南省各级政府和有关部门共接收救灾资金3.7亿元。2004年,审计署审计发现,云南省、州(市)、县部分财政、民政、建设、教育、卫生等部门及乡镇政府存在挤占挪用救灾资金问题,共挤占挪用救灾资金4111万元。例如,姚安草海农场统建点建设工程指挥部挪用1748万元救灾资金支付土地置换补偿;宾川县民政局挪用救灾资金150万元兴建宾川县社会福利服务中心大楼;姚安县卫生局、大姚县赵家店卫生院分别挪用25万元救灾资金建设卫生院职工宿舍;牟定县财政局、姚安县财政局分别挪用救灾资金565万元、350万元平衡2003年财政预算。① 2008年,国家审计署对13个省(区)救灾资金的审计调查情况表明,仍有一些部门和单位将救灾资金用于弥补行政经费、建设办公楼等方面。2008年3月27日,时任审计署审计长刘家义在十一届全国人大常委会第四次会议上做审计报告时说,2005年至2006年13个省(区)共筹集救灾资金167.57亿元,其中60%是中央转移支付资金。此次共调查了13个省(区)本级、44个市、105个县和213个乡镇,走访了352个村和2675户受灾家庭。从审计调查情况看,仍有一些部门和单位将2.58亿元救灾资金用于弥补行政经费、建设办公楼等方面。② 2008年汶川地震也波及云南省,造成部分人员受灾。2009年,云南省昭通市审计局公开发布了《关于"5·12"地震救灾资金管理和使用情况的审计调查结果公告》,明确指出昭通市下辖的盐津、大关、永善、绥江、水富5个县多个部门,在地震救灾资金管理和使用

---

① 张晓松:《云南大姚地震救灾资金被挤占挪用4111万元》,载《中国减灾》2005年第5期。
② 《审计表明13个省区有2亿多元救灾资金被挪用》,http://special.yunnan.cn/news/content/2008-08/27/content_71202.htm。

方面存在一些需要加以纠正和改进的问题。例如,少数部门和乡镇私自滞留、挤占挪用地震救灾款的问题比较突出:大关县翠华镇滞留灾民生活救助资金和民房恢复重建资金1.32万元;永善县财政局未拨付意向捐赠资金1.54万元;绥江县民政局挤占挪用救灾资金2.77万元,绥江新滩镇挪用37.96万元,中城镇挪用0.39万元,3笔相加金额达40多万元。[①]

3. 保险市场在灾害救助中发挥的作用较弱

我国保险市场尤其是农业保险市场发展不够成熟,在自然灾害损失救助方面所发挥的作用较低。研究表明,在历次自然灾害救灾过程中,保险公司对因灾损失的赔付尚不足1%,大大低于国际上灾害救助的一般水平。尽管我国已经强制实施政策性农业保险,但是由于覆盖面广、保费低等原因,政策性农业保险对因灾受损农户的救助还停留在较低水平。例如,湖北省对于洪涝灾害中受损农户的保险赔偿仅为每亩20元。即使在试行巨灾保险的省份,农户因灾受损获得保险公司赔付也仅为每亩300元。这些保险赔付仅限于农作物的赔付,还不包括非农作物、家畜等经济损失。对于受灾农户来说,政策性农业保险赔付规模偏小,不能从根本上解决"因灾致贫"的问题。

4. 民众普遍存在"依赖政府"心理,缺乏对风险的科学认知

民众的防灾意识、风险意识尤其是借助于保险机制分散灾害风险的意识比较单薄,受灾后"等政府救助、靠政府救助、要政府救助"的心理还比较普遍。例如,汶川、北川等地处在龙门山断裂带,历来是地震、山体滑坡、泥石流等自然灾害多发的地区。但是,从受灾后房屋受损的情况来看,当地房屋建筑设计并没有达到相应的防震抗灾标准,房屋建筑选址不科学等问题比较突出,民众对地震、泥石流、山体滑坡等灾害缺乏系统的认识,防灾减灾和自救意识比较薄弱。在缺乏必要的风险意识和防灾减灾知识的情况下,不论是基层政府还是普通民众对灾害的承受力都比较

[①] 《云南绥江县挪用40万"5·12"地震救灾款》,http://news.163.com/10/0227/10/60H8G996000146BB.html。

低,应灾能力、自保自救能力都比较差,损失往往超过预期。同时,依靠市场机制如财产险、人身意外伤害险等保险产品来分散灾害损失风险的意识比较薄弱。例如,笔者在浙江余姚的调研表明,农民面临灾害风险意识普遍比较淡薄,参保必须依靠行政力量强制性推行。在浙江余姚河姆渡镇车厩村,政策性农业保险的保费全部由河姆渡镇镇政府和车厩村村委会承担,农民自身不需要缴纳保费,这就使得农民缺乏保险主体意识。河姆渡镇分管农业的副镇长表示,在政策性农业保险中,就水稻而言,每亩保费为5.6元,虽然保费有分担机制,即河姆渡镇镇政府承担2.8元,车厩村村委会承担1.4元,村民个人承担1.4元,但实际情况是农业保险保费全部由河姆渡镇镇政府和车厩村村委会承担,个人并不出钱。这就让村民产生了误解,以为自己不用交钱也能享受农业保险政策,村民自然不愿意通过花钱购买商业保险的方式分散财产损失,只依赖于政府保障。他们中的绝大多数并不了解政策性农业保险的赔偿比例、赔偿标准以及操作流程等信息,只是单纯地认为"我损失了多少,政府就应该赔偿我多少"。

例如,宁波巨灾保险只能对进水房屋造成的损失进行赔偿,家电等财产的损失并未列入巨灾保险的理赔范围之内,但财产与房屋总是同时受损,因而财产所遭受的损失只能由个人承担。许多农民对此并不理解,他们认为政府就应该"包赔所有损失",既然是自然灾害导致的损失,就应该由政府提供保障,这就使得政府陷入了"两难"。如果对农民的灾害导致的财产损失进行赔偿,不仅面临财产定损的复杂性,而且还会给政府财政带来巨大负担;可是如果不赔偿,有可能会激化政府与灾民之间的矛盾,不利于灾区的社会和谐与社会稳定。因此,政府往往会采取募捐的形式进行筹款,从而间接补助受灾农民。但是,越是如此,农民对于政府的依赖性就越强,灾民预期政府是一定会提供补助的。久而久之,农民的风险意识更加淡薄,"等、靠、要"的心理越来越强烈。工业领域也是如此。车厩村许多加工汽车零配件的小作坊都在姚江边,一旦作坊被淹,不仅已经加工好的零件需要全部重新加工,部分加工机器也会遭受不同程度的破坏,这给生产作坊带来了很大的经济损失。手工作坊、工厂的所有者风险意识比较淡薄,购买财产意外险的企业主比例非常少。工厂的负责人大多存在侥幸心理,几乎没有一家工厂购买了商业保险。[①]

  我国作为一个灾害多发的国家,减灾救灾思想非常发达,救灾政策体系也比较完善。但是,当代中国救灾政策体系的显著特征是单纯依赖公共财政救济,保险市场作为国际上比较有效的风险分散机制发挥的作用还非常有限。一方面,新中国救灾的实践过程导致不论政府还是民众都比较缺乏风险意识,对现代保险的作用认识不到位;另一方面,缺乏有效的制度供给激励保险公司、民众等风险主体参与多元风险分散治理的结构,最终依赖于行政力量来分散灾害风险。这种单一依赖性的灾害救助体系不仅仅对公共财政造成了巨大的压力,还导致一系列问题:不同层级政府之间为获取救灾资金的博弈、灾害保险市场发展缓慢、灾民救助效果差以及"救灾依赖性"的灾民文化等。这些问题不仅阻碍了救灾体系的现代化、市场化,也使得在越来越频发的极端天气背景下灾民遭受的损失难以得到有效的救助,灾民往往要承担巨大的因灾损失,因灾致贫、因灾返贫的现象比较普遍。

[①] 车厩村的案例来自于笔者于 2015 年 7—8 月赴余姚市河姆渡镇的调研。

第四章
美国 vs. 日本：谁的救灾制度更有效

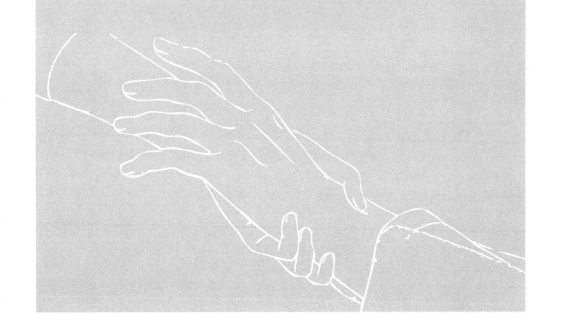

进入21世纪以来,我们面临着一个越来越具有不确定性的世界。以极端天气为代表的自然灾害频发已经成为国际社会减灾面临的巨大挑战。自然灾害以巨大的破坏力威胁着世界各国人民的生命和财产安全,与自然灾害做斗争、保障生命和财产安全已经成为全人类共同的议题。如何通过灾害救助帮助受灾的公民减少损失、摆脱困境是各个国家政府的责任。本章借助于美国和日本的个案研究,详细分析了两类不同的灾害救助模式,力图为我国自然灾害救助政策体系的改革和完善提供有益的启示。

第一节 美国市场主导型灾害救助体系

一、美国自然灾害的情况

美国是遭受洪水灾害比较严重的国家。根据历史资料统计,7%的美国国土面积受到洪水威胁,1/6的城市可能遭受百年一遇的洪水,2万多个社区存在被淹没的可能性。[①] 近30年来,美国多个地区经常遭受洪水灾害的侵袭。1993年,密西西比河流域发生的特大洪水灾害带来严重损

---

① 姜付仁、向立云、刘树坤:《美国防洪政策演变》,载《自然灾害学报》2000年第3期。

害。1993年大洪水是美国气象史上一个空前重要的事件,由密西西比河上游地区大范围过度降雨所引起。据事后调查,发生在1993年的这次洪水在有的河段超过500年一遇的标准,在美国地质调查局所属的45个水文站,洪水全部超过了100年一遇。洪水的持续不退,进一步增加了洪水灾害的严重性,许多地区被洪水围困达数月之久。1993年大洪水造成美国中西部历史上空前的大灾害,导致47人死亡,房屋毁坏约38000间,造成经济损失120亿—160亿美元。[①] 另外,伴随飓风带来的暴雨也会造成严重洪涝灾害。例如,2015年12月,因龙卷风导致暴雨造成密苏里州有6人死亡,得克萨斯州有11人死亡,伊利诺伊州有5人死亡。此外,密西西比、阿拉巴马、田纳西和阿肯色州共19人在洪水中遇难。

美国50个州中有43个处于地震高风险地带。地震是美国面临的另外一个主要自然灾害,尤其是美国西海岸地区。1994年,洛杉矶北岭地区发生里氏6.7级大地震。在持续30秒的强震中,1.1万间房屋被摧毁,距离震中30公里范围内的高速公路、高层建筑遭受严重损坏,煤气管道、自来水管道等严重断裂,直接造成62人死亡、9000多人受伤、25000人无家可归,财产损失高达300亿美元。自1900年以来,洛杉矶地区多次发生地震。由于处于圣安德烈亚斯断层带上,未来有可能发生7.8级—8.3级的大地震,将会对洛杉矶地区造成严重影响。

飓风也是美国面临的主要自然灾害之一。整体上看,随着全球极端天气频发和气候变化,美国南部、东部地区已经进入一个灾害高发时期。近30年来发生的比较大的飓风灾害包括卡特里娜飓风、桑迪飓风、威尔玛飓风、丽塔飓风等巨灾事件,造成较大规模的人员伤亡和财产损失。2004年,查理飓风从美国南部加勒比海地区出发,袭击美国南部地区多个州,印第安纳、密西西比、佛罗里达等州遭受严重损失,导致24人死亡、15.1亿美元的经济损失。2005年,卡特里娜飓风袭击墨西哥湾地区,共

---

① 袁中群:《美国历史上最大的洪水灾害》,载《治黄科技信息》1994年第3期。

造成1800多人死亡、812亿美元的经济损失。美国多个州宣布进入紧急状态,新奥尔良市80%的建筑受损,30多万人无家可归。同一年,威尔玛、丽塔飓风袭击了美国墨西哥湾地区,造成100多人死亡、200多亿美元的经济损失。2008年,艾克飓风袭击了美国,造成358人死亡。[①]

洪水、地震、飓风是美国面临的主要自然灾害。为了应对这些灾害带来的损失,美国发展出了世界上比较成熟、完备的自然灾害保险体系。经过数十年的探索和完善,美国已经建立了一整套包括洪水保险计划、农业巨灾保险、加州地震保险、佛罗里达飓风保险、佛罗里达居民财产保险等在内的自然灾害保险救助体系,为美国有效地应对各种自然灾害、减少损失提供了制度支持。

二、美国洪水保险计划

洪水灾害是美国多个地区面临的主要自然灾害。美国的防洪减灾策略存在明显的转变,即由工程防洪向工程防洪与洪水保险相结合的策略转型。早在1794年,美国联邦政府就将美国陆军工程兵团从军队中独立出来,专职负责管理美国境内的港湾、河流和航运通道。面对洪水侵袭,1850年美国国会授权陆军工程兵团调查密西西比河流域防洪情况,寻求有效的防洪策略。经过科学、细致的调查,美国陆军工程兵团提出借助于"堤防"来管理洪水,通过修筑坚固的堤防把洪水"遏制"在河道内,形成"堤防万能策略"。

1912年,密西西比河连续发生大型洪灾,居民财产损失严重,宣告了"堤防万能策略"的失败。随后,美国联邦政府颁布了《1917年洪水控制法案》,提出以堤防、水库、蓄滞洪区、分洪道、河道整治、水土保持等措施相结合的综合性"以控治洪"的防灾体系。此后,美国联邦政府拨出巨款修建堤防、整治河道、开辟滞洪区和泄洪道、修建水库来治理洪水灾害。

---

① Wharton Risk Center with Data from Swiss Reinsurance and Insurance Information Institute.

1936年，美国联邦政府颁布了《洪水控制法案》，强调加强交通和通信设施建设，及时通报灾情，减少居民损失。除了继续加大拨款完善各种防洪设施之外，美国专门成立了联邦—州洪水预报中心，改进水文预警管理。但是，洪水灾害情况仍然不容乐观，尤其是各种防洪工程的修建对水文、生态、环境等造成了严重的破坏，引起了巨大的反对声浪。1942年，美国学者怀特（Gilbert White）教授发表了《人类适应洪水》的报告，指出洪水损失主要是因人而致，倡导适应洪水，而不是逆自然规律改造洪水，反对过于依赖工程思维来控制洪水。[①] 此后，美国转变了防洪减灾的工程思维，开始尝试通过一种综合考虑经济、自然地理、文化、环境以及政治等因素的防洪减灾观念。借助于市场中的私营部门，主要是保险公司来分散洪灾损失成为一种新的减灾策略。

美国是世界上第一个利用市场机制即商业保险的形式来治理洪灾、减少损失的国家，并率先通过法律来规范和管理洪水保险市场。1956年，美国联邦政府颁布了《联邦洪水保险法》，规定联邦机构可以对洪泛区征收保险费，提高土地开发成本；对征收的保险费可以进行合理的投资与运用，从而减轻联邦财政资金救灾压力。为此，美国联邦政府内务部陆续测绘了洪水风险边界图，来配合洪水保险法案的实施。但是，美国联邦政府第一部洪水保险法案遭受了失败。一方面，保险公司对保险措施的有效性有很大的质疑，认为缺乏精算技术难以准确测定洪水保险费率，保险难以实施；另一方面，联邦政府确定的30亿美元为期5年的联邦洪灾保险和再保险基金遭到国会的否决。与此同时，地方政府并不认同这种做法，仍然把大量的财政资金投入在防洪设施的建造和维护上。在各种因素的影响下，联邦政府首次利用市场保险机制来减轻洪水灾害损失的法律事实上名存实亡，没有发挥应有的效果。

针对20世纪60年代频发的自然灾害及其损失，美国时任总统约翰

---

① Gilbert White, *Human Adjustment to Floods*, University of Chicago, 1942.

逊于 1968 年向国会递交了《对洪灾受害者提供保险或者其他财务协助的研究报告》,力图通过保险向受灾人口提供援助,从而改变将绝大多数财政资金投入防灾减灾基础设施建设和维护上的传统做法。由于难以通过精算技术来合理确定保费,保险公司对开发洪水保险产品也没有积极性。国会认为,仅由私营保险行业在合理的条款和条件下为需要此种保障的人们提供可得的洪水保险,许多因素已经使得这种做法不经济。① 如果有政府介入,洪水保险项目有可能获得成功,因为风险可以得到更为广泛的分散,项目可以筹集到足够的启动资金。在政府介入之下,政府可以对有房产业主支付的保费进行补贴,还可以将保险行业与能够降低风险的国土使用方式有机联系起来。② 面对保险需求高涨而市场动力不足的情况,美国国会于 1968 年通过了《全国洪水保险法》。1969 年,美国国会通过了《国家洪水保险计划》,授权住宅与城市建设部组建了联邦保险管理局,与国家洪水保险协会一起管理洪水保险,联邦政府承诺给予私人保险公司补助,承担超过保险公司偿付能力的赔偿金额。

虽然有联邦政府的积极介入,政府通过公共财政承担了保险公司超额赔付的风险,洪水保险法案的实施效果却并不理想。在全美国约有 2 万个社区面临洪灾的威胁下,总共约有 3000 个左右的社区参加了洪水保险计划,只占到应该参加者的 15%,联邦政府的救灾费用仍不断攀升。③ 究其原因,社区居民考虑到短期负担的增加而不愿意参加;保险公司也因为灾害风险精算技术不能合理地确认风险概率、保费和赔付率,并不积极开拓洪水保险市场。针对这种情况,美国政府于 1973 年颁布了《洪水灾害防御法》,建立了强制性洪水保险体系。《洪水灾害防御法》规定,受洪水风险威胁的财产要想获得联邦政府的财政资助必须满足两个条件:一

---

① Paul Kleindorfer *et al.*, Assessment of Catastrophe Risk and Potential Losses in Industry, *Computers and Chemical Engineering*, 2012, Vol. 47, pp. 85-96.
② Allstate Considers More Cancellations, *Tampa Tribute*, May 19 2006.
③ 程晓陶:《美国洪水保险体制的沿革与启示》,载《经济科学》1998 年第 5 期。

是财产所有者所在的社区已经参加了国家洪水保险计划;二是申请资助者已经购买了洪水保险。实际上,美国联邦政府通过《洪水灾害防御法》将可能遭受洪水威胁地区的财产强行推入保险市场,将保险机制作为贷款和获得联邦灾害救助的前置条件。这样做既可以扩大保险市场的覆盖面,又可以减轻联邦政府的救灾压力。但是,该法案一经颁布,就遭到民众的极力反对,致使美国国会不得不修改部分条款。1976年,美国国会通过了修改后的《洪水灾害防御法修正案》,规定满足一些条件的住宅可以放宽某些禁令。例如,贷款购买日期在1976年3月1日之前的在用住宅、贷款5000美元以下用于修缮的现有住宅、贷款用于购买小企业使用的建筑物等。该修正案还取消了禁止由联邦保险信贷机构向位于洪水风险区内,但是未参加保险计划的社区的资产所有者提供贷款的条款。截至20世纪70年代末,美国存在洪水威胁的2万个社区中,83%的社区购买了180万份洪水保险,投保财产总规模达到了730亿美元。联邦政府向洪水受害者支付了共计4.3亿美元的资助金、2.3亿美元的救济资金、18亿美元的救灾贷款,约占同一时期联邦政府救灾经费的17%。①

整个80年代和90年代初,美国洪涝灾害导致的损失越来越严重。调查表明,绝大多数的受害者并不服从强制购买洪水保险的要求。1994年,美国联邦政府出台了《国家洪水灾害改革法》,强化了强制投保的要求,并创立了新的灾害援助方案:大幅度提高了洪水保险的保险金额,保险赔付率大幅度提高;延长保险生效期;增加投保人的扩展权,覆盖更多的财产和受灾场地;特别危险区内的财产强制购买洪水保险。据统计,到2003年底,美国受洪水威胁的社区90%以上都参加了洪水保险。但是,统计数据显示,有些特别危险区的房屋10年内两次遭受严重损失,给保险公司造成了较大的赔偿损失,累加赔偿额甚至超过了建筑物本身的价值。2004年,美国联邦政府出台了《全国洪水保险改革法》,要求针对这

---

① 谷明淑等:《自然灾害保险制度比较研究》,中国商业出版社2012年版,第62页。

样的财产由联邦紧急救灾署资助各州依法进行加固和改建,如果被保险人拒绝加固和改建,其保险费率则以1.5倍的速度上涨,直至达到保险精算费率水平。

美国国家洪水保险承担了较大的赔付压力,至2011年其债务和利息已经累计177.75亿美元,即使把洪水保险费率调整到精算费率的最高值,也难以偿还所欠的债务。为了扭转国家洪水保险计划债台高筑的局面,实现财务稳定和可持续经营,美国联邦政府于2011年推出了《洪水保险改革法2011》,提出了扩大强制购买区域、改革灾后救助条件、调整保险费率、倡议私营化改革、重新绘制风险区域地图、保障限额指数化等一系列措施。通过这些改革措施,国家洪水保险计划可以健全财务管理和稳定性,减少纳税人负担,提高商业保险市场的作用。该法案意味着美国政府将允许保险公司扩大被保险人的范围,可以通过商业机制分散财务风险和赔付风险。至2010年,美国国家洪水保险计划已经承保的保单突破500万份,达到5646735份。①

历经两个多世纪的发展,美国基本形成了比较有效的洪水保险救助体系。在这一保险体系中,政府是保险的责任主体。美国联邦政府是政策的制定者,联邦政府、州政府和地方政府是洪水保险的承担者和监管者。国家洪水保险计划由政府主导,不以营利为目的。商业保险公司作为实施人并不承担保险责任,仅仅是为联邦保险管理总署出售国家洪水保险产品,并将保费收入全部转交给联邦保险管理总署。实际上,联邦政府以纳税人为后盾,发挥了对洪水保险的再保险作用。联邦保险管理总署向商业保险公司支付相应的佣金,商业保险公司在洪水灾害期间负责评估财产损失、办理赔偿手续、垫付赔款,事后再向联邦保险管理总署索要资金。在这一保险体系中,社区是投保和风险防范的主体。根据洪水保险计划,社区是指任何州、地区或者行政分区,任何印第安部落组织、阿

---

① 数据来源:http://www.fema.gov/business/nfip/statistics/cy2010_totpif.shtm。

拉斯加当地村落,以及经过批准的有权在其管辖区域内采纳和执行洪泛区管理条例的组织。① 社区只有通过自愿方式加入国家洪水保险计划,该社区的居民才能购买洪水保险产品,才能够获得联邦政府的贷款、灾后救助。实际上,对社区而言,国家洪水保险计划是一项强制性的保险方案,政府财政资金发挥着保险和再保险的作用。②

三、美国加利福尼亚地震保险体系

美国西海岸处在太平洋地震断裂带上,经常遭受地震的袭击。加利福尼亚州濒临太平洋,坐落在环太平洋地震带上,受圣安德烈亚斯地震断裂带的影响较为严重。美国历史上最大的十次地震有9次发生在加利福尼亚州境内,造成严重的人员伤亡、财产损失。加州作为地震多发地带,自1985年就开始建立地震保险制度。加州政府为了减轻地震带来的损失,减少政府财政在地震救助方面的压力,于1985年通过立法要求承保加州住宅保险的保险人必须提供地震保险。例如,1994年1月17日凌晨4时31分,洛杉矶北岭地区发生里氏6.7级的大地震。③ 地震后,商业保险公司理赔案件超过30万件,保险赔付高达125亿美元。保险公司赔付额超过了过去30年间收取的保费的总和。④

但是,自80年代末开始的两次大地震,赔付额度巨大导致保险公司面临很大的经济压力,加州保险市场出现了明显的市场失灵问题。⑤ 承保住宅保险的公司不愿意提供地震保险,甚至逐渐退出加州的保险市场,对加州的房地产、保险业以及就业带来了很明显的负面影响。有的保险

---

① 《国家洪水保险计划》,具体内容可以参阅美国联邦紧急救灾署网站,https://www.fema.gov/national-flood-insurance-program/。
② 〔美〕霍德华·C.昆雷泽等:《与天为战:新巨灾时代的大规模风险管理》,刘洪生主译,东北财经大学出版社2011年版,第78—82页。
③ 康仲远:《中外大城市灾例对比研究系列报告(四):墨西哥地震和洛杉矶(北岭)地震》,载《灾害学》1997年第1期。
④ 夏益国:《美国加州地震保险局的运作及启示》,载《上海保险》2007年第7期。
⑤ 曾立新:《美国巨灾风险融资和政府干预研究》,对外经贸大学出版社2008年版。

公司为了平衡赔付压力,力主提高保险费率来对冲赔付压力。居民虽然对地震保险需求非常强烈,但并不愿意提高保险费率,从而与保险人之间产生分歧。很多保险公司不再出售地震保险产品,或者降低保险赔付责任。为此,为了平衡地震风险和商业保险公司之间的利益,加州立法部门提出了两条解决的办法:一是通过立法的形式强制要求加州的保险市场上经营房屋保险的商业保险公司提供巨灾保险的"最小保单",即排除了被保险人持有的住宅之外的附属设施和财产,承保赔付额度较低、免赔额度高;二是组建加州地震保险局,专门负责经营地震保险。

美国加州的地震保险模式是典型的政府主导下的私有化模式,即在政府的推动下由保险公司组建保险联合体共同承保地震险,试行市场化的运作方式。在这种模式下,政府不需要出资,只需要立法规范、通过税收减免给予支持,或在超额赔付的情况下给予信贷和金融支持即可。[①] 1996年,加州政府决定成立由17家私人保险公司出资构成的加州地震保险局,负责经营、承保、理赔加州地震保险事务。加州地震保险局由政府官员(州长、财务官)、公司代表等组成管理机构即加州地震保险局管理委员会。这一委员会与出资的各个私人保险公司之间不是上下级之间的领导关系。任何一家私营保险公司都可以自愿加入或者退出加州地震保险局。作为一个准官方机构,加州地震保险局负责制定地震标准保单,任何一家私人保险公司在出售房屋保险时,必须提供统一的地震保险。私营公司在承保地震险之后,就将地震保险的保单转移给地震保险局,地震保险局向该私人保险公司支付10%的佣金和3.65%的营业费。一旦发生地震灾害需要理赔时,各个出售地震保险的私营保险公司负责理赔,派人勘察灾情、确定损失、按照保单约定支付赔偿。按照加州地震保险局的规定,私人保险公司承保的地震险是一种"基本财产险"。加州地震保险局规定,各私人商业保险公司承担的地震保险责任仅涵盖地震、地裂所引

[①] 张祖荣:《国外地震保险制度的主要模式及对我国的启示》,载《浙江金融》2009年第6期。

起的房屋、屋内物品的损失,对于地震、地裂所引起的火灾、爆炸、盗窃等导致的财产损失不承担赔付责任。当地震导致房屋结构受损时,保险公司最高可以赔偿5000美元的修复费用;住宅受损期间不能居住的,在修复期间可以提供1500美元的额外住宿费用。加州地震保险局明确规定,地震险坚持最小保单原则,是基本的风险保障,它设立的目的是通过赔付帮助受害者修复、重建房屋,因此需要设定一个免赔额,并且明确诸如游泳池、院落、栅栏、车库、花园等附属项目是除外责任。

加州立法要求地震保险费率是基于期望损失的精算费率。地震保险局利用EQE International的精算模型将加州全部地区划分为19个地震保险费率区域,保险费率从1000美元财产需要支付1.1美元到5.25美元不等。按照此费率,平等每位投保人投保10万美元的房屋地震保险时平均承担的保费为391美元。由于免赔额较高,保费确定比较合理,保单销售情况较好。1996年,约有30%的加州居民购买了地震保险。2005年,加州地震保险局总的保费收入达到5.034亿美元,比上一个年度增长8.2%。截至2005年,加州地震保险局赔偿支付能力达到71亿美元,2006年达到80亿美元。

加州地震保险局制定了一套详细的地震赔付责任分担体系。按照该体系,累计地震保险赔付额度在10亿美元以内的,由各商业保险公司承担赔付;累计损失在10亿—40亿美元的,先由加州地震保险局利用保险基金经营所得进行支付赔偿,基金经营所得不足以支付赔偿时,地震保险局按照出资比例、承保份额向各个保险公司进行摊派,但最高摊派赔付额度不得超过30亿美元;累计损失达到40亿—60亿美元的金额,由商业再保险市场承担,但不得超过20亿美元;累计损失达到60亿—70亿美元的部分,加州地震保险局可以通过发行政府收益公债10亿美元来履行赔付责任;累计损失达到70亿—85亿美元的,加州地震保险局可以向市场发行额度为15亿美元的地震债券来筹集赔付资金;累计损失超过85

亿美元的,加州地震保险局可以向各商业公司再摊派 20 亿美元。①

面对地震这样的巨灾对保险公司带来的严重冲击,加州地震保险局设计出了有效的风险转移和责任分担体系,通过商业再保险体系、债券以及其他的保险衍生品市场来分散地震承保风险。② 国际再保险市场是地震保险分保和再分保的主要机制。美国作为国际上最大的巨灾再保险市场,在分担地震保险赔付责任方面发挥着巨大的作用。除了商业再保险市场的分保功能外,巨灾保险产品的证券化也发挥出很好的分保效果。1992 年 12 月,美国芝加哥商品交易所首先推出了巨灾保险期货交易产品。如果保险公司预测到巨灾损失会发生,就会购买巨灾保险期货。一旦发生巨灾保险赔付,可以有效地分散自己的赔付风险;如果未发生巨灾保险赔付事件,保费收入也可以覆盖期货购买支出。除了巨灾保险期货之外,巨灾债券也是重要的分散风险、分担责任的工具。除此之外,美国芝加哥商品交易所于 1995 年推出了巨灾保险期权交易,购买该类产品的保险公司按照损失限额或损失指数可以获得一定的承保。③

除了建立地震保险的风险分散和责任分担机制之外,美国加州地震保险局也创建了一个充分竞争的地震保险市场。按照加州地震保险局的规定,各商业保险公司可以自愿决定是否加入加州地震保险局。在加州,70％的商业保险公司加入了地震保险局这一共同体,剩下的 30％的保险公司没有选择加入。因此,在加州地震保险局这一保险共同体之外,还存在一个独立的地震保险市场。这些独立的保险公司通过出售保险范围更加全面、免赔额度更低、适用损失风险更高的保单来与那些进入加州地震保险局这一保险共同体的公司展开竞争。在这种充分竞争的情况下,加州地震保险局不得不于 1999 年大幅度调整自己的保费、赔付责任范围和

---

① 苏志强、王冠:《美国地震保险制度对我国地震保险的启示》,载《法制与经济》2010 年第 7 期。
② 明仪:《世界地震保险制度》,载《中国保险》2008 年第 5 期。
③ 鄢斗、邹炜:《美国地震保险发展模式及其对我国的启示》,载《海南金融》2008 年第 12 期。

赔付额度,以维持自己的市场份额。许多参加加州地震保险局的商业公司承保的地震损失赔付额度提高到10万美元,对房主提供的保险免赔额度降低到10%,对住宅损坏的保险由原来的1500美元增加到15000美元。

总体上看,在政府推动下形成的市场化运作方式是加州地震保险体系的关键特征。加州的地震保险作为一种基本财产险,以"最小保单"的形式解决了地震保险市场的难题——"市场失灵"问题,较好地平衡了保险市场供需之间的矛盾,避免保险市场因巨灾导致崩溃,从而最终削弱了保险市场的救助能力。与此同时,明确的风险分散和责任分担体系通过一种"共保"机制,将保险人、被保险人、保险共同体、债券市场、期货市场、再保险市场以及金融信贷公司等整合在一起,明确了各自的责任,提高了风险防范的意识。更为重要的一点,加州地震保险局作为一个保险联合体,并不采取垄断市场的做法,而是按照自愿原则由商业保险公司自己决定是否加入,没有加入该共同体的商业保险公司与加州地震保险局之间存在竞争关系。为了更好地吸引客户,各个商业公司都会提供更具优势的保险产品,极大地推动了加州地震保险市场朝着健康的方向发展。

四、佛罗里达飓风保险体系

来自大西洋和加勒比海的飓风经常袭击美国,对美国南部、东部和东北部地区造成巨大的破坏。其中佛罗里达州是美国飓风灾害最为严重的州,其地理位置导致该州遭受飓风灾害的风险远远高于美国其他各州。考虑到巨灾损失规模和赔付额度,商业保险公司不愿意将风暴、飓风等巨灾纳入保险责任范围,不开发此类商业保险新产品。在这种情况下,佛罗里达等州的居民经常遭受严重的飓风、风暴损失,尤其是房屋和财产损失。为了解决居民巨灾保险需求和保险市场供给之间的矛盾,佛罗里达州政府开始积极介入保险市场,不断健全保险体系,改进居民飓风灾害的损失救助体系。

1970年,佛罗里达州政府推动成立了风暴承保协会,为符合条件的居民和企业提供财产飓风保险。1972年,该保险协会正式运行,向居民和企业出售飓风财产保险。在2002年之前,佛罗里达州全部的35个县中,29个县符合飓风保险的条件,共出售41万张保单,承包责任9.8亿美元,年均保费收入4140万美元,赔付能力达到5.8亿美元。1992年,安德鲁飓风袭击了佛罗里达州的南部,造成27人死亡,30万人无家可归,2.5万座房屋被严重损坏,经济损失达265亿美元。[1] 在这种巨灾导致的大规模损失下,各个保险公司面临巨大的赔付压力,共需支付150亿美元赔偿金额,直接导致11家保险公司破产,63家保险公司或者宣布退出飓风保险市场或者要求其母公司提供超额赔付部分。在这种背景下,佛罗里达州立法机关于1993年颁布紧急法令,要求自颁布之日起至1993年11月14日期间,任何商业保险公司不可以撤保或者拒绝居民财产保险续保。这一紧急法令导致保险公司面临更大的赔付风险,引起保险公司的强烈抗议。佛罗里达州立法机关又颁布另外一项紧急法令,禁止保险公司三年内退出飓风保险市场;同时,对在12个月内累计财产赔付超过保险额的5%的保单拒绝续保,以减少保险公司面临的风险。

1996年,面对保险市场的混乱,佛罗里达州立法机关决定成立州财产和责任保险联合承保协会以及建立佛罗里达州飓风巨灾基金,来挽救该州的商业飓风保险市场。财产和责任保险联合承保协会是一个公营性质的机构,负责为那些在私营保险市场上无法获得商业飓风保险的公民提供保险产品。由于私人商业公司不再积极推动飓风灾害保险,并且财产和责任保险联合承保协会的保单价格便宜,该计划一经实施,立刻受到该州居民的欢迎,很快该协会承保的保单数量就达到94万张,承保风险达到980亿美元。承保协会面临非常大的压力和赔付风险。该协会采取

---

[1] 谷明淑等:《自然灾害保险制度比较研究》,中国商业出版社2012年版,第86页。

了一些积极的措施,鼓励商业保险公司分担部分保单,至 2002 年保单数量减少到 12 万张,承保风险规模降低到 193 亿美元。

面对商业保险公司对飓风保险的规避行为,1993 年佛罗里达州成立了飓风巨灾基金,发挥再保险的功能,提高私人商业保险公司的赔付能力,鼓励商业保险公司继续经营在该州的飓风保险,从而稳定该州的保险市场,平衡保险市场和该州居民之间飓风保险的供需矛盾。该飓风巨灾基金由佛罗里达州管理委员会负责运作,具有相对的独立性。为了稳定私人保险市场,佛罗里达州于 2002 年将风暴承保协会与财产和责任保险联合承保协会进行合并,成立了佛罗里达州居民财产保险公社,专门负责承保佛罗里达州内商业保险公司不愿意经营的风险,为州内的居民和企业提供广泛的财产保险,包括飓风、风暴过程中的住宅损失。该财产保险公社享受政府免税待遇,不以营利为目的,其运作过程与其他私人商业保险公司没有任何差别。作为非营利的最后承包人,居民财产保险公社的保险责任覆盖范围广泛,在符合条件的区域内的住宅、可移动房屋、附属设施、住宅内财产以及损失风险使用费用都可以纳入承保范围,最高可以赔付 100 万美元。

作为佛罗里达州居民面对飓风、风暴等巨灾的最后承保人,居民财产保险公社按照风险均摊的原则,实现保险成本在州内所有被保险人之间均衡分摊,以常规追加保费、紧急追加保费的形式转嫁给被保险人。保险人在承保后,可以利用商业再保险市场进行风险分散,再保险市场由佛罗里达州飓风巨灾基金和商业再保险公司组成。佛罗里达州强制要求所有的承保州内房屋财产保险的保险人都必须购买飓风巨灾基金提供的住房财产再保险,以便为房屋和屋内财产提供再保险。该巨灾基金规定,每年的免赔额度为 45 亿美元,若之后该年度仍发生巨灾,则降为 15 亿美元。2004 年,巨灾基金将赔偿限额提升至 150 亿美元。由于其资金来源稳定、保费厘定合理,巨灾基金具有较强的偿付能力。当发生巨灾时,居民财产保险公社面临偿付能力不足的问题时,也可以通过发行债券和利用政府给予的贷款优先权限筹集资金,日后在非灾害时期逐步偿还。

佛罗里达州的居民财产保险和飓风巨灾基金有效地缓解了私营保险市场的"市场失灵"问题,成功稳定了该州的保险市场,解决了巨灾保险供需之间的矛盾。自居民财产保险公社建立之后,佛罗里达州虽历经多次巨灾的考验,但再也没有出现保险公司破产或者遭遇偿付危机的问题。一个重要的原因是该州已经建立了比较完善的风险分散和责任分担体系。一方面,居民财产保险公社和飓风巨灾保险基金借助于各种市场化的机制如再保险、债券化等手段实现了风险分散;另一方面,各种商业保险与居民财产保险公社之间形成合力,共同发挥了承保作用。尤其是居民财产保险公社作为私人保险市场的"兜底者""最后承保人",能够解决私人保险市场领域的"市场失灵"问题,稳定了商业保险市场。同时,居民财产保险公社作为一家非营利性质的公营机构,不以营利为目的有助于更好地平衡保费和保险责任。此外,居民财产保险公社借助于"风险均摊"的机制设计,实现了被保险人全体共同承担风险,并且将赔付额、保费、免赔额、赔偿限额与风险规模挂钩,有助于引导居民、商业保险公司、再保险公司重视风险防范,实现风险的最小化,从而使保险市场、保险产品处于良性运行的状态,最大化地为受飓风、风暴灾害袭击的居民提供救助。

五、美国的农业保险体系

美国是世界上农业保险最发达的国家之一,拥有近百年的农业保险史,已经形成了一套成熟的私营为主、财政补贴支持的农业保险体系。农业受到灾害和极端天气的影响比较显著,具有典型的高风险、高赔付率特征,一般的私营保险公司不愿意介入这一保险市场。农业保险这种高风险特征导致的"市场失灵"现象只有靠政府才能解决。1934年、1936年,美国连续两年遭受严重旱灾,农业面临巨大的经济损失。伴随着凯恩斯主义经济学对美国政府干预的影响,美国联邦政府决定介入农业生产过程,稳定农产品价格,支持农村经济的发展。1938年,美国联邦政府出台了《联邦农作物保险法令》,决定对农作物保险给予现金补贴,并据此法令成立政府经营的联邦农作物保险公司,由联邦政府通过垄断方式单独经营美国农业保险。该保险一经推出,立刻受到了美国农业生产者的欢迎,投保农户逐年增长,联邦农作物保险公司也面临较大的赔付压力,不得不数次调整保费和投保区域。为了实现财务平衡,联邦农作物保险公司只为极少数的农户承保大豆、小麦、玉米和土豆等作物,其他的农业生产受灾损失只能依靠政府的补助和紧急贷款来弥补损失。面对日益增长的保险需求,联邦农作物保险公司于1956年推出了"农作物混合险",并退出几个灾害高发区域。至1980年,联邦农作物保险公司为美国近半数的农场主提供农作物保险,投保率不高、赔付风险大导致保障水平低是这一保险体系的显著特征。

1980年,新自由主义经济学支配下的里根政府决定对农业保险体系进行重大修改,一改过去由联邦农作物保险公司垄断经营农业保险的局面,规定任何私营保险公司和保险代理人都可以经营农业保险,保险公司独立承担损失补偿责任。私人保险公司可以通过向联邦农作物保险公司或其他保险公司进行再保险来分散自己的风险。政府负责管理和经营联邦农作物保险公司,并按照不同的保险产品对私营保险公司出售的农业保险进行保费补贴、再保险。[①] 私营保险公司参加农业保险极大地提高了农业保险的覆盖范围,纳入保险责任的农作物由原来的30种扩大到50种,农业保险覆盖的州也由原来的39个扩大到50个。1994年,美国政府取消了所有的灾后救济计划,规定农业损失只能通过农业保险、巨灾风险和无保险援助计划获得救助,使美国农业保险体系实现了完全的市场化。在私人保险公司成为农业保险的主要经营者后,美国联邦政府于1996年成立风险管理局,负责管理和监督农业保险市场的运行。该局作

---

① 庹国柱、赵乐、朱俊生等:《政策性农业保险巨灾风险管理研究》,中国财政经济出版社2010年版,第31—33页。

为农业部的一个部门,主要任务是提高、支持和规制风险管理的解决方式以便维护与加强美国农业生产者经济的稳定性。历经半个多世纪的发展,美国农业保险体系历经单轨制、双轨制,最终建立了政府主导下私营保险公司承保的保险体系。政府监管和补贴、私营保险公司运营较好地平衡了政府、市场与被保险人的风险、成本和收益,为美国农业保险体系的良性运行提供了保障。①

在这一保险体系中,政府最重要的政策目标是确保农业保险体系的稳定性和有效性。政府通过保费补贴来不断提高农户参保的积极性和保险公司经济的可持续性。考虑到风险和成本,美国将精算保险费用分为三个部分:纯保费、保险公司的经营管理费用、风险损益费。② 美国联邦政府构建了面向参保户和保险公司的双向财政补贴机制,以实现对参保户事前的纯保费补贴、对私营保险公司的事中经营管理补贴和事后再保险支持体系。③ 联邦政府按照不同的保险险种、保障水平和保险单位给予不同的保费补贴比例。不同的保险品种面临的风险不同,保费的补贴率也不同。一般来说,产量保险产品的补贴率高于收入保险产品,团体保险产品的补贴率高于个体保险产品,分别给予 38%—55% 的保费补贴。从不同保险产品的保障水平来看,美国联邦政府规定保障水平越高,给予的保费比例越低。④ 对于低保障水平的巨灾保险,只要参保的每个县向联邦风险管理局交纳 300 美元的管理费,就可以获得联邦财政补贴全部纯保费。对于保险单位来说,参保单位的地理位置越分散,作物品种越多,意味着风险越小,联邦保险给予的保费补贴越高。在统一保障水平

---

① 谷明淑等:《自然灾害保险制度比较研究》,中国商业出版社 2012 年版。
② Jerry R. Skees & Barry J. Barnett, Conceptual and Practical Considerations for Sharing Catastrophic/Systematic Risks, *Review of Agricultural Economics*,1999,Vol. 21, No. 2, pp. 424-441.
③ 袁祥州、程国强、黄琦:《美国农业保险财政补贴机制及对我国的借鉴》,载《保险研究》2016 年第 1 期。
④ 余洋:《基于保障水平的农业保险保费补贴差异化政策研究:美国的经验与中国的选择》,载《农业经济问题》2013 年第 10 期。

下,全农场单位、企业单位获得保险纯保费补贴高于其他的被保险人。

联邦财政也通过给予经营管理费补贴稳定私营商业保险公司。为了调动保险公司的积极性,政府对保险公司的日常经营管理费用、代理佣金、销售费用和核损理赔费用按照一定的比例给予补贴。联邦政府与保险公司协商决定补贴比例,并按照不同的保险险种实行差异化补贴政策。依据《2010年标准再保险协议》,政府对商业保险公司巨灾损失费用补贴为其保费的6%,对团体保险产品的经营管理费用补贴为12%,对其他农业保险产品的经营管理费用补贴为18.5%。根据与保险公司达成的协议,联邦政府总共承担约11亿—13亿美元的私营保险公司经营管理费用补贴。此外,联邦政府还通过再保险体系来支持商业保险公司。商业保险公司之所以愿意介入这一风险巨大的市场并接受政府强制性约束条件,是因为联邦政府通过再保险支持体系实现了风险共担。联邦政府提供了限定条件下的再保险支持体系,使政府与保险公司之间形成了"风险分散、收益共担"的机制,使保险公司在承保和理赔时更加积极、更加谨慎。[①] 这些限定条件包括:必须按照政府厘定的保险价格出售产品,不得进行价格竞争;必须严格按照政府制定的承保规则和核损理赔标准经营,避免恶性竞争、价格欺诈、资金浪费和滥用问题。在满足这些条件的前提下,保险公司可以从两个层面获得再保险支持:一是州级层面的再保险支持,即商业保险公司将各自承保的农业保险在保单销售后30天内分保到各州组建的风险基金,保险公司自留20%的保费,剩余的按照一定的比例缴纳风险分保费,由州风险基金按照风险大小、自留比例大小来确定相应的分保责任;二是联邦层面的再保险支持,在州风险基金再保险的基础上,联邦政府通过一揽子成数分保合约对保险公司的自留保费责任进行分保。

除了利用财政补贴和再保险支持农业保险体系之外,联邦政府还出

---

① 袁祥州、程国强、朱满德:《美国新农场安全网的主要内容和影响分析》,载《农业现代化研究》2015年第2期。

台了其他的分散风险、分担责任的制度,包括农业巨灾风险证券化、紧急贷款权。20世纪90年代以来,巨灾频发,给保险市场造成了较大的冲击。为了维护保险市场的稳定性,联邦政府出台了一系列规定,鼓励和支持商业保险公司利用资本市场和金融工具分散灾害保险风险,创新了风险转移方式。通过农业巨灾风险证券化、应急准备金债券、巨灾股票等手段,将更多地主体纳入风险分散和责任共担体系中来,增强了保险公司的偿付能力,避免商业公司因巨灾风险而倒闭。联邦政府还出台了美国区域风险计划,规定遭受巨灾的农场主在遭受巨大损失、严重影响生活的情况下,只要加入了"区域风险保险计划",就有权利获得"农民家庭紧急贷款计划"的资金资助,尽快摆脱困境。

时至今日,美国农业保险体系因覆盖面广、财政补贴体系科学、风险分散机制有效,发挥了重要的风险防范、减损和救助的功能。联邦政府明确农业保险政策的核心目标是维持保险市场的健康发展和良性运行。从这一目标出发,联邦政府改变了单一政府垄断农业保险的做法,采取市场主导、财政补贴、再保险支持、多层风险分散机制的设计,平衡了政府、市场和被保险人的责任。从美国农业保险体系的运行情况来看,这种政策设计符合美国农业保险市场发展的趋势,满足了农业生产的保险需求,又能确保商业保险公司财务安全。联邦政府明确定位于政策的供给者、财政补贴者和监管者,允许私营保险公司作为经营主体,各司其职,互相配合,共担责任,值得我国学习和借鉴。

第二节 日本公私合作型灾害救助体系

日本处在太平洋板块和亚欧板块的交界地带,每年因地震、台风、火山喷发等灾害导致的损失比较严重。据统计,全球10%的地震发生在日本。日本国土面积小,人口密度大,经济总量高,这些特点使得任何一次自然灾害对日本导致的损失都远远高于其他国家。因此,作为亚洲自然灾害保险最成熟的国家,日本在地震保险、农业保险领域拥有成熟的保险体系。

一、日本地震保险制度

地震是日本面临的最主要的自然灾害。仅仅在20世纪,日本就发生了7级以上大地震6次,最著名的包括1923年的关东大地震(7.9级)、1933年的昭和大地震(8.3级)、1995年的阪神大地震(7.2级),对日本造成巨大的人口、经济损失。2011年,日本发生9.0级大地震,地震随即引发了海啸,导致福岛核电站发生核泄漏危机,给日本人口、经济、生态环境造成巨大的灾难。日本政府高度重视地震保险在灾害应对中的作用,很早就建立了地震保险体系来化解地震等巨灾带来的救助压力。1966年,日本政府颁布了《地震保险相关法律》,开始实施地震保险。该法律规定,作为一种强制附加于住宅综合保险以及店铺综合保险的产品,地震保险由商业保险公司负责经营。地震保险承包责任仅限于家庭地震保险,即仅负责承保供居住用的建筑物和生活用品因遭受地震、火山喷发以及由此引发的海啸所导致的财产损失,不承保企业因地震导致的财产损失。日本的地震保险主要面向家庭用户,以保证居民灾后生产生活的快速恢复。[1]

日本地震保险制度的主要特征在于政府与商业保险公司共同经营,不以营利为目的,是一种高公益性保险产品,不强制民众参加,承保的原则是不赚不赔。[2] 在这一政策目标和保险原则下,日本地震保险在参保方式、保费厘定、承保限额、责任分担以及再保险支持方面具有明显的特色。在参保方式上,日本地震保险法律规定,地震保险作为火灾保险的附加险而存在,不能单独投保。只要住宅建筑物和生活用品投保了火灾保险,就自动附加了地震责任险。当然,被保险人可以选择不参加地震保

---

[1] 史本叶、孙黎:《日本地震保险制度及其借鉴》,载《商业研究》2011年第9期。
[2] 闫正平:《日本地震保险制度及启示》,载《中国保险》2011年第4期。

险。在保费厘定方面,日本实行差别费率制度,即由损害保险费率测算机构在考虑地震危险性等级、发生概率、建筑物结构、所在地区、周边环境等因素的基础上确定保费。由于日本地震保险是一种高公益性保险产品,与企业投保的商业财产保险价格相比,地震保险费率明显偏低。不仅如此,日本政府还会结合不同的建筑物的结构、年限、抗震性能以及隔震状况实行保费折扣制度,投保人可以根据自己居住和使用的建筑物情况享受 10%—30% 不等的费率折扣,从而激励居民参加地震保险。在保险金额方面,日本政府通过不断地完善地震保险法律,逐年提高了承保限额。1966 年,日本一开始实行地震保险法时,总赔付限额为 2700 亿日元。经过 40 多年的调整,日本政府将地震保险赔付限额提高到 5.5 万亿日元。在规定赔付限额的基础上,由日本政府和商业保险公司共同承担赔偿。例如,1966 年《地震保险相关法律》规定,在总计 2700 亿日元的赔偿限额中,商业保险公司承担 300 亿日元,政府承担 2400 亿日元;1999 年共计 4.1 万亿日元赔付限额中,商业保险公司承担 6108.7 亿日元,政府承担 3.4891 万亿日元;2011 年,在总赔付限额达到 5.5 万亿日元的情况下,商业保险公司承担 7244.5 亿日元,政府承担 4.7755 万亿日元。总体上看,商业保险公司承保的比例约 11%—13%,日本政府承担的赔付责任约 87%—89%。[①] 在赔付限额上,为了提高保险赔付能力,减少政府财政压力,日本地震保险法律规定,地震保险赔付的限额处在 30%—50% 的全额损失规模上,50% 是上限,投保人可以自行选择不同赔偿规模的保单,从而支付相应的保费。

  地震损害极易导致保险公司因偿付能力不足而陷入破产,最终导致保险市场的崩溃。为了避免保险市场的失灵问题,日本政府构建了有效的风险分散体系,利用再保险和资本市场来化解商业保险公司可能面临的赔付压力。从整体上看,日本的地震保险制度通过风险分散、风险控制

[①] 谷明淑等:《自然灾害保险制度比较研究》,中国商业出版社 2012 年版。

和责任准备金的提取与管理建立了比较完备的风险管理体系,最终将风险限定在可承受范围之内。① 风险分散体系的首要手段是商业再保险体系。日本的再保险体系包含三个主体:商业保险公司、日本地震再保险株式会社、日本政府。1966年,日本开始推行地震保险后,为了减轻商业保险公司的风险,由出售地震保险的商业保险公司出资建立地震再保险株式会社,作为地震保险中商业公司和政府之间的中间桥梁。商业保险公司在出售火灾保险时,如果用户选择投保地震附加保险,保险公司将把承保的地震险向地震再保险株式会社全额分保。地震再保险株式会社会将该份地震保单分成三个部分:一部分反向分保给各个商业保险公司(地震再保险特约A),一部分分保给日本政府(地震再保险特约B),一部分自留。通过三个层次的再保险分保,一份商业保险分散给不同的商业保险公司、再保险株式会社和政府,由三个主体共同承担责任和风险。这样一个二级再保险、三方主体和三个再保险合同组成的地震再保险体系将地震可能带来的高风险损失明确分散开来。发生地震时,各主体根据与对方签订的保险合同进行索赔和理赔,政府作为最终保险人对商业保险公司的超额赔偿责任承担理赔。

除了再保险体系之外,日本也尝试通过资本市场来分散巨灾风险和赔付责任。利用巨灾保险证券化、发行地震债券等手段,日本将巨额的地震保险风险从商业保险市场延伸到资本市场,从而实现风险分散的目标。1997年后,东京海上保险公司、东京迪士尼乐园等企业相继发行了一系列巨灾证券,得到资本市场的青睐。② 通过资本市场,商业保险公司可以将更多的主体纳入责任承担主体,从而实现赔付风险和责任的分担。

为了控制商业保险公司的风险,日本地震保险定位于保障国民的基本生活,因此将保险责任范围限定于居住用建筑和生活用品。商业保险

---

① 娄湘恒、张铁伟:《日本地震保险制度风险管理体系分析》,载《现代日本经济》2011年第4期。

② 许均:《国外巨灾保险制度及其对我国的启示》,载《海南金融》2009年第1期。

公司地震保险的标的排除了企业因地震、火山和海啸引发的财产损失,有助于减轻商业保险公司承保地震险的风险。企业财产保险完全走市场化的保险运作方式,属于典型的商业险,完全由保险人、被保险人根据各自的需求作出选择,政府不承担任何赔偿责任。实际上,日本企业普遍通过保险市场购买了财产保险,一旦遭受损失,也能通过保险公司获取赔偿,政府不需要为此承担责任。这样,政府有限的财政用于保障国民的基本生活,从而最大化地将公共财政、私营商业保险公司和居民整合在一起,共同分担风险和责任,最大化地实现灾害救助。

从地震保险运行的实际情况来看,由于日本政府恰当地设定了保费、商业保险公司的赔付比例、再保险株式体系,商业保险公司比较积极参与地震保险。日本政府通过大力宣传和财政补贴保费、商业公司的经营管理费用,使得商业公司推出的地震保险费率设定比较合理,民众投保的热情逐渐增强,投保率也逐年上升。2000年,约有16%的家庭在投保火灾险的同时投保了地震保险。2010年,这一比例升高到23.7%。从赔付情况来看,每次地震后商业保险公司、再保险株式会社、日本政府都能够快速开展保险理赔工作,赔付及时到位,减轻了受灾居民的财产损失。

日本的地震保险体系层次分明、责任清晰、费率合理、赔付能力强,是自然灾害保险体系设计中比较成熟、有效的救灾安排。政府在这个过程中的功能定位于两个方面:一是通过立法来规范、监督商业保险市场;二是通过超额赔付、费率补贴、再保险等手段支持商业保险市场承保地震险,从而使市场力量作为风险分散和责任分担的首要主体,政府只发挥最后承保人的作用。同时,这一保险体系限定于保障国民的基本生活,将企业财产保险排除在外,既减少了商业保险公司大额损失的风险,又有助于减轻政府财政支出压力,最终实现了地震保险市场的良性运作。因此,从风险分散、风险控制等角度来看,日本地震保险体系是世界上最为有效的风险分散政策体系,在日本国民应对地震、海啸、火山等巨灾时发挥着重要的救助功能。

二、日本的农业保险体系

特殊的地理位置导致日本农业生产过程也经常遭受各种灾害的侵袭,面临巨大的损失。因此,早在18世纪日本就开始探索农业保险。今天,日本以政府支持下的互助会社模式构建的农业保险体系已经成为世界上运行最成功的农业保险。早在18世纪幕府时期,日本就设立了仓储储备体系,用于对日本百姓发放公共救济,保护农业生产,实施救荒和济贫的公共救济措施。[①] 1928年,日本政府颁布了《家畜保险法》,首次将牛、马、猪等家畜列为保险对象。1938年,日本政府制定了《农业保险法》,将水稻、小麦、桑树等农作物列入保险责任范围。1947年,日本政府修订了上述两部法律,制定了《农业灾害补偿法》,再一次扩大了农业保险的责任覆盖范围,增加了更多的家畜、农作物保险标的,并将农作物的灾害保险由原来政府财政出资15%的比例提高到50%。

1952年,日本颁布了《农业共济基金法》,规定通过互助共济基金的形式来解决农业保险灾害赔偿额度过少的问题。农业共济基金建立三级组织体系、三层保障机制的保险体系,是日本农业灾害保险的核心制度,为日本农业发展提供了稳定的支持。[②] 这一共济基金体系包含保险合作社、农业保险组合联合会、政府三级组织结构,形成了互助、保险和再保险三个机制。农户向农业保险合作社缴纳互助保险费,合作社再向农业保险组合联合会缴纳保险费,农业保险组合联合会以购买再保险的形式上交部分保费给政府。政府通过给予参保农户保费补贴、承担再保险赔付责任的形式参与农业保险体系。当灾害发生后,政府向农业保险组合联合会提供再保险赔偿,农业保险组合联合会向保险合作社提供保险金,保

[①] 郑军、汤轩、王晓芳:《日本农业保险的制度演变与运行机制》,载《宏观经济研究》2016年第5期。

[②] 邓道才、郑蓓:《我国"合作社式"农业保险模式探究:基于日本农业共济制度的经验》,载《经济体制改革》2015年第4期。

险合作社向参保农户提供保险赔偿。

  日本的农业保险采取强制参保和自愿参保相结合的方式。政府规定农作物类如水稻、旱稻、小麦、大麦必须强制纳入灾害保险,凡是生产数量超过一定规模的农场和农民都必须强制购买灾害保险。而对于牲畜、水果、园艺等经济作物则采取自愿参保的方式,政府引导和鼓励农户积极参加灾害保险。在发生灾害的情况下,根据灾害造成的损失程度,由互助共济组织、保险组合联合会和政府共同按照一定的比例分担赔偿责任,逐级履行赔付手续。在日本三个层次的农业保险体系中,农业保险共济组织是最基层的保险组织,负责基层的各种保险业务,如与农户签订保险合同、征收保费、损失调查、支付赔偿额以及向农户提供防灾减灾指导和服务等。农民向保险共济组织缴纳保费,共济组织再把保费上交到县一级的农业保险组合联合会。农业保险组合联合会是一个县内所有的共济组织的农业保险组合体,负责经营本县的农业保险。联合会还承担本县内农业保险共济组织的再保险责任,由联合会向农产省下设的农业共济再保险特殊账户缴纳一定比例的再保险金,形成再保险关系。

  至 2014 年底,80% 的农户参加了农业保险共济组织,其保险销售额达到了 4.2 万亿日元。[①] 长期以来,日本农村有互助共济的传统,为今天日本农业保险体系,尤其是基层保险共济组织提供了稳定的支持。日本政府在构建农业保险体系的过程中也发挥了重要的作用。日本政府借助于补贴积极引导和鼓励农户参保。通常情况下,参加农业保险共济组织的农户可以获得一半的保费补贴,县一级的农业保险组合联合会的经营管理费用也能得到 50% 的财政补贴。此外,日本政府还规定,通过再保险体系,遇到较大灾害时,日本政府、再保险公司和组合联合会可以按照分保比例承担补偿责任。日本政府还规定,保险费、事业费必须将增值部分用于风险基金或者返还会员,严禁将增值部分用于保险运营,保证参保

---

① 数据来自于《2015 年日本农林水产省年度报告》。

农户和会员积极参保。农户互助、政府监管、财政补贴、再保险分散风险的互助合作模式有助于建立一个多层级的风险分散和责任分担模式,以农户利益至上为核心目标,保障日本农业生产活动少受自然灾害的侵袭。

第三节　美国、日本自然灾害救助政策的启示

自然灾害的破坏性巨大,"与天为战"需要社会全体共同分担灾害风险和救助责任。但是,无论是单一依赖于政府公共财政救助还是完全按照市场化的保险救助,都无法避免失灵问题。政府公共财政受制于规模、救助效益的制约,往往是低水平救助,与受灾人口的救助需求之间存在较大的缺口;单纯依赖于市场机制,如商业保险公司的保险产品进行赔偿救助,在风险可保性、保费费率厘定、免赔责任、赔付限额等方面,商业保险要么不愿意介入这一风险领域,要么就会因巨灾赔付压力而破产。因此,任何一个国家的自然灾害救助体系必须寻求有效的分险分担和责任分担体系,将政府、市场和社会有机整合起来,共同应对自然灾害。

政府有责任通过制度供给来构建平衡各方利益的风险分散体系。在美国、日本自然灾害保险体系发展的历程中,不论是政府设立的保险公司还是私营保险市场都曾经积极参与灾害保险,但是所有的保险公司都必然在巨灾赔付过程中陷入破产境地,最终摧毁了保险市场,削弱了社会灾害救济的能力。因此,有效的自然灾害救助体系的救助能力必须依赖于多元主体共同参与,形成风险分散、责任分担的救助结构。政府既可以通过财政资金来补贴参保人,也可以补贴保险公司的经营管理费用,还可以通过设立再保险来实现超额赔付责任的兜底。只有这样,才能建立以被保险人、保险人为核心的灾害保险体系,被保险人和保险人共同承担风险成本,合理确定赔付预期结果,平衡二者的利益。

有效的自然灾害救助体系本质目标是保障受灾区域人口的基本生活,因此必须科学界定保险责任范围。自然灾害不仅仅带来人口的损失,

也会带来财产的损失。但是,单纯依赖于灾害保险来承保所有的财产不仅会增加被保险人的投保成本,也会最终削弱保险市场的赔付能力。政府的责任在于通过制度,确定基本财产保险,也就是有助于帮助受灾人口应对自然灾害,尽快恢复基本生产生活能力应该成为灾害保险的核心目标。基于这一原则,在立法中应该明确规定保险责任范围、保费计费方式、风险区域评定等,以有利于私人保险公司借助于精算模型来平衡保费收入和赔付责任。

不论是在政府主导型的灾害保险体系中还是在公私合作的灾害保险体系中,都必须建立风险的分散和转移机制,确保商业保险市场的健康和持续发展。再保险体系、债券体系、保险期货产品以及财政超额赔付责任都有助于形成多层次、多主体的风险分散结构,从而在面对巨灾时增强保险公司的赔付能力,又不至于导致破产。政府的功能在于提供立法来明确风险分散的制度,明确规定分保的途径、比例和责任分担,借助于市场机制来应对巨灾损失。

尽管政府在自然灾害保险体系的构建过程中发挥着主导性的作用,但是政府的功能定位于政策供给,而不应该由政府承担主要赔偿救助责任。从美国、日本自然灾害保险体系的发展来看,私营保险公司都是灾害救助的主体。政府通过立法明确被保险人和保险人各自应该承担的风险,由被保险人和保险人按照保险精算模型确定的费率确定保单价格和保险责任。政府可以通过对保费、赔付责任、再保险等的监管确保商业保险市场的稳定,履行对被保险人的救助职能。美国、日本自然灾害保险体系无论采取了何种风险分散机制,其核心都是将私营保险公司置于灾害保险救助的主体,政府只发挥监管和巨灾背景的超额赔付功能。

第五章
事故受害人救助：中国的探索与政策

事故是现代系统的本质特征。从系统论的角度来看,现代社会由复杂的要素组成,通过结构性的组合形成了企业生产系统、交通系统、运输系统等,成为经济体系的主要构成部分。任何一个要素或者部分出现了功能失调都可能危及整个系统的功能,进而对经济体系带来影响和损失。既然事故的发生具有内在的不可避免性,现代社会必须形成合理的制度安排来预防事故的发生、减少事故带来的损失。特别是当事故造成比较严重的经济和人员损伤时,有效的风险分散和责任分担机制是减少事故损失的有效途径。

第一节 生产安全事故高发的时代

生产安全事故是指生产经营单位在生产经营活动(包括与生产经营有关的活动)中突然发生的,伤害人身安全和健康,或者损坏设备设施,或者造成经济损失,导致原生产经营活动(包括与生产经营活动有关的活动)暂时中止或永远终止的意外事件。生产安全事故涵盖范围广,包括工矿商贸领域的事故、交通事故、航空器事故等,直接影响到整个国家的生产和生活秩序。

我国是生产安全事故大国,事故多发、高发的态势一直存在。多年来,生产安全事故造成的人员伤亡、财产损失都比较严重。统计资料显示,自 2000 年以后,我国的生产安全监督管理体系不断健全,法制化程度不断提高,专项执法力度不断增强,重特大事故发生规模总体有所降低。① 但是,整体上我国生产安全事故发生规模仍然比较大。2002 年,全国发生各类生产安全事故共计 107.3434 万起,共造成 13.9393 万人死亡。2003 年,全国发生各类生产安全事故共计 96.3976 万起,共造成 13.7070 人死亡。2004 年,全国发生各类生产安全事故共计 85.457 万起,共造成 13.6755 万人死亡。2005 年,全国发生各类生产安全事故共计 72.7945 万起,共造成 12.676 万人死亡。2006 年,全国发生各类生产安全事故共计 62.7158 万起,共造成 11.2822 万人死亡。2007 年,全国发生各类生产安全事故共计 50.6376 万起,共造成 10.148 万人死亡。2008 年,全国发生各类生产安全事故共计 41.37 万起,共造成 9.1 万人死亡。2010 年,全国发生各类生产安全事故共计 36.3383 万起,共造成 7.9552 万人死亡。2011 年,全国发生各类生产安全事故共计 34.7728 万起,共造成 7.5572 万人死亡。②

生产安全事故不仅造成了大规模的人员伤亡,也带来巨大的经济损失。就以生产安全事故中的火灾为例,统计显示 2007—2012 年火灾导致的直接经济损失每年都在 10 亿元以上。③ 每年发生的重特大生产安全事故不仅仅造成了重大人员伤亡,还导致巨大的财产损失。2010 年 11 月 15 日,上海市胶州路一栋公寓因建筑装修施工过程中违规操作引发大火,造成严重的人员伤亡和经济损失。事故调查报告显示,该事故共 58 人死亡、71 人受伤,建筑物过火面积 12000 平方米,直接经济损失 1.58

---

① 重特大事故是指一次性死亡 10 人以上、经济损失 5000 万元以上的生产安全事故。
② 《2002—2012 全国安全事故伤亡人数统计》,http://wenku.baidu.com/view/04acea1b84868762cbaed56c.html。
③ 《2007—2012 年火灾情况统计》,http://wenku.baidu.com/view/ee7e77ff5fbfc77da269b1cc.html。

亿元。① 2011 年 7 月 23 日 20 时 30 分 05 秒,由北京南站开往福州站的 D301 次列车与杭州站开往福州南站的 D3115 次列车发生动车组列车追尾事故,共造成 40 人死亡、172 人受伤,直接经济损失 19371.65 万元。② 2012 年 8 月 29 日 17 时 38 分,四川省攀枝花市西区正金工贸有限责任公司肖家湾煤矿发生特别重大瓦斯爆炸事故,共造成 48 人死亡、54 人受伤,直接经济损失 4980 万元。③ 2013 年 6 月 3 日 6 时 10 分许,位于吉林省长春市德惠市的吉林宝源丰禽业有限公司主厂房发生特别重大火灾爆炸事故,共造成 121 人死亡、76 人受伤,17234 平方米主厂房及主厂房内生产设备被损毁,直接经济损失 1.82 亿元。④ 2014 年 8 月 2 日 7 时 34 分,位于江苏省苏州市昆山市昆山经济技术开发区的昆山中荣金属制品有限公司抛光二车间(即 4 号厂房)发生特别重大铝粉尘爆炸事故,当天造成 75 人死亡、185 人受伤。事故调查报告披露,本次特别重大爆炸事故共造成 97 人死亡、163 人受伤(事故报告期后,经全力抢救医治无效陆续死亡 49 人,尚有 95 名伤员在医院治疗,病情基本稳定),直接经济损失 3.51 亿元。⑤ 2014 年 7 月 19 日 2 时 57 分,湖南省邵阳市境内沪昆高速公路 1309 公里 33 米处发生一起特大交通事故,致使 5 辆车被烧毁,事故共造成 54 人死亡、6 人受伤(其中 4 人因伤势过重医治无效死亡),直接

---

① 《关于上海"11·15"火灾事故调查处理结果的通报》,http://www.safehoo.com/Laws/Notice/201106/189276.shtml。
② 《"7·23"甬温线特别重大铁路交通事故调查报告》,http://www.gov.cn/gzdt/2011-12/29/content_2032986.htm。
③ 《四川省攀枝花市西区正金工贸有限责任公司肖家湾煤矿"8·29"特别重大瓦斯爆炸事故调查报告》,http://safety.jian.gov.cn/news-show-2248.html。
④ 《吉林省长春市宝源丰禽业有限公司"6·3"特别重大火灾爆炸事故调查报告》,http://www.chinasafety.gov.cn/newpage/Contents/Channel_20132/2013/0711/212464/content_212464.htm。
⑤ 《江苏省苏州昆山市中荣金属制品有限公司"8·2"特别重大爆炸事故调查报告》,http://www.pysafety.gov.cn/News_View.asp?NewsID=2657。

经济损失 5300 余万元。① 2015 年 8 月 12 日,天津港发生危险化学品堆场因火灾引发爆炸事故。据事故调查报告披露,事故造成 165 人遇难(参与救援处置的公安现役消防人员 24 人、天津港消防人员 75 人、公安民警 11 人,事故企业、周边企业员工和周边居民 55 人),8 人失踪(天津港消防人员 5 人,周边企业员工、天津港消防人员家属 3 人),798 人受伤住院治疗(伤情重及较重的伤员 58 人、轻伤员 740 人);304 幢建筑物(其中,办公楼宇、厂房及仓库等单位建筑 73 幢,居民 1 类住宅 91 幢、2 类住宅 129 幢、居民公寓 11 幢)、12428 辆商品汽车、7533 个集装箱受损。截至 2015 年 12 月 10 日,事故调查组已核定直接经济损失 68.66 亿元人民币。② 2015 年 12 月 20 日,位于深圳市光明新区的红坳渣土受纳场发生滑坡事故,造成 73 人死亡,4 人下落不明,17 人受伤(重伤 3 人,轻伤 14 人),33 栋建筑物(厂房 24 栋、宿舍楼 3 栋、私宅 6 栋)被损毁、掩埋,90 家企业生产受影响,涉及员工 4630 人。事故造成直接经济损失为 8.81 亿元。③

生产安全事故带来的人员伤亡、经济损失规模大,而且涉及责任人、生产经营单位、企业员工、受事故波及的其他权益人等多重关系,谁来承担人员伤亡、经济损失的责任往往面临较为复杂的法律关系。在多重责任关系的结构下,如何通过赔偿和救助帮助受害者减少损失,是生产安全事故应急善后工作的重点内容。

第二节　中国事故受害人救助政策体系

维护员工生命和财产安全是企业生产经营活动的重要目标。《安全

---

① 《安监总局公布湖南沪昆高速"7·19"特重大交通事故调查报告》,http://politics.people.com.cn/n/2014/1130/c1001-26120259.html。
② 《天津港"8·12"瑞海公司危险品仓库特别重大火灾爆炸事故调查报告》,http://www.chinasafety.gov.cn/xwzx21356/zjgz/201602/t20160205_121498.shtml。
③ 《深圳"12·20"特别重大滑坡事故调查报告公布》,http://www.xinhuanet.com/mrdx/2016-07/16/c_135517305.htm。

生产法》第 111 条规定,生产经营单位发生生产安全事故造成人员伤亡、他人财产损失的,应当依法承担赔偿责任;拒不承担或者其负责人逃匿的,由人民法院依法强制执行。但是,在实践中,针对生产安全事故造成的人员和财产损失的赔偿体系并不仅仅依赖于《安全生产法》的规定。工伤保险、安全生产责任险、人身保险、财产保险以及因侵权责任引发的民事赔偿、政府发放的救助金等构成了我国生产安全事故善后救助的政策体系。

一、针对企业雇员的人身伤害工伤保险救助体系

人身伤害是生产安全事故的一般后果。在各类生产安全事故中,人身伤害涉及两类人:一类是生产经营单位的员工在生产安全事故中受到伤害;另一类是生产经营单位之外的人受到生产安全事故伤害。从一般意义上说,发生生产安全事故可能的原因包括违法违规组织生产、安全管理不到位、技术缺陷、人为操作失误、受其他事件的波及以及极端天气的影响等。生产经营单位违法违规组织生产是特大生产安全事故发生的直接原因。① 从事故发生原因的角度看,生产经营单位违法违规组织生产、安全管理不到位、技术存在的缺陷等因素引发的生产安全事故中,作为生产经营单位的企业可能存在侵权的行为,必须承担赔偿的责任。因此,对于企业来说,如何避免生产经营活动中的事故风险过于集中于自身,避免事故后大规模的民事赔偿是企业必须面对的问题。

在工伤保险作为事故人身伤害赔偿的途径之前,过错原则是企业赔偿的基础。过错原则是指雇主存在不正当、违法或者故意的行为导致了员工遭受人身伤害的,由雇主承担赔偿责任。但是,在实践中过错原则要求受害者承担举证的义务,即受到人身伤害的员工要想获得企业赔偿就必须在法庭上证明雇主存在过失或者故意,并且证明雇主的过失或者故

---

① 高恩新:《特大生产安全事故的归因与行政问责》,载《公共管理学报》2015 年第 4 期。

意与伤害后果之间存在因果关系。这样,受制于信息不对称、企业主声称的"共同承担风险"以及劳动力就业市场的竞争等因素的影响,受到事故伤害的员工并不能有效地获得雇主的赔偿。

针对这种情况,"无过错原则"开始成为企业生产安全事故中人身伤害赔偿的基础,即不管企业是否存在过错行为都必须承担对生产经营过程中对员工造成的人身伤害。无过错原则加大了企业的侵权赔偿责任,能有效地对受害工人权利进行救济。[①] 但是,这种无过错原则将风险集中于企业生产经营者身上,加大了企业经营的风险,客观上不利于企业应对赔偿,尤其是面临较大的事故导致的大规模人身伤害的情况下,单个企业的赔偿能力有限,甚至可能使企业因为巨额赔偿导致破产,从而无法履行人身伤害赔偿。

在现代社会,企业往往借助于工伤保险的形式来应对员工遭受的人身伤害赔偿风险。社会保险机制作为一种有效的风险分散机制开始介入事故中的人身损害赔偿。1884年,德国率先出台了《伤亡事故保险法》,开始确立了"无过失补偿"的工伤事故人身伤害救助制度。今天,绝大多数国家的企业都通过工伤保险的形式应对员工遭受的伤害赔偿和救助。受事故伤害的企业员工只要按照法律规定缴纳工伤保险,一旦遭受事故损害,不用再诉诸司法程序寻求雇主赔偿,而是直接按照工伤保险的有关规定找保险公司给予相应的赔偿和救助。在工伤保险体系中,补偿人不再是传统的企业而转变成市场中的社会保险经营机构。从这个意义上看,现代工伤保险体系通过一种强制性、公益性和社会性的救助体系,既保障了受事故伤害员工的权利救济,也分散了企业作为雇主的赔偿风险,具有明显的优越性。[②]

---

① 孙树菡、朱丽敏:《现代工伤保险制度:发展历程及动力机制》,载《湖南师范大学社会科学学报》2010年第1期。

② 刘臻荣:《工伤保险赔付与侵权损害赔偿的冲突与协调》,载《山西大学学报(哲学社会科学版)》2012年第2期。

第五章　事故受害人救助：中国的探索与政策

经过六十多年的发展，我国已经初步建立了工伤保险体系作为生产安全事故救助的风险分散机制。在工伤保险体系中，政府也经过包揽一切责任到退出，再回归到承担保障责任的阶段。[①] 在新中国刚成立时，由于我国实行统一的计划经济体制，工伤保险坚持"国家包办、企业负责"的原则，以便切实发挥保护劳动者权益的制度功能。在这种体系下，企业将工伤保险作为一种企业的福利，即在低工资、高福利的企业报酬体系中由企业全部承担事故造成的人身伤害责任，通过工资、住房、医疗以及家庭其他成员的生活救助实现对因事故受伤害员工的"保障"。这种工伤保险体系实际上是由企业承担全部的人身损害责任，最终在计划经济体系中由国家兜底来平衡企业的各项赔偿责任。在这种模式下，保险费用统一标准、统一征集，完全由企业负担，职工个人不需要承担任何费用。全国统一征集的工伤保险费用30%上缴给全国总工会作为全国调剂基金，70%存在企业工会中作为支付本企业工伤职工各项待遇的基金。

1969年，财政部发布《关于国营企业财务工作中几项制度的改革意见（草案）》，规定国营企业一律停止提取劳动保险金，企业的退休职工、长期病号工资和其他劳保开支在营业外列支。这一规定的出台标志着国家和国有企业在工伤保险责任体系中的"后退"：国家不再承担最后的赔偿责任，完全由企业根据自身的情况来承担工伤保险的赔偿和救助责任，由此进入了"企业承担保险责任"时期，国家统筹工伤保险的功能彻底退出。[②] 在"企业承担保险责任"的原则下，各个企业发生生产安全事故后赔付和救助的情况差别很大，完全看企业经营情况而定，对受事故损害的员工的保障力度大幅度弱化。

改革开放以后，随着大规模经济建设的进行，各地生产安全事故多发、高发的态势逐渐明显，企业承担了较大的赔付风险，导致企业负担过

---

① 孙树菡、朱丽敏：《新中国工伤保险制度六十年的发展变迁》，载《河北学刊》2009年第6期。
② 孙树菡主编：《工伤保险》，中国劳动社会保障出版社2007年版。

重。工伤保险制度原有的补偿和救治功能没有发挥积极的引导作用,导致企业宁愿事后赔钱也不愿意事前投入进行安全技术升级、加大安全管理投入。① 针对这种情况,劳动部于 1989 年开始开展工伤保险改革试点工作。1994 年,《劳动法》出台,以法律的形式确定了工伤保险作为生产经营活动中人身伤害赔偿的形式,通过社会化的保险救助来分散企业责任、提高救助能力。1996 年,劳动部颁布了《企业职工工伤保险试行办法》,规定工伤保险试行属地化管理,由中心城市或者地级市统筹工伤保险费用,改变工伤企业保险为工伤社会保险,并明确了工伤社会保险的补偿项目、补偿标准以及增长机制。通过这次改革,工伤保险体系回归到社会化保险的本来定位,国家责任再次成为生产安全事故人身伤害救助体系的核心。2003 年,国务院出台了《工伤保险条例》,随后相继出台了《工伤认定办法》《劳动保障监察条例》《关于印发加强工伤康复试点工作的意见》《工伤康复诊疗规范(试行)》《工伤康复服务项目(试行)》等配套法律法规,从立法上保证了我国工伤保险制度的成形。

根据新的《工伤保险条例》,中华人民共和国境内的企业、事业单位、社会团体、民办非企业单位、基金会、律师事务所、会计师事务所等组织和有雇工的个体工商户应当参加工伤保险,为本单位全部职工或者雇工缴纳工伤保险费。② 作为一种强制性的社会保险体系,存在雇佣劳动关系的任何组织都必须为其雇员缴纳工伤保险费用,为其提供工伤保险。《工伤保险条例》规定,用人单位缴纳工伤保险费的数额为本单位职工工资总额乘以单位缴费费率之积,缴纳后统一纳入工伤保险基金,由省级工伤保险行政管理部门统筹管理和使用。工伤保险基金用于工伤保险待遇、劳动能力鉴定、工伤预防的宣传、培训等费用以及法律、法规规定的用于工伤保险的其他费用的支付。工伤保险基金应当留有一定比例的储备金,用于统筹地区重大事故的工伤保险待遇支付;储备金不足支付的,由统筹

---

① 〔美〕卡拉布雷西、伯比特:《悲剧性选择》,徐品飞等译,北京大学出版社 2005 年版。
② 《工伤保险条例》第 2 条。

地区的人民政府垫付。① 工伤保险保障受事故伤害的职工在医院救治期间的费用支出,包括工伤医疗支出、伙食补助、经批准的交通支出以及康复费用。职工因事故伤害导致伤残的,经设区的市的劳动保障部门鉴定等级后,按照不同的标准给予相应的一次性伤残补助金。职工因事故死亡的,家属有权从工伤保险基金领取丧葬补助金、供养亲属抚恤金和一次性工亡补助金:(1)丧葬补助金为 6 个月的统筹地区上年度职工月平均工资。(2)供养亲属抚恤金按照职工本人工资的一定比例发给由因工死亡职工生前提供主要生活来源、无劳动能力的亲属。标准为:配偶每月 40%,其他亲属每人每月 30%,孤寡老人或者孤儿每人每月在上述标准的基础上增加 10%。核定的各供养亲属的抚恤金之和不应高于因工死亡职工生前的工资。供养亲属的具体范围由国务院社会保险行政部门规定。(3)一次性工亡补助金标准为上一年度全国城镇居民人均可支配收入的 20 倍。② 职工因工外出期间发生事故或者在抢险救灾中下落不明的,从事故发生当月起 3 个月内照发工资,从第 4 个月起停发工资,由工伤保险基金向其供养亲属按月支付供养亲属抚恤金。生活有困难的,可以预支一次性工伤死亡补助金的 50%。③ 截至 2014 年底,全国共有 2.0639 亿人参加了工伤保险,覆盖面有了明显的增长。④

除了工伤保险对于职工在事故中的伤亡给予救助之外,存在劳动关系的法人、雇主也面临赔付的风险。尤其是由于管理不善、监督不到位、培训不到位以及技术落后等因素导致的事故伤亡,有可能面临民事侵权赔偿的请求。《安全生产法》规定,因生产安全事故受到损害的从业人员,除依法享有工伤社会保险之外,依照有关民事法律尚有获得赔偿权利的,有权向本单位提出赔偿要求。⑤ 尤其是生产经营单位存在"过错"的情况

---

① 《工伤保险条例》第 10—13 条。
② 《工伤保险条例》第 39 条。
③ 《工伤保险条例》第 41 条。
④ 殷俊、田利:《未参保企业工伤保险的经济补偿责任及落实》,载《求索》2016 年第 4 期。
⑤ 《安全生产法》第 48 条。

下,受害人或者受害人家属依据侵权法的有关规定可以提起民事赔偿诉讼。企业的主要负责人由于有保障安全生产的义务,也可能会被纳入赔偿主体来承担民事赔偿责任。① 例如,煤矿事故是我国生产安全事故的主要类型,事故死亡率较高。按照有关规定,事故发生后应该严格追究矿主的主体责任,发生死亡事故的,矿主对死亡职工的赔偿标准每人不得低于20万元人民币。② 在近些年我国的重大煤炭事故中,每名遇难者的家属获得了40万—70万元不等的赔偿金。③

因此,生产经营单位还需要借助其他的风险分散手段来转移事故赔偿风险。雇主责任保险就是一种常见的除了工伤保险之外用于事故赔偿的保险产品。根据雇主责任保险的约定,保险人所承担的责任风险主要承保被保险人(雇主)的过失行为所致的损害赔偿,或者将无过失风险一起纳入保险责任范围。在雇主与雇员之间存在着直接的雇佣合同关系的前提条件下,以下情况通常被视为雇主的过失或疏忽责任:(1)雇主提供危险的工作地点、机器工具或工作程序;(2)雇主提供的是不称职的管理人员;(3)雇主本人直接的疏忽或过失行为,如对有害工种未提供相应的合格的劳动保护用品等即为过失。④ 只要雇主不是故意的,发生事故后,由保险公司按照保险条款的约定给予赔偿。通常以每一雇员若干个月的工资收入作为发生雇主责任保险时的保险赔偿额度,每一雇员只适用于自己的赔偿额度。雇主责任保险中,雇主甚至可以按照投保意愿选择无免赔额的承保条件,一旦出险,雇主不必承担任何财务责任。

例如,天安保险公司销售雇主责任保险产品,其责任险条款规定工伤

---

① 李勤华、王鸿:《生产安全事故中企业主要负责人的民事损害赔偿补充责任研究》,载《南京理工大学学报(社会科学版)》2015年第6期。

② 《山西省人民政府关于落实煤矿安全责任预防重特大事故发生的规定》(晋政发〔2004〕44号)。

③ 染海声、吴晓琪:《中国矿工:死得多赔得少》,http://data.163.com/12/1207/8I364BGH00014MTN.html。

④ 有关"雇主责任保险"产品介绍可参见中国太平保险公司网站,http://www.cntaiping.com/product/30002.html。

死亡赔偿上下限分别为1万元和10万元,矿主可自行选择。但实际上,该公司在与煤矿公司订立合同时一般承保范围为每人2万—4万元。雇主责任保险的保费率在0.5%—1%之间,相对于石油钻井、勘探等行业的保险费率来说并不高。但由于煤矿事故发生率较高,煤矿主往往希望短期盈利后就把煤矿转手,况且已经全员投保了工伤保险,矿主并不积极购买雇主责任保险。总体上看,雇主责任保险在事故救助中的功能还有待进一步增强。

团体意外伤害保险也是分散雇主责任、保障受害者权益的有效方式。团体意外伤害保险是以团体方式投保的人身意外保险,而其保险责任、给付方式则与个人意外伤害保险相同。团体意外伤害保险的保险费率与被保险人的年龄和健康无关,而是取决于被保险人的职业。一个团体的成员从事风险性质相同或相近的工作,如煤矿、石油勘探、高空作业以及危险化学品生产等,就适合以集体的名义投保团体意外伤害保险。当员工不幸发生意外伤害时,让承保团体意外保险的公司承担赔偿风险,为员工提供救助和安全保障,能够有效地分散企业安全风险和赔偿责任。团体意外伤害保险都有固定的费率,被保险人可以选择每人保多少,然后乘以费率,再乘以被保险人数量。员工的团体意外险缴费比率跟员工的职业类别、投保人数和保额有关,交费费率都不高。一般来说,每人保费100元左右,一旦意外发生造成人身伤害的,保险公司为每人赔偿最高10万元左右的意外身故保险金、1万元的意外伤残保险金。

人身意外伤害保险是另外一个应对事故人身伤害的救助机制。人身意外伤害保险是人身保险的一种,简称"意外伤害保险",指在保险有效期间内,如果被保险人遭受意外伤害而不幸残疾或身故,由保险公司给付身故保险金或残疾保险金。作为一种完全的商业保险产品,人身意外伤害保险具有灵活性、低费率、保险期短的特征。人身意外伤害保险既可以通过公司集体投保,也可以通过保险市场个人购买相应的产品。一般来说,人身意外伤害保险最低赔付额1000元,最高赔付额10000元。在一些危险性较高的行业,如煤矿、石油勘探、高空作业、危化品生产和运输等,除了团体意外伤害保险之外,职工也可以集体或者个人的方式购买个人人身意外伤害保险,作为一种应对各种意外尤其是事故的救助保障。2015年8月12日,天津港瑞海公司危险品仓库特别重大火灾爆炸事故中,一位唐姓消防员购买了人身意外伤害保险,在灭火的过程中殉职,保险公司给予人身意外死亡保险金 26401.62 元理赔款。①

二、针对非企业雇员的事故人身伤害赔偿救助体系

生产安全事故不仅对生产经营单位的职工造成人身伤害,还可能对顾客或者事故发生地周围的人群造成伤害。因此,生产经营单位除了面临存在劳动关系的职工的赔偿请求之外,还必须承担因事故对不存在劳动关系的第三方可能造成的伤害带来的赔偿责任。例如,交通事故对不具有劳动关系的第三方带来的伤害具有普遍性。2014 年 7 月 19 日,沪昆高速湖南邵阳段发生特大交通事故,共造成包括大客车驾驶员在内的 54 人死亡。② 2015 年,陕西省淳化县发生客车坠崖事故,导致 35 人遇难。③ 2015 年 8 月 12 日,天津滨海新区发生危化品爆炸事故,共造成 165 人遇难,其中涉事企业的职工、周边企业的员工和周边居民共 55 人。④ 因此,如何应对不存在劳动关系的人身伤害赔偿是事故责任主体必须面对的善后难题。

安全生产责任保险是分散企业对生产安全事故中不存在劳动关系的受害者赔偿风险的有效机制。安全生产责任保险是指以被保险企业在生

---

① 《太平人寿天分完成"8.12"天津港爆炸事故首位消防员身故理赔》,http://finance.jwb.com.cn/art/2015/8/28/art_18970_5880125.html。
② 《安监总局公布湖南沪昆高速"7·19"特重大交通事故调查报告》,http://politics.people.com.cn/n/2014/1130/c1001-26120259.html。
③ 《国务院批复陕西特大交通事故调查 34 人被处分》,http://mt.sohu.com/20150825/n419717527.shtml。
④ 《天津港爆炸事故调查报告公布 详解四大疑问》,http://news.sina.com.cn/c/nd/2016-02-05/doc-ifxpfhzq2525322.shtml。

产经营过程中因过失而发生的生产安全事故造成从业人员、第三者等受害人的人身伤亡或财产损失时依法应当承担的经济赔偿责任为保险标的,按照保险合同约定的企业赔偿责任确定依据及方式确定赔偿责任额,在保险赔偿限额范围内进行赔偿的一系列责任保险险种。① 安全生产责任保险是一种带有一定公益性质、采取政府推动、立法强制实施、由商业保险机构专业化运营的新的保险险种和制度。它的特点是强调各方主动参与事故预防,积极发挥保险机构的社会责任和社会管理功能,运用行业的差别费率和企业的浮动费率以及预防费用机制,实现安全与保险的良性互动。推进安全生产责任保险的目的是将保险的风险管理职能引入安全生产监管体系,实现风险专业化管理与安全监管监察工作的有机结合,通过强化事前风险防范,最终减少事故发生,促进安全生产。②

按照规定,建筑施工、危险化学品生产经营、各种商业设施、船舶制造等生产经营活动中危险性较大的企业可以自愿购买安全生产责任保险。安监总局提出,未来在煤矿、非煤矿山、危险化学品、烟花爆竹等行业推进安全生产责任保险的同时,积极争取通过立法的形式强制推行。政府有关部门通过行政手段积极组织、沟通、协调保险机构和高危行业生产经营单位,设计适合行业和地方需要的安全生产责任保险产品和条款,建立健全责任保险服务体系,共同推进安全生产责任保险的开展。在运行中,地方政府应该充分尊重保险公司与投保单位的意愿,实行市场化双向选择,逐步达到保险公司与投保单位互利共赢的局面。按照政策引导、政府推动、市场运作、突出公益的基本原则,由保险公司和投保单位协商保险费率、赔付额度,运用差别费率和浮动费率机制,实现风险分散和互利共赢。③

---

① 《南京市安全生产责任保险实施办法》第2条。
② 《国家安全监管总局关于在高危行业推进安全生产责任保险的指导意见》(安监总政法〔2009〕137号)。
③ 《国务院关于保险业改革发展的若干意见》(国发〔2006〕23号)。

随着各地安全生产压力的增加,国务院、安监总局积极推进各地区落实企业安全生产责任保险制度。2011年,北京市修订《北京市安全生产条例》,要求在全市各行业、各领域推广安全生产责任保险。交通运输行业具有事故高风险的特征,无论是汽车、船舶还是航空,一旦旅客购买了乘车凭证,二者之间就构成了运输合同。交通运输企业有责任为旅客提供安全和舒适的交通运输服务,途中一切风险都由交通运输单位承担。因此,《国内水路运输管理条例》《公路交通安全管理条例》等法规明确提出,一旦在运输途中发生事故致旅客人身或者财务损害的,承运人或者经营人必须承担赔偿责任,要求生产经营单位必须通过购买人身意外保险、安全生产责任保险以及参加事故救助基金等形式分散风险,保障受害者及时得到赔付。[①] 根据安全生产责任保险险种的有关规定,事故造成第三人人身伤害的,由保险公司负责给予赔偿。事故造成第三人人身伤害的赔偿标准为:(1)事故造成个人死亡的赔付保额,不低于每人30万元;(2)公众责任保险的每次事故及累计赔偿限额,一般为100万元至1000万元,其中涉及个人死亡的事故赔偿限额,不低于30万元。除了人身伤害赔偿以外,安全生产责任保险还可赔付相应的附加医疗费用、第三者责任及事故应急救援和善后处理费用。通过责任保险制度,由保险公司和被保险人商定保费、赔付额度,既可以提高社会损害的预防运行效率,又可以节省侵权的社会救济成本,可以从根本上降低社会损害总体规模。[②]

近年来发生的几起特大事故的善后处理中,保险发挥着越来越重要的风险分散作用。2010年11月15日,上海市静安区胶州路一栋高层建筑发生火灾,共造成58人遇难、71人受伤。静安建设总公司于当年12月被确定为赔偿主体,最先推出人身赔偿方案,为每位死者支付死亡赔偿

---

① 李亨宇:《关于吉林省建立水路交通事故社会救助基金及安全生产责任保险制度的思考》,载《经济研究导刊》2015年第9期。
② 许明月:《论社会损害综合防控体系中的责任保险制度设计》,载《法商研究》2015年第5期。

第五章 事故受害人救助：中国的探索与政策

金、丧葬费、精神损害抚慰金等总计65万元。其中的死亡赔偿金，按照上海上一年度城镇居民人均可支配收入（2009年为28838元）为标准，以20年计算，60周岁以上的，年龄每增加一岁减少一年赔偿，最高赔偿标准为576760元。[①] 此外，太平洋财产保险上海分公司承保了静安区江宁路街道社区综合保险，人伤保额每人10万元，人身险100万元，社区公众责任险100万元。[②] 2011年7月23日，甬台温铁路温州段发生动车追尾特大事故，共造成40人死亡、172人受伤。截至7月26日，中国平安保险确认"7·23"动车事故中伤亡客户23人，预计涉及赔付金额84.1万元；截至7月29日上午，太平洋保险确认共有4名客户在事故中遇难，并已向其中的3名遇难客户的受益人给付保险金75万元。[③] 2013年11月22日，青岛市黄岛发生中石化输油管线排洪暗渠爆燃事故，共造成包括维修工人在内的62人死亡、136人受伤的特大生产安全事故。"11·22"中石化东黄输油管道爆炸事故发生后，共有12家公司受理报案60起，其中，8家公司受理身故报案27起，7家公司受理人伤报案33起。截至11月30日，人身险的赔付额达到259.6万元。[④]

2014年7月19日，沪昆高速湖南邵阳段发生特大交通事故，共造成43人死亡的严重人身伤亡后果。根据湖南省保监局提供的数据，事故客车闽BY2508车险及承运人责任保险由大地保险福建分公司承保（每座位死亡伤残赔偿限额50万元，每座医疗费用赔偿限额12万元，每座财产损失限额3000元）。装载易燃品的厢式货车湘A3ZT46车险由人保财险长沙市分公司承保（交强险及第三者责任险50万元），受事故波及的小汽

[①] 《艰难的谈判：上海11·15火灾赔偿清单调查》，http://finance.qq.com/a/20110709/000396.htm。

[②] 《上海11·15火灾事故理赔全面展开》，http://news.163.com/10/1118/00/6LNVEH6J00014JB6.html。

[③] 《"7·23"动车追尾事故赔偿解读》，http://finance.qq.com/a/20110730/000492.htm。

[④] 《黄岛爆炸事故完成理赔500余万》，http://news.china.com.cn/live/2013-12/03/content_23702398.htm。

车粤 F08030 车险由人保财险广东韶关市分公司承保,小汽车赣 E38950 车险由人保财险江西弋阳县支公司承保,小汽车浙 A98206 车险由平安产险深圳中心支公司承保(交强险及第三者责任险 100 万元,司机座位责任险 50 万元,乘客座位责任险 100 万元)。此外,中国人寿广东省分公司核实粤 F08030 小客车上有一名伤者为公司客户,该客户投保国寿综合意外伤害保险(保额 11 万元)及附加意外住院定额给付医疗保险(保额 3600 元)。[①] 2015 年 6 月 1 日,"东方之星"客轮受极端天气影响在长江中游倾覆,造成 442 人遇难。经排查统计,保险业共承保失事客船船东、相关旅行社、乘客和船员投保的各类保险 340 份,保险金额共计 9252.08 万元。[②]

三、生产安全事故财产损失保险救助体系

财产损失是各类生产安全事故的必然后果,尤其是特大生产安全事故往往造成严重的财产损失。无论是生产经营单位还是其他事故责任主体,必然面临财产损失或者财产损失导致的民事赔偿请求。仅以 2014 年为例,我国全年共发生特大生产安全事故 41 起。2014 年 1 月,香格里拉独克宗古城发生火灾,造成烧损、拆除房屋面积 59980.66 平方米,直接经济损失 8993 万元;3 月 1 日,山西晋济高速晋城段发生特大交通事故,42 辆车被烧毁,直接经济损失 8197 万元;3 月 5 日,吉林富康木业公司班车发生交通事故,直接经济损失 1134 万元;3 月 7 日,唐山开滦化工有限公司发生爆炸事故,直接经济损失 1526 万元;4 月 7 日,云南曲靖麒麟实业有限公司煤矿发生透水事故,直接经济损失 6689 万元;4 月 21 日,云南曲靖红土田煤矿发生瓦斯爆炸事故,直接经济损失 1498 万元;5 月 3 日,

---

① 《沪昆高速特大事故 5 辆涉事车均投保》,http://xw.sinoins.com/2014-07/22/content_122301.htm。
② 《"东方之星"翻沉遇难者家属:补偿标准为 82.5 万》,http://news.sohu.com/20150822/n419507091.shtml。

广东高州发生在建石拱桥坍塌事故,直接经济损失 1015 万元;5 月 14 日,陕西榆林大海则煤矿发生重大事故,直接经济损失 2933 万元;6 月 11 日,贵州新华煤矿发生煤与瓦斯突出事故,直接经济损失 1634 万元;7 月 19 日,沪昆高速湖南邵阳段发生特大交通事故,直接经济损失 5300 多万元;8 月 2 日,昆山中荣金属有限公司发生特大粉尘爆炸事故,直接经济损失 3.51 亿元;8 月 9 日,西藏拉萨尼木县发生特大交通事故,直接经济损失 3900 余万元。①

生产安全事故不仅对涉事的生产经营单位造成巨大的经济损失,还对周边区域的公私财产带来巨大的损失。2010 年 7 月 28 日,南京栖霞路塑料四厂发生特大爆炸事故,造成方圆 3 公里内房屋等财产严重受损,300 米内房屋完全摧毁,4300 多家商户受损,共计造成直接经济损失 4784 万元。② 2015 年 8 月 12 日,天津滨海新区瑞海国际物流公司发生危化品爆炸事故,共造成 304 幢建筑物(其中,办公楼宇、厂房及仓库等单位建筑 73 幢、居民 1 类住宅 91 幢、2 类住宅 129 幢、居民公寓 11 幢)、12428 辆商品汽车、7533 个集装箱受损。截至 2015 年 12 月 10 日,天津"8·12"事故调查组依据《企业职工伤亡事故经济损失统计标准》(GB6721-1986)等标准和规定统计,已核定直接经济损失 68.66 亿元人民币。③

财产保险是应对生产安全事故经济损失、分散风险的首要机制。财产保险(property insurance)是指投保人根据合同约定,向保险人交付保险费,保险人按保险合同的约定对所承保的财产及其有关利益因自然灾害或意外事故造成的损失承担赔偿责任的保险。财产保险的合同标的是财产及其有关利益,其价值是确定保险合同金额的依据。被保险人按照

---

① 《全国 2014 年生产安全事故汇总》,http://wenku.baidu.com/view/5609f0b51066ledqad51f3ae.html。
② 《南京 7·28 爆炸存大量人为因素,人祸何时休?》,http://info.secu.hc360.com/2010/07/301018343000-6.shtml。
③ 《天津港"8·12"瑞海公司危险品仓库特别重大火灾爆炸事故调查报告》,http://www.siyuansafety.com/zixunzhongxin/xingyezixun/2016/0304/128.html。

保险价格购买财产保险合同,保险人按照保险约定承担不超过保险价值最高限额的赔偿。财产保险的赔偿仅限于保险标的遭遇保险事故时的保险利益。只有在约定的保险事故发生造成保险标的损失时,保险人才能承担赔偿责任,否则不予赔偿。受到政府政策扶持的影响,中国的财产保险自改革开放以来取得了比较明显的发展。截至2013年,中国的财产保险总公司的数量已经达到64家,省级分公司的数量达到842家。从市场规模来看,在64家保险公司中,人保财险、太平洋保险、天安保险、华泰保险组成了财产保险的第一梯队。从保险险种的分布来看,财产险中市场占有份额最高的是车险,从2001年占比61.33%,逐渐增加到2013年的75.99%;排在第二位的是企业财产险,2001年占比17.69%,但逐渐降低到6.10%;排在第三位的是货运险,2001年占比5.90%,2013年降低到1.66%;其他险种如责任险、农业险、信用险、保证险等维持在合计占比15%。[①] 相对来说,财产保险险种的企业财产险逐年走低,远远低于车辆保险所占份额,甚至与国民经济发展速度不相适应。[②]

在这种情况下,一旦发生生产安全事故,缺乏企业财产保险的赔付,事故主体、第三人往往面临较大的财产损失风险。以前文提及的2010年南京"7·28"爆炸事故为例,大地保险公司共接到受爆炸事故影响的财产险报案3笔。其中,2笔车险事故共计赔款1万多元;另一笔为企业报案,预付赔款20万元。[③] 2010年11月15日上海静安特别重大火灾事故发生后,人保财险上海市分公司共排摸出受灾案件7件,其中4件家财险报案、2件房贷险报案和1件车损险报案,共涉及赔款41.65万元。火灾中获得保险理赔最直接的是家庭财产险,但上海家财险投保率不足10%。上海市各保险公司共涉及9家财险公司、34个案件,赔付财产损

---

① 梁春茂:《中国财产保险公司市场准入监管效应分析》,载《学术探索》2016年第1期。
② 朱铭来、吕岩、奎潮:《我国企业财产保险需求影响因素分析——基于地区面板数据的实证研究》,载《金融研究》2010年第12期。
③ 《大地保险为南京"7·28"爆炸事故预付赔款21万》,http://www.cb.com.cn/info/2010_0810/142652.html。

失共计 564.65 万元,与高达 1.58 亿元的直接经济损失相比,微不足道。2013 年,青岛发生"11·22"输油管线漏油爆燃事故,截至当年 11 月 25 日,平安财险、人保财险、太平洋财险、阳光财险、太平财险、英大财险、天安财险 7 家公司累计完成车险理赔 23 件,已赔付金额 73941 元。① 据事故调查组披露,青岛市"11·12"输油管线漏油爆燃事故共造成直接经济损失 7.5 亿元,通过保险赔付 900 多万元,仅为经济损失的 1.2%。2015 年,天津港"8·12"爆炸事故发生后,平安产险共接到财产险、车险和意外健康险报案 792 笔,其中财产险报案数量 280 笔,结案 10 笔,完成预赔 2 笔,已赔付金额近 100 万元;车险报案 509 笔,结案 284 笔,赔付金额 128.7 万元;意外健康险接到报案 3 笔,其中 1 笔已预付 1 万元结案。截至 2015 年 8 月 19 日,产险已结案 48 件,占总报案件数的 45%,其中车险 44 件,财产险 4 件,共计赔付 140.83 万元。8 月 22 日上午,大地保险在天津港保税区内向独家承保的中进汽贸发展(天津)有限公司预付赔款人民币 3 亿元。② 这些保险公司赔付的财产金额与天津"8·12"爆炸事故造成的 68 亿元的直接经济损失相比,保险市场发挥的风险分散和损失救助的作用非常有限。

受制于固定资产投资、企业所得税、规模以上占比、金融机构贷款余额、火灾损失率等因素的影响,企业购买财产险的意愿并不高。以浙江为例,中小企业购买企业财产保险的比例不足 10%。③ 受制于风险意识、产品定价、保障能力以及保险价格偏高等因素,家庭财产保险的市场和客户认同率较低,覆盖率较小,家庭财产保险市场面临较大的发展压力。④ 面对没有购买企业财产保险、家庭财产保险的受害人,如何应对特大事故带

---

① 《石油管道爆炸事故:152 万保险理赔金已支付》,http://finance.sina.com.cn/money/insurance/bxdt/20131127/081617448408.shtml。
② 《"8·12"天津爆炸事故险企最大单笔赔付出现 大地保险向受损企业预付赔款 3 亿元》,http://www.nbd.com.cn/articles/2015-08-22/940482.html。
③ 刘钢、赵军伟:《浙江中小企业财产保险服务调查报告》,载《保险研究》2008 年第 5 期。
④ 王和:《我国家庭财产保险问题研究》,载《保险研究》2008 年第 3 期。

来的财产损失对政府应急善后管理提出了挑战。

四、针对人身伤害财政赔偿和救助体系

重特大生产安全事故发生后,如何及时对人身伤害、财产损失进行赔付和救助,不仅直接关系到受害者的权益保障问题,也会影响社会稳定。但是,事故造成的人员伤害、财产损失并不一定能够按照法律法规的规定得到及时的救济和保障。一方面,受害者的伤害和财产损失不一定有明确的责任主体,如没有购买相应的保险或者难以确定责任等情况可能影响到赔付责任的确定;另一方面,即使能够借助于事故调查确定赔付责任,或者购买了商业保险、社会保险提供赔付保障,但是受制于责任主体的赔付能力、保险产品的赔付额度等因素的影响,受害人实际能够获得的赔偿额与损失相比相差较大。此外,生产安全事故的应急处置要求尽快妥善做好善后工作,安置受害者,处理好善后理赔工作,时间压力大,对于民事赔偿、保险赔偿这种需要建立在勘察、举证、评估以及商定赔付额等复杂环节的善后赔偿来说,短期内很难完成。因此,发生生产安全事故后,地方政府往往在各种人身伤害和财产损失的救助过程中发挥着重要作用。

除了工伤保险、安全生产责任保险、团体意外保险、个人人身意外保险给予事故受害者赔付之外,地方政府还可以通过行政赔偿或者社会救助的形式给予相应的补偿。《国家赔偿法》第2条规定:"国家机关和国家机关工作人员行使职权,有本法规定的侵犯公民、法人和其他组织合法权益的情形,造成损害的,受害人有依照本法取得国家赔偿的权利。"国家赔偿的构成要件是行政机关及其工作人员在履职的过程中合法或者违法的行政行为对公民的合法权益造成的损害。长期以来,生产安全事故并没有明确国家赔偿责任。但是,从生产安全事故发生的原因来看,政府安全管理和监督不到位也是引发事故的一个原因,政府中的审批、登记、年检、

安全监督与管理等部门存在落实安全生产法律法规不到位的情况。① 行政不作为作为国家赔偿责任的依据具有一定的法理依据。有学者指出，追究行政机关的不作为赔偿责任时，应当依据行政行为结果的可预见性、可避免性、可期待性以及法定权益受损的最大性来确立。如果符合上述要件，就能够确定不作为违法的赔偿责任。② 行政主体行使职权时，未尽合理的注意义务，存在懈怠的行为，导致法律期待的公共职能不能实现或者不充分实现，就构成了行政公务过失行为。在行政公务过失行为存在较大的自由裁量空间的情况下，为了使公民权益受损得到有效的救济，督促行政主体在行使职权时竭心尽力地追求公共职能的充分实现，法律需要将行政主体的懈怠行为或者公务过失行为产生的后果纳入行政赔偿范围。③ 在生产安全事故善后处理的实践中，实际上逐渐认可了行政不作为的国家赔偿责任。④

2007年出台的《突发事件应对法》第49条规定，自然灾害、事故灾难或者公共卫生事件发生后，履行统一领导职责的人民政府应该组织营救和救治受害人员，疏散、撤离并妥善安置受到威胁的人员以及采取其他救助措施。2014年，国务院出台的《社会救助暂行办法》第47条规定："国家对因火灾、交通事故等意外事件，家庭成员突发重大疾病等原因，导致基本生活暂时出现严重困难的家庭，或者因生活必需支出突然增加超出家庭承受能力，导致基本生活暂时出现严重困难的最低生活保障家庭，以及遭遇其他特殊困难的家庭，给予临时救助。"

近年来发生的多起重特大生产安全事故中，地方政府积极支付遇难人员事故赔偿金和救助金。2010年12月27日，湖南衡南县发生一起交通事故，造成14名学生死亡、6名学生重伤。该交通事故损失极为惨重，

---

① 高恩新：《特大生产安全事故的归因与行政问责》，载《公共管理学报》2015年第4期。
② 胡建淼、杜仪方：《依职权行政不作为赔偿的违法判断标准》，载《中国法学》2010年第1期。
③ 林卉：《急于履行公共职能的国家赔偿责任》，载《法学研究》2010年第3期。
④ 杨登峰：《重特大生产安全事故赔偿过程中的政府职能》，载《北方法学》2013年第1期。

不仅暴露出驾驶人安全意识薄弱等问题,也暴露出部分地方政府安全生产责任制不落实,接送学生车辆安全监管工作存在严重问题,打击非法违法行为不力等问题。① 在事故善后处理工作中,衡南县委决定与遇难学生家属签订补偿协议,每人获得县政府补偿 18.8 万元。2010 年,"11·15"大火后上海市静安区政府决定给予每位遇难人员约 96 万元赔偿和救助金,其中政府综合帮扶和社会爱心捐助等 31 万元,②包括按照 1 万元标准发放抚慰金、按照 10 万元标准发放政府综合帮扶金、按照 20 万元标准发放社会捐助金。③ 2010 年 12 月 4 日,黔东南苗族侗族自治州凯里市一个名为"联讯"的网吧发生爆炸,共造成 7 人死亡、38 人受伤,其中 9 人重伤。事故发生后,凯里市政府决定为每名伤者发放 1500 元生活补助费,对于在爆炸事故中死亡者一次性给予抚恤金 5 万元、安葬费 1 万元。④

2011 年 7 月 23 日,甬台温铁路温州段发生特大动车追尾事故,共造成 40 人死亡、172 人受伤。经过与事故遇难人员家属具体协商,"7·23"事故遇难人员赔偿救助标准为 91.5 万元。⑤ 2012 年 8 月 26 日,陕西包茂高速延安段发生特大车祸,共造成 36 人遇难。在事故善后理赔阶段,经涉事两地政府筹集资金,截至 9 月 7 日,共有 35 名遇难者的家属签署了赔偿协议,赔偿数额大多在 50 万元至 60 万元。⑥ 2013 年 6 月 3 日,吉林宝源丰禽业有限公司发生大火,造成 121 人遇难。调查显示,宝源丰禽

---

① 《国务院安委会办公室关于湖南衡阳"12·27"重大道路交通事故情况的通报》(安委办明电〔2010〕107 号)。
② 《张仁良:沪籍遇难者和非沪籍遇难者按同样标准处理》,http://news.xinmin.cn/t/msrx/2010/11/23/7882455.html。
③ 《上海大火善后救助款项多未说明来源 服装赔偿来自善款》,http://news.ifeng.com/mainland/special/shanghaidalouzhuohuo/content-2/detail_2011_09/09/9060017_0.shtml?_from_ralated。
④ 《贵州凯里网吧爆炸遇难者将获赔 6 万元》,http://news.sina.com.cn/c/2010-12-06/040221587087.shtml。
⑤ 《"7·23"动车追尾事故赔偿解读》,http://finance.qq.com/a/20110730/000492.htm。
⑥ 《延安 8·26 车祸 8 人被刑拘 遇难者最高获赔 60 万元》,http://news.xinhuanet.com/legal/2012-09/08/c_123689243.htm。

业有限公司没有给员工缴纳工伤保险。① 善后工作过程中,地方政府全力筹措资金,为每位遇难者家属提供 60 万元的赔偿金。② 2015 年 6 月 1 日晚,"东方之星"客轮倾覆,造成 77 人遇难。在善后过程中,遇难者家属获得共计 82.5 万元的赔偿和救助。③ 82.5 万元赔偿和补助金包括四部分内容:一次性工亡赔偿金 57.7 万元,一次性丧葬补偿金 2.8 万元,遇难人员亲属慰问金每人 2 万元,遇难者船员亲属一次性生活补助金每人 20 万元。④

在上述案例中,地方政府对生产安全事故遇难人员的家属支付的赔偿金实际上包含"一揽子救助":死亡赔偿金、抚恤金、生活救助金、一次性困难补助以及综合帮扶资金等。尽管相关法律法规规定了地方政府为生产安全事故受害者尤其是遇难者家属给予相应社会救助的责任,但是从实践来看,地方政府实际上超越一般意义上的社会救助,直接通过高额的赔偿或者帮扶资金来尽快完成善后工作,避免引发社会不稳定。结果,不同地方政府应对生产安全事故人身伤害往往就会出现标准不一、结果不同的赔偿和救助过程,客观上给地方政府应对此类事件带来较大的法律障碍和财政压力。

五、针对安全事故财产损失的政府救助体系

如果说地方政府通过行政赔偿、综合帮扶、社会救助和抚恤等项目实现人身伤害的赔偿与救济尚能够得到法律和财政支持的话,生产安全事故造成的财产损失赔偿和救助则比较复杂。从法律来看,地方政府运用

---

① 《吉林宝源丰未缴工伤保险 6 千万死亡赔偿需自掏》,http://finance.sina.com.cn/chanjing/gsnews/20130613/001915769643.shtml。
② 《吉林宝源丰大火赔偿标准或为 60 万》,http://china.caixin.com/2013-06-08/100539525.html。
③ 《"东方之星"翻沉遇难者家属:补偿标准为 82.5 万》,http://news.sohu.com/20150822/n419507091.shtml。
④ 《长江沉船部分遇难者家属将获赔 82.5 万元》,http://news.ifeng.com/a/20150821/44487889_0.shtml。

财政资金来赔偿突发生产安全事故导致的公私财物损失缺乏法律依据;从实践来看,生产安全事故尤其是特大生产安全事故造成的财产损失往往比较大,地方财政难以履行赔偿义务。除了通过责任主体承担赔偿责任以外,财产损失的受害人还可以借助于不同的保险赔付来分散损失风险。但是,无论是企业还是家庭,财产保险的参保率都比较低。一旦遇到生产安全事故,财产损失的受害人通过保险公司的赔付来弥补财产损失往往只占到整个损失的2%左右。涉及企业财产损失,即使在保险赔付后也可能面临破产的问题。而一般的家庭或者个人财产,则面临更大的损失风险。在一些案例中,地方政府往往会借助社会资源来实现财产损失转移或者赔偿,尽可能减少受害人的损失,加快善后工作进程。

例如,2010年"11·15"大火共造成1.58亿元人民币的直接经济损失,事故责任主体的静安佳艺建筑装饰有限公司总资产才1000万元,根本没有能力履行侵权赔付责任。因此,对于绝大多数的受害人来说,所遭受的财产损失如何赔偿是善后工作的难点。针对财产损失,上海市静安区政府于2010年12月1日出台了《关于胶州路728号火灾善后赔偿和相关救助的方案》,提出按照"市场价格、全额赔偿"的原则,由事故责任单位对受灾房屋进行安置。① 在广泛征求房屋等财产损失赔偿意见的基础上,上海静安区建设总公司于2011年5月22日发布了《关于胶州路728号受灾居民房屋损失赔偿的方案》。该方案明确了三种赔偿方式:一是房屋修复赔偿,即房屋权利人希望保留原房屋产权的,可以选择房屋修复赔偿方式,由上海静安区建设总公司负责对原房屋进行修复,并赔偿相应损失;二是货币赔偿,房屋权利人愿意将原房屋产权转移归上海静安区建设总公司所有的,上海静安区建设总公司将以原房屋的市场价格为基本依据,结合房屋权利人重新购置同类型房屋的合理需求,以货币方式对原房屋损失进行全额赔偿,一房一价;三是实物赔偿,房屋权利人愿意将原房

---

① 《关于胶州路728号火灾善后赔偿和相关救助的方案》,http://www.jingan.gov.cn/xwzx/002010/002010002/20110611/d82cb4df-c7fb-42af-bb50-51a8664c0f93.html。

屋产权转移归上海静安区建设总公司所有的,上海静安区建设总公司将以原房屋的市场价格为基本依据,以实物期房方式对原房屋损失进行全额赔偿。① 考虑到过火房屋的建筑安全性及火灾带来的精神伤害,第一种方案受到受害者的强烈反对。按照方案二,经过上海市房地产估价公司进行房屋价值评估,确定按照 5.1 万元/平方米的价格给予货币赔偿,由受害人自行购买住房。在过渡期内,静安区政府按照每个受害者家庭每月 10000 元的标准发放过渡期补贴,过渡期共三年半。根据方案三,静安区政府承诺通过变更失火大楼前的 105 地块动迁房用地为商品房用地的形式,以期房实物赔偿的形式给予房屋损失赔偿。② 截至 2011 年 7 月 20 日,16 户受灾居民完成了房屋理赔签约,58 户受灾家庭完成了入户勘察工作,还有 97 份过渡安置房租补贴协议已签订完毕。③

针对居民房屋内的财产在火灾中的大规模灭失问题,静安区政府在长时间的调研和听取意见的基础上出台了《关于胶州路 728 号受灾家庭物品财产损失赔偿的方案》。根据该方案,胶州路 728 号受灾居民家庭物品财产损失申报和评估的范围包括:室内装修,家具、家电及洁具,衣服及其他生活用品,机动车类,以及受灾居民认为需要申报的其他贵重物品,包括金银首饰、无记名有价证券、现金、古董、名家字画、红木家具等。评估和赔偿工作分为前期准备、现场勘察、评定估算、征求意见、出具报告、协商赔偿六个步骤。前期准备阶段,受灾居民可以选择由上海市资产评估协会推荐的、依法设立并获得财政部门颁发的资产评估资格证书的专业资产评估机构,或者按以上资质标准自行选择其他的资产评估机构进行资产评估。由上海静安区建设总公司承担一次评估费用。受灾居民完成家庭物品财产损失申报后,受托评估机构评估人员将分期分批进入受

---

① 《关于胶州路 728 号受灾居民房屋损失赔偿的方案》,http://www.jingan.gov.cn/xwzx/002010/002010002/20110611/8d258f08-3649-422b-9e45-dc8e227aa6c9.html。

② 同上。

③ 《胶州路大火 16 户受灾居民完成房屋理赔签约》,http://finance.sina.com.cn/roll/20110726/140910208934.shtml。

灾居民家庭开展现场勘察。评估机构根据受灾居民提供的相关资料,结合现场勘察情况,在进行充分调查的基础上,对居民家庭财产损失进行评定估算。此后,评估人员将初步评估结果反馈给受灾居民和建设总公司,在充分听取受灾居民的意见后,拟定评估报告。评估初稿完成后,结合征求的意见,资产评估机构完成三级审核,依法出具《资产评估报告》。《资产评估报告》是受灾居民与建设总公司协商财产赔偿的参考依据。责任单位须与受灾居民充分、合理、合法地协商,签署、履行财产赔偿协议;协商不成的,可以通过司法途径解决。[①] 根据居民提出的不同意见,2011年5月22日,上海静安区建设总公司出台了《关于胶州路728号受灾家庭物品财产损失赔偿的补充方案》,提出评估机构对现场勘查中发现可以评估的物品财产,可按重置成本全价进行评估确定该物品财产的全新价,并进一步明确了鉴定、估价、协商和赔偿的具体细节。[②] 截至2011年7月11日,近50户家庭已经开始财产评估工作。

  2015年8月12日,天津港瑞海国际危险品仓库发生爆炸,导致304幢建筑物受损。其中,临近瑞海国际的清水蓝湾(海港城)、启航嘉园、帝景公寓(合生君景湾)、万科金域蓝湾、万通新城、汇锦苑(双子座)、旺角居等小区内房屋及屋内财产普遍遭受程度不等的破坏。8月29日,滨海新区房屋管理局下发《关于天津港8·12特别重大火灾爆炸事故居民严重受损住宅处置方式的说明》,确定受事故影响严重的小区受损住宅处置方式,一房一价。具体分为收购、修复赔偿和已售未交付住宅处置三种方式:(1)收购方式是指,居民自愿出售受损住宅的,由地产企业社会责任联盟成员进行收购。根据住宅事故前市场评估价或居民购房合同价,按照就高的原则确定价格。在价格之外综合考虑各种因素,由代偿部门另行

[①] 《"11·15"特大火灾受灾家庭物品财产损失赔偿方案公布》,http://sh.eastday.com/qtmt/2010/216/ula836372.html。

[②] 《关于胶州路728号受灾家庭物品财产损失赔偿的补充方案》,http://www.jingan.gov.cn/xwzx/002010/002010002/20110611/a4qae3b4-322c-446d-afa2-22774b0f6c40.html。

给予一定比例的赔偿。(2)修复赔偿方式是指,由政府部门组织对受损住宅门窗及公共部位进行免费修复。根据住宅事故前市场评估价或居民购房合同价,按照就高的原则确定价格。以此价格为基数,综合考虑各种因素,由代偿部门给予一定比例的赔偿。(3)已售未交付住宅处置方式是指,既可继续执行合同,也可采取退房方式,均按合同额给予一定比例过渡安置费。① 天津市 5 家国有房地产企业自愿组成"天津地产企业社会责任联盟",按照"市场原则"对居民愿意出售的房屋进行购买,待房屋修缮完成后,再适时进入市场公开出售。首批发起组建"社会责任联盟"的国有房企包括天津房地产集团有限公司、天津泰达投资控股有限公司、天津住宅建设发展集团有限公司、天津海泰控股集团有限公司和天津天保控股有限公司等。② 截至 2015 年 10 月 30 日,已有 9545 户受损业主签约,加上已同意签约但不在天津的 300 余户业主,签约进度达到 99.8%。③

另外,屋内财产损失的赔偿也按照自愿选择评估公司、入户评估、核定损失和给予赔偿的程序进行。受灾居民可以从民太安财产保险公估股份有限公司、泛华保险公估有限公司、北京安恒信保险公估有限公司、北京君恒保险公估有限责任公司中自主选择确定一家进行财产评估。四家公司完全按照统一标准、同一程序进行财产评估工作。评估屋内财产的范围包括:室内装修(损坏部分)、家具、家电及洁具,生活用品以及其他财产(不包括现金及贵重物品)损失,经过评估后给予货币补偿。受损房屋

---

① 《天津官方明确在爆炸事故中受损住宅三种处置方式》,http://www.xinhuanet.com/politics/2015-08/29/c_128179735.htm。

② 《天津港"8·12"事故后5国有房企联手购事故受损房屋》,http://house.people.com.cn/n/2015/0826/c194441-27517037.html。

③ 《天津港"8·12"爆炸事故受损业主签约近万户》,http://www.sinoins.com/zt/2015-11/05/content_173635.htm。

的主体、外檐、楼顶、门窗、电梯等公共部位由政府相关部门统一进行修缮。① 经过保险公估公司评估后,屋内财产所有人认可评估价格的,即可与滨海新区人民政府财政局签署《天津港"8·12"爆炸事故住宅室内财产损失赔偿协议书》,领取房屋内财产损失赔偿款。② 如果存在赔偿争议的,可以通过司法途径解决争议。

第三节 中国事故受害人救助面临的难题

生产安全事故是一个多因素综合起作用的结果,与生产经营单位、员工、技术、环境都存在一定的因果关系。在实践中要明确区分生产安全事故中生产经营单位、员工、政府及其职能部门的责任并不是一件容易的事。因此,在善后过程中厘清事故责任往往旷日持久,甚至产生严重的分歧。在涉及人身伤害、财产损失的赔偿问题上,单靠生产经营单位、员工和政府等责任主体难以有效提供稳定的赔偿和救助保障,最终可能会加重事故后果。因此,从风险分散和责任分担的角度来看,任何一个国家都必须建立责任主体、保险市场、社会救助和财政兜底的复合型赔偿和救助体系,只有这样才能更好地应对生产安全事故尤其是特别重大生产安全事故带来的巨额损失。但是,在我国生产安全事故善后赔偿和救助的实践中,风险分散和责任分担体系还未完全建立,各级政府实际上承担了最终"兜底"的赔偿和救助责任。这种"行政主导型的赔偿救助模式"存在几个明显的问题:

第一,生产安全事故善后赔偿的法律体系之间缺乏协调性和权威性。尽管我国出台了一系列有关生产安全事故应急处置的法律法规,但是在

---

① 滨海新区人民政府天津港"8·12"爆炸事故居民室内财产损失评估工作组:《关于开展"8·12"事故居民室内财产损失评估工作的公告》,http://www.bh.gov.cn/html/812/WMZFW25552/2015-08-27/Detail_882129.htm。
② 刘长海:《"8·12"事故居民室内财产损失赔偿签约已展开》,http://news.enorth.com.cn/system/2015/10/10/030556635.shtml。

实践中应对此类事故的善后赔偿工作却面临无法可依、有法难依的问题。"无法可依"是指地方政府在履行生产安全事故对人身和财产造成伤害的赔偿和救助时,通过综合帮扶、一次性救助等项目给予人身伤害赔偿和救助,或者由财政或者国有企业承担相应的赔偿责任的法律依据缺失,制约了善后理赔的合法性和权威性。另外,"有法难依"的问题也比较突出。不同个案之间涉及的赔偿内容、赔偿金额有很大的差异,有时候迫于维护社会稳定的压力,往往超越法律法规规定的赔偿标准和范围,力图"花钱买平安",客观上削弱了政府赔偿责任和救助义务的公正性、合法性与权威性。结果,一旦发生重特大生产安全事故,政府面临的赔付和救助压力比直接责任主体还要大,对应急处置工作带来很大的困扰。

第二,保险市场作为分散损失风险、承担赔付责任的机制发挥的作用较弱。一方面,在涉及基本人身安全、财产安全方面,我国尚未建立强制性保险立法体系、尚处在自愿性保险体系的阶段,严重制约了保险市场在生产安全事故善后赔付中的作用。例如,企业财产险、家庭财产险、责任险等险种市场小,不论是企业还是个人都缺乏足够的风险意识,遭受损失后得到保险赔付的比例较低。如何平衡好保险市场的强制性、市场性、公益性之间的矛盾是当前生产安全事故善后救助过程中突出的矛盾。总的来看,应该建立一套政府引导、市场主导、多元竞争、风险共担、合作共赢的事故损失风险分散和责任分担机制。在这一点上,受制于法治意识、立法进程、市场发育程度、社会风险意识等多元因素的影响,我国尚未形成有效的社会共识,也不能建立有效的保险体系来应对生产安全事故损害。

第三,赔偿资金的来源、用途缺乏法定性。由于维稳压力对应急处置的影响,地方政府在应对生产安全事故时,力图快速完成善后工作,对于赔付资金的使用不考虑资金的合法性问题。例如,各级政府经常动用社会捐款来抵充各种人身伤害和财产损失赔偿,经常利用国有资产来抵充各种财产损失赔偿,经常通过不同层级政府之间的"摊派"筹集资金履行赔偿责任。从近年来发生的生产安全事故善后赔偿情况来看,政府发挥"兜底"赔偿的责任是建立在财政资金缺乏严格的预算约束的基础上。政府通过"帮扶资金"和"一次性救助"等形式只是针对个案进行的救助,尚未形成制度化的事故善后救助体系。这种模式不仅仅对地方政府财政造成压力,也因各地经济发展水平、财政能力差异导致对受害者的帮扶和救助规模有很大不同,有违社会的公平与正义。[①] 另外,随着预算改革的推进,主要依赖于政府公共财政资金对事故人身伤害、财产损失进行赔偿和救助的模式难以为继。

第四,社会缺乏风险意识和法治精神,导致对生产安全事故的损失缺乏准备性和容忍度。从生产安全事故的损失来看,无论是企业还是公民对现代社会的风险还缺乏足够的认知,风险意识淡薄,对于自身的风险意识、责任缺乏科学的认识。风险意识的缺乏一方面表现在没有风险预防和转移的机制,如各类商业保险参保率不高、风险预防工作不重视等问题;另一方面表现在事后将责任全部推给其他主体,忽视了自身的责任,进而要求其他主体承担全部风险后果。一旦发生生产安全事故,受害者往往产生"推责心理",期望企业承担全部责任或者由政府发挥"兜底"作用,承担全部损失。

整体上看,我国已经初步建立应对生产安全事故的风险分散和责任分担体系,依赖于工伤保险、生产责任保险、意外伤害险、财产保险等市场机制应对人身伤害和财产损失风险。但是,保险市场在风险分散和责任分担方面发挥的作用较弱,客观上导致各级地方政府实际上成为"最终责任主体"。各级地方政府在生产安全事故善后赔偿和救助中的作用既缺乏法律支持,也缺乏财政支持,使得地方政府与受害者之间就赔偿问题经常陷入对立关系中。这种对立与冲突本质上反映了政府职能的错位,即各级地方政府将自己视为"兜底者",而不是通过政策创新来建立有效的风险转移、分散和共担体系。在这种"错位"的结构中,地方政府不仅仅付出巨大的财政代价,还会面临极大的社会稳定压力。在刚性维稳的压力下,各级地方政府往往只能以巨大的财政支出压力为代价"花钱买平安",以便给事故善后尽快画上句号。

---

① 李敏:《赔偿基金在大规模侵权损害救济中的定位与制度构想》,载《西北大学学报(哲学社会科学版)》2012年第4期。

第六章
美国事故受害人赔偿政策分析

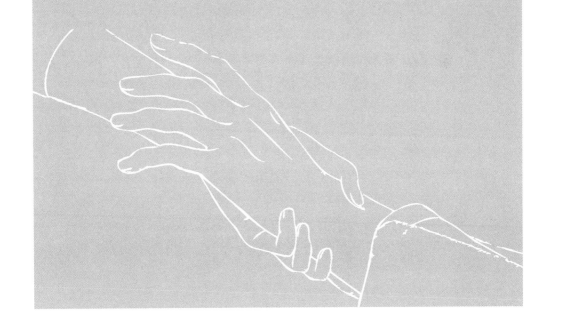

在任何国家，生产安全事故造成的人身伤害和财产损失都会对责任主体、受害人造成严重影响，也会对公共财物和公共秩序造成破坏。除了人身伤害和经济损失之外，很多生产安全事故的破坏性后果，尤其是集中在生态环境和社会心理等方面的破坏力需要经历很长的时间才能显现。针对生态环境破坏、社会心理破坏而引发的赔偿诉讼往往旷日持久，不仅仅对责任主体带来持续的困扰，也极大增加了公共管理和社会服务的成本。面对生产安全事故造成的后果以及面临的高额赔偿，一些知名企业往往因高额赔偿而破产，最终对一个地区、国家的经济发展造成持续的影响。从国际经验来看，借助于有效的风险分散和责任分担体系，责任主体可以更快地实现对受害者的赔偿和救助，尽量避免旷日持久的司法诉讼给双方带来的成本压力，这成为应对此类事故的通常做法。

第一节　美国已跨越事故高发期

自南北战争之后，美国进入经济快速发展时期。至 20 世纪 20 年代，美国经济总量已经居于世界前列。伴随着美国经济的快速发展，生产安全事故给美国带来严重的人员和经济损失，尤其是劳工遭受了严重的人身伤害。20 世纪初，美国每年有 23000 名工人在工作中丧失生命。今天，尽管美国经济相比 20 世纪 20 年代有了三倍以上的增长，但是美国工人每年的死亡数量仍维持在5000人左右。① 无论是在交通、化工、石油、制药等高危险行业还是在安全风险较低的机械制造、电力等行业,美国每年遭受生产安全事故导致的人员伤害和财产损失仍然比较大。

以交通事故领域为例,美国每年因交通事故死亡的人数都超过3万人。2005年美国交通事故全年共造成4.35万人死亡,2006年共造成4.27万人死亡,2007年共造成4.13万人死亡,2008年共造成3.72万人死亡,2009年共造成3.4万人死亡,②2010年共造成3.3万人死亡,③2011年共造成3.24万人死亡,2012年共造成3.35万人死亡。④ 2015年,美国的车祸死亡率上升了7.7%,全年约有35200人死于车祸,而2014年则是32675人。⑤ 交通事故不仅造成了大量的人员伤亡,还造成了巨大的财产损失。2014年,美国交通部发布了每十年一次的交通事故经济损失评估,指出美国车祸所造成的经济和社会危害,每一年达到8710亿美元。这8710亿美元中,2770亿美元可归因于经济成本,等于该年居住在美国的人平均每人分摊将近900美元;丧失生命的危害、因为受伤而承受的痛苦及生活质量的下降,合计约5940亿美元。⑥ 美国汽车协会利用2009年的数据对交通事故和交通堵塞造成的损失进行对比后发现,机动车事故导致的经济损失几乎是交通堵塞造成的经济损失的3倍,高达2995亿美元,平均每起致命交通事故的赔偿达600万美元。⑦

---

① 〔美〕约翰·法比安·维特:《事故共和国》,田雷译,中国政法大学出版社2016年版。
② 《NHTSA:2009年美国事故死亡人数再创新低》,载《世界汽车》2010年第5期。
③ 《美交通事故致死人数再创低值 5年来下降25%》,http://news.enorth.com.cn/system/2011/04/01/006295274.shtml。
④ 《美2012年交通事故死亡人数上升90%交通事故人为造成》,http://usa.people.com.cn/n/2013/1119/c241376-23584095.html。
⑤ 《NHTSA数据显示2015年美国车祸死亡人数上升百分之七点七》,http://www.autotecshow.cn/index.php?c=article&id=5291。
⑥ 《美国每一年车祸所造成损失达到8710亿美元》,http://www.tyncar.com/News/guoji/20140604_10342.html。
⑦ 《美国平均每起致命机动车交通事故赔偿600万美元》,http://finance.ifeng.com/money/insurance/hydt/20111205/5195127.shtml。

第六章 美国事故受害人赔偿政策分析

石油开采、运输和冶炼是高风险行业,一旦发生漏油或者爆炸将会造成巨大的健康、经济和生态损失。美国历史上发生过多起严重的漏油事故,对人身安全、财产安全和生态安全造成严重破坏。1989年,美国埃克森石油公司的"埃克森·瓦尔德兹"号游轮在运输过程中触礁发生石油泄漏事故,泄漏原油3000万加仑,造成阿拉斯加威廉王子海湾1900公里的海岸线受到石油的污染。事后的调查报告显示,该次漏油事故共造成28万只海鸟、2800只海獭、300只斑海豹、250只白头海雕、22只虎鲸死亡。"埃克森·瓦尔德兹"号油轮漏油事故还导致严重的生态灾难。事故发生20年后,科学家发现该地区居住的候鸟由346种减少到7种,对当地的鲱鱼、鲑鱼造成严重的伤害。依赖于水产养殖和渔业的当地1万名渔民丧失生活来源,相关设施被迫关闭,几十家企业破产。当地受害者提出要求埃克森石油公司赔偿150亿美元经济损失。因财产损失、失业和破产、生态破坏引发的司法诉讼旷日持久,直到18年后才最终了结各种赔偿事务。埃克森公司为此支付了25亿美元的清除油污的代价,并支付了5000万美元的赔偿金,联邦最高法院最终决定给予埃克森公司5.07亿美元的惩罚性赔偿。[①] 2010年4月20日,英国石油公司在墨西哥湾的"深海地平线"钻井平台发生爆炸后沉没,共约有410万桶原油泄漏,并造成11人死亡、17人受伤。事故导致的泄漏原油波及美国沿墨西哥湾的5个州,对沿海的渔业、旅游、水产、生态等造成严重损失。面对各种损失赔偿请求、诉讼和罚款,英国石油公司共支出了265亿美元。[②]

化工领域也是生产安全事故高发领域。1947年,美国得克萨斯州一艘载有硝酸铵的轮船发生爆炸,造成530多人死亡。世界上最严重的化工事故是美国联合碳化合物公司设在印度博帕尔市的农药厂于1984年

---

① 《"埃克森·瓦尔德兹"号漏油污染案25亿美元的代价》,http://www.cqn.com.cn/news/cjpd/521637.html。
② 姜明军、叶研、李志刚:《BP公司处理墨西哥湾漏油纠纷的经验与启示》,载《国际石油经济》2015年第8期。

12月2日发生的毒气泄漏事故,直接致死2.5万人,间接致死55万人,另外有20多万人永久残废的后果。经过6年多的诉讼,最终美国联合碳化合物公司支付4.7亿美元的赔偿,美国联合碳化合物公司随后被陶氏化工收购。① 全世界最大的化工公司美国杜邦公司也多次发生安全事故。2010年1月22日和23日,杜邦公司位于贝尔的工厂连续发生毒气泄漏事故,造成1人死亡、多人受伤。2014年11月15日,美国得克萨斯州杜邦公司La Porte化工厂发生有毒气体泄漏,造成4名工人死亡、1人受伤。因毒气泄漏污染环境,杜邦与美国司法部和环保署达成和解协议,支付127.5万美元罚款,并按照要求需花费227.6万美元进行安全技术改进。②

第二节　美国事故受害人赔偿政策的发展历程

19世纪,美国工业事故多发,50个劳工中就有1人死于生产事故。1880年至1910年之间,美国创造了世界历史上工业国家最严重的工作事故率纪录。19世纪80年代,美国的工业事故伤亡数量超过了那个时代战争的伤亡人数。20年后的调查结论显示,美国在和平时期的年度工业伤亡率"等同于美国内战、菲律宾战争以及日俄战争的平均年度伤亡率的总和"③。1907年,发生在弗吉尼亚州的一次煤矿事故,就导致361名矿工丧失生命。1911年3月25日,美国纽约州三角地制衣工厂发生火灾,导致146人死亡。④ 与欧洲国家相比,美国工人的伤亡率是它们的两

---

① 〔荷〕乌里尔·罗森塔尔等:《应对危机:灾难、暴乱和恐怖行为管理》,赵凤萍、胡杨译,河南人民出版社2014年版,第90—112页。
② 《造成毒性污染 杜邦被罚127.5万美元》,http://www.shengyidi.com/news/d-1394652/。
③ 廖奕:《"事故共和国"的法治之道》,http://www.360doc.cn/article/395329_164807552.html。
④ 〔美〕大卫·冯·德莱尔:《兴邦之难:改变美国的那场大火》,刘怀昭译,中国政法大学出版社2015年版。

第六章　美国事故受害人赔偿政策分析

到三倍。如何公正地分配现代工业生产活动带来的事故成本，从而保障劳资双方的合法权益，提高工厂安全管理水平，降低事故发生率成为美国司法和行政改革的一个热点。

在整个19世纪，美国按照普通侵权法的原则来规范雇主对工作过程中受伤雇员的责任。在那个时期，大多数的美国法律界人士认为事故是指"不存在过错"的损害。① 借助于普通法中的侵权责任的理念，美国早期的工业事故法认为，只有明确的雇主存在过失引发事故的情况下，雇主才能承担赔偿责任。在霍姆斯（Oliver Wendell Holmes, Jr.）看来，只有原告可以证明被告的过错或者过失导致了他们的损害，同时他们没有因自己的过错或者过失而促成了这一伤害，法律才允许原告获得损害赔偿。"无过错既无责任"成为确定事故过程中雇主和雇员之间权益关系的基本原则。在这一原则下，一旦发生生产安全事故，雇员要获得雇主的赔偿非常困难：一方面，雇员很难通过举证证明雇主存在过失行为以及过失与事故之间的因果关系；另一方面，雇主通常用雇员接受工作约定就应该接受相应的风险以及雇员在促成事故过程中的责任来为自己辩护，从而推脱赔偿责任。② 同时，除非雇员做好准备解除雇佣关系离开工厂，任何选择诉讼的雇员都可能付出高额的代价：被工厂开除、承担诉讼费用、增加时间成本等问题。受到事故伤害的雇员往往不得不采取与雇主协商、寻求援助的形式而不是通过诉讼来维护自己的权益。在这种法律体系下，大量的事故导致的劳工受伤害事件不能进入侵权法体系，而是通过雇主协商补偿的形式来给予救济。

早期的美国商业保险市场尝试介入事故伤亡赔偿领域。自19世纪中期开始，商业保险公司相继开始承接事故保险，人寿保险项目开始受到

---

① Oliver Wendell Holmes, Jr., *The Common Law*, Little, Brown and Company, 1881, pp. 94-95.

② 〔美〕威廉·M. 兰德斯、理查德·A. 波斯纳：《侵权法的经济结构》，王强、杨媛译，北京大学出版社2005年版，第33页。

人们的关注。但是,人寿保险覆盖范围小、免责范围广、经常遭受欺诈等问题长期困扰商业保险市场的发展。直到19世纪末,商业保险市场仅仅覆盖了一小部分因事故、工伤、疾病等引发的赔偿,保险的对象主要集中在妇女和儿童身上。

为了应对事故伤害风险,工人合作保险开始与商业保险一样,成为应对事故伤害救济的重要途径。1868年,宾夕法尼亚州约翰·阿普卡奇(John Upchurch)创立了美国第一家合作保险协会——联合工人兄弟会,以更好地保护工人利益免受侵犯。在创立后一年之内,联合工人兄弟会发展成了由工人和中产会员组成的互助保险组织。在19世纪60年代至90年代,专门针对事故的合作保险协会相继在一些危险性比较高的行业发展起来。例如,铁路兄弟会作为铁路行业员工遭受事故伤害的互助保险基金组织,可以为铁路死亡工人提供1000—3000美元的救济,有时候甚至高达4500美元。南方各州的黑人自助参加保险协会已经成为黑人生活中的头等大事。① 由于合作保险协会采取了一系列规则,发展出了处理伤残保险市场中的道德风险和逆向选择的有效方法,在事故赔偿和救助领域逐渐得到应用。为了减少合作保险的风险,合作保险协会要求参会的会员自愿决定是否参加协会,并须提交体检报告和调查申请者的品行。许多合作保险协会还借助消防兄弟会的传统意识,通过手势、握手、不成文的口令以及神秘的入会仪式来增强入会成员之间的团结和忠诚。通过平均分担成本的方案——每一个入会会员缴纳一样的会费,并根据实际赔偿需要定期缴纳,合作保险协会可以避免因为建立巨额储备资金可能引发的滥用和腐败风险。通过会员缴纳同样的会费,加上赔偿成本的分摊方案,突出了保险合作协会的集体精神,实现了会员间超越种族、宗教、地域等因素隔阂的成员间互惠和互助。合作保险协会同时向会员提供伤残保险和死亡保险,并利用市场机制以团体保险的形式转包给

---

① 〔美〕约翰·法比安·维特:《事故共和国》,田雷译,中国政法大学出版社2016年版,第74—107页。

第三方承保人,实现了初步的风险分散。

19世纪80年代至90年代,在美国的工伤事故赔偿和救助中,合作保险协会实际上是事故赔偿的主要来源。但是,合作保险协会也有致命的缺陷:排斥了那些真正需要帮助的贫困成员。合作保险协会拒绝接纳那些高风险的成员入会,以稳定已经参会的低风险会员,这客观上降低了该组织的救助效能。同时,作为合作组织,合作保险协会甚至全国性的合作保险组织都是建立在"平等合作"的基础之上的,缺乏一个具有强制力的执行机构,无法形成一个遍及全国、费率一致、赔偿标准统一的保险组织,最终导致很多地方的合作保险组织不得不面对会员的流失和新的保险市场的竞争。到了20世纪初,合作保险协会的死亡伤残保险与保险公司的人寿保险的比率已经从1895年的137%降低到1916年的41%。[①]

19世纪末,美国的工厂管理者开始把预防工业事故看作管理的中心工作之一。1875年,宾夕法尼亚的费城雷丁铁路公司为当地煤炭工人捐赠20000美元成立事故基金。1878年,莱哈谷铁路公司设立了由雇员和公司共同出资的事故救济基金。著名的科学管理理论代表人物泰勒(F. W. Taylor)也在米德维尔钢铁厂设立公司基金应对事故赔偿。1880年,美国的铁路公司开始设立制度化的公司基金。到1889年,美国的12家铁路公司已经建立公司基金来应对事故赔偿。到19世纪末,美国的铁路事故救济项目已经覆盖了整个铁路系统超过20%的雇员。酿酒工业、钢铁工业以及其他高风险行业纷纷借鉴铁路的做法,相继建立事故救济基金,通过公司单独出资或者由雇员与公司联合出资的形式来救助那些事故的受害者。1900年至1910年,美国一些主要的大公司开始建立事故赔偿基金、互助保险基金。无论雇主是否存在普通侵权法上的过错或者过失责任,只要发生事故对雇员造成伤害的,公司都将赔偿受伤害的雇员。在20世纪20年代,很多公司在事故赔偿基金上甚至完全走向了雇

[①] 〔美〕约翰·法比安·维特:《事故共和国》,田雷译,中国政法大学出版社2016年版,第106页。

主全额出资,并将其视为工业生产成本中一项不可忽视的内容。通过将事故成本内化给企业,事故赔偿基金实现了生产过程投入和产出关系的合理化,鼓励公司采取各种手段做好事故预防工作,从而降低事故伤害。工业事故中的受害者得到事故基金的救助,不再被看作资方的怜悯和慷慨,而是工人应得权利的观念广为流行。

公司设立事故赔偿基金也有不良的后果,即在同行竞争的压力下成本支出的增加削弱了企业竞争力,最终限制了雇主的赔偿能力。随着工业事故不断上升,很多事故受伤劳工不能得到有效的赔偿和救助的问题不断地冲击传统侵权法为基础的事故赔偿体系。美国很多法官、律师和记者等开始探讨如何改革美国工业事故法来应对法律与实践之间的冲突。一些州开始学习欧洲采取严格责任的做法,明确雇主在事故赔偿中的责任。之后各州相继修订了有关劳工赔偿的法律,规定即使在雇主没有过失责任的前提下,一旦发生工伤事故,劳工也有权从雇主那里获得赔偿;只要能够证明雇员在事故中有一定的责任,企业可以按照确定的责任分担比例给予赔偿。[①] 按照行为人自担风险的原则,属于企业过错的企业负责,属于员工过错的员工自担责任,从而较好地平衡了侵权救济所追求的社会正义和经济效率目标。[②] 例如,1856年,佐治亚州制定了有关铁路事故的法律,来规范铁路公司与事故中受伤害的乘客、工人之间的侵权责任。在19世纪中期,其他的一些州相继制定了《雇主责任法》,用以限制雇员承担过失工友所导致的伤害风险的责任后果。至1911年,美国25个州制定了《雇主责任法》,规定即使在雇员存在过失时,也可以从雇主那里获得损害赔偿,只需要扣除雇员过错责任份额即可。[③]

---

① 张晓明、李云求:《美国工业事故法的转型探析》,载《广东广播电视大学学报》2013年第3期。

② 黄立嵘:《论美国侵权法"行为人自担风险"规则——兼论我国侵权责任原则的完善》,载《中国社会科学院研究生院学报》2014年第6期。

③ Lawrence Friedman & Jack Ladinsky, Social Change and the Law of Industrial Accidents, *Columbia Law Review*, 1967, Vol. 67, No. 1, p. 50.

第六章　美国事故受害人赔偿政策分析

在20世纪初期,按照风险分摊原则确立的劳工工伤赔偿方案成为事故赔偿的通行做法。考虑到事故伤亡有时候很难归咎于受害者的过错,也不能归咎于雇主的过错,而实际上是工业系统所具有的系统风险,1908年,美国出台了《劳工伤害赔偿法》,规定劳工在劳动过程中发生伤亡事故的,可以享受社会保险待遇;除了一些高风险行业必须强制性参加保险外,其他的职业采取自由参加原则。1917年,美国联邦最高法院确认《劳工伤害赔偿法》符合联邦宪法,确认了其合宪性。在工业事故领域,传统的自由劳动概念所隐含的"无过错不赔偿"的侵权责任逐渐让位于风险与保险的安全管理范式。这样,美国经过三十多年的立法改革,工伤事故赔偿逐渐由工人与雇主之间的劳资关系、工人与工人组织之间的关系转变为工人与国家间的集体关系。[1]至此,工伤保险成为美国工业事故赔偿的基本法律框架。

今天,工伤保险在美国事故人身伤害赔偿方面发挥着基础性的作用。根据美国联邦政府和各州政府之间的权力划分,联邦政府负责造船业、铁路、港口、政府公务员等工伤赔偿保险的管理,各州政府负责除上述行业以外的工伤保险的管理。1920年至1963年,美国各州相继确立了工伤保险法,明确了工伤保险的费率、审查工伤保险的基金收支、工伤申请、申诉和仲裁的具体办法。全美国约有99%的工人参加了联邦或者州政府的工伤保险。在工作过程中遭遇事故导致工作能力受损、疾病或者死亡的,雇员或者他们的家属都可以依赖"工人赔偿金"得到赔偿和救助。[2]美国工伤保险分为3种方式:购买私人保险公司工伤保险、购买州设立的工伤保险基金和企业自我保险。1986年,美国6个州采取排他性州基金的方式提供工伤保险,12个州允许私人保险公司的工伤保险与州基金提供的工伤保险相竞争,其余各州依赖私人保险公司提供工伤保险。到1996年,美国有5个州采用的是排他性州基金提供工伤保险,18个州允

---

[1] 田雷:《美国事故法的构建之路》,载《中国减灾》2009年第5期。
[2] 代海军:《国外安全责任保险制度初探》,载《现代职业安全》2012年第2期。

许私人保险公司工伤保险与州基金提供的工伤保险相竞争,其余各州采用私人保险公司提供工伤保险。到2001年,除俄亥俄州、北达科他州、华盛顿州、西弗吉尼亚州和怀俄明州5个州采用排他性州基金的方式提供工伤保险之外,其余21个州允许州保险基金与私人保险公司在工伤保险业务上进行竞争。①

第三节 美国事故受害人救助政策的实践

目前,美国已经从立法规范、执法保障、风险意识教育等环节强化了工业安全管理,成为世界上工业安全管理体系最好的国家。今天,美国31个州实行强制性工伤保险制度。美国工伤保险体系的基本特征包括:一是强制参保,除了得克萨斯州和俄克拉荷马州外,所有州工人工伤保险均强制雇主参加。二是在待遇支付方面,医疗费从工伤开始即100%支付,丧失工时现金待遇有一个3—7天的等待期。三是实行雇主缴费原则,除华盛顿州外,工人补偿保险均由雇主缴费。雇主可以从私营保险商或州立保险基金处购买保险,某些大企业也可以设立自保基金来应对针对雇员的伤害赔偿。② 统计显示,在2012年共有1.28亿的美国雇员参加了各类工人保险制度,因工作过程中各类伤害共获得618亿美元的赔付。

在一些高风险领域,行业保险基金对社会保险制度发挥补充性作用,在应对大规模事故伤害方面起到风险分散的效果。例如,针对石油运输可能存在的泄漏风险,《1992年设立国际油污损害赔偿基金公约》针对持久性溢油导致的油污损害给予补偿。油污损害赔偿基金是指以保护国家海洋环境、保证海洋油污清污费用充足、弥补海洋油污损害为目标,依靠国家行政权力的运用,按照法定的资金来源筹集起来满足特定条件下专门

---

① 于欣华:《美国工伤保险制度》,载《现代职业安全》2010年第7期。
② 余飞跃:《美国工伤保险制度概述》,载《中国医疗保险》2016年第1期。

用于弥补海洋油污事故中油污清污人和受害人损失的专项基金。① 国际油污赔偿基金的各个缔约国按照年度石油运输量缴纳一定的费用。一旦发生油污泄漏,缔约国可以直接上油污赔偿基金组织索赔。国际油污赔偿基金组织力求在法庭外处理赔偿事务,通过庭外和解的方式来解决损害赔偿问题。② 此类由政府主导、特定行业适用的赔偿基金有严格的赔偿范围限定、明确的程序。只有当责任人无法查实或者无力履行清除污染和给予赔偿时,才能由负责清除污染的政府申请基金支持用于清污和赔偿。

除了工伤保险、行业赔偿基金等途径之外,现代商业保险领域也发展出了多样性的保险产品来帮助公司分散事故赔偿风险。自19世纪中期起,商业事故保险就成为美国人寻求伤亡保险的一种途径。1864年,哈特福德旅行者保险公司的成立标志着美国商业保险公司开始大规模承接事故保险。但是,在早期商业事故保险市场上,保险往往将那些危险行业中的工人排除在外,导致商业事故保险的保单紧紧覆盖了一小部分与个人伤残保险有关的事故。由于道德风险和逆向选择,很多商业事故保险公司经营不久后就宣告破产。之后,商业保险公司开发出新的产品,即工业家庭保险来覆盖工人可能遭受的伤害。但是,受到家庭经济结构、保险观念、赔偿免责条款等因素的限制,很少有工人家庭参加此类保险。③ 如今,商业保险公司主要通过财产和灾害保险为个人和团体规避财产损失或第三方造成的损失提供保险,如水险、火灾险等其他的财产和灾害保险。美国从事该类保险的公司有3000多家,从业人员近100万人,其中财产和灾害保险总投资1万多亿美元。保险公司通过将资金投资于股票、债券等产品获得更多的回报。通过债券、再保险等手段,商业保险公

---

① 王婷婷:《中美油污损害赔偿基金之立法比较》,载《人民司法》2014年第17期。
② 危敬添:《关于国际油污赔偿基金组织索赔手册(上)》,载《中国远洋航务》2007年第9期。
③ 〔美〕约翰·法比安·维特:《事故共和国》,田雷译,中国政法大学出版社2016年版,第77—80页。

司可以转移和分散自己的保险责任。一旦发生工业事故导致大规模侵权和赔偿诉求,保险公司可以利用上述手段筹集赔偿金,或者要求其他的主体分担赔偿责任。针对存在的确定的职业风险,美国规定获得经营许可的保险公司、国家职工赔偿基金以及其他的市场实体都必须通过购买强制性的侵权责任保险来应对可能发生的损失。1988年,美国专门设立环境保护保险公司,针对有毒物的处理、所有进入美国的船只、所有的工程建设项目实行强制性责任保险制度,以应对事故可能导致的大规模侵权风险。美国在汽车、雇主、核能、航空、船运等方面已经全面实施强制责任保险。对于可能出现的因事故引发的民事赔偿,不投保产品责任和职业责任的企业无法从事相应的业务。[1]

除了各种保险公司提供的风险分散途径之外,很多高风险行业的公司还设立自保公司来应对可能的大规模赔偿请求。自保公司又称"专属保险公司",是由非保险企业拥有或者控股,主要为母公司、集团公司或者其他相关公司的资产和风险提供保险或者再保险的独立保险公司,是现代企业利用内部基金进行风险融资的创新形式,是企业降低自身风险、提高赔付能力的有效途径。[2] 目前,超过80%的世界500强企业都设立了专业自保公司。[3] 至2013年末,美国已经建立2000多家自保公司,占全球自保公司总量的39%。自保公司的设立对于任何一家商业公司来说都可以发挥母公司保险业务管理和风险管理的作用。[4] 通过自保公司,商业公司可以有效提升风险管理水平,显著降低企业保费支出,转移企业面临的风险。针对自保公司的功能,美国国内税务局(IRS)提出,作为一个独立的法人实体,任何自保公司只有满足了具备足够的偿付能力、与母

---

[1] 粟榆:《大规模侵权责任保险制度的国际经验与借鉴》,载《财经科学》2014年第6期。
[2] 尚晓等:《国外自保公司监管经验对我国的借鉴与启示》,载《金融发展评论》2014年第11期。
[3] 孙国伟:《对航运业专业自保公司的思考》,载《中国保险》2015年第12期。
[4] 吴海峰、马天荷:《大型企业设立自保公司的作用与途径》,载《中国核工业》2015年第8期。

公司之间不存在资本保证协议或其他补偿保证协议或者免受损害协议、公司承担的保费支付小于承保风险、必须通过商业再保险分散风险等前提条件,才能够发挥风险分散作用。①

在上述各项事故赔偿和救助过程中,由于涉及侵权人、受害人、受害人家属、公共组织、其他商业组织、社会组织等多个主体,彼此之间是一种利益的对立关系,导致整个事故赔偿过程程序复杂、过程漫长,甚至历经多次反复也难以达成一致。无论责任公司、保险公司、受害者还是公共机构都要为此付出巨大的经济成本和社会成本。尤其是大规模侵权事故的发生,受害者可能成千上万,各种损失复杂多样,有些损失也需要多年后才能终止,赔偿问题变得异常复杂。为了更好地应对大规模侵权造成的损失赔偿,很多政府和公司开始探索一种由特别主事人负责的"大规模侵权损害赔偿基金"模式,通过双方和解,而不是司法诉讼的方式解决损失赔偿问题。

"大规模侵权损害赔偿基金"是指专项用于救济或者赔偿大规模侵权事件的被侵权人人身、财产损失的基金。② 大规模侵权是指涉及大量受害人的权利和权益的损害事实。③ 该基金作为侵权赔偿的非常规救济方式,往往适用于涉及利益重大、程序复杂、需要动用较多的社会公共资源的事件以便节约社会资源。这种赔偿模式通常限定在大规模产品责任、大规模环境污染、大规模工业事故等侵权案件中。在生产安全事故的大规模赔偿基金中,原本由企业承担的赔偿责任转移到基金管理人手中,有助于转移风险、减少突发事故对企业的冲击。通过赔偿基金的独立运作,企业可以大大提高赔偿的时效性、降低侵权诉讼成本。因此,借助于大规

---

① 林伟:《论专业自保公司风险分散和风险转移的前提条件》,载《上海金融》2012年第6期。
② 张新宝、岳业鹏:《大规模侵权损害赔偿基金:基本原理与制度构建》,载《法律科学》2012年第1期。
③ 〔德〕克里斯蒂安·冯·巴尔:《大规模侵权责任法的改革》,贺栩栩译,中国法制出版社2010年版,第1页。

模侵权基金来履行对大规模受害者的赔偿,无论对于企业来说还是对于受害者来说都是一种"双赢"的方式。

从设立模式上看,大规模侵权赔偿基金既可由政府出资来设立,也可以由企业出资来设立。政府为了支持某项事业的发展或者应对没有明确责任主体、无履行赔偿义务能力的责任主体的突发事件,可以设立财政性基金用于大规模救助或赔偿。也有另外一种方式,即按照信托原理,赔偿基金作为受托人,接受作为委托人的生产经营单位或侵权主体所交付的财产为救济受害人在大规模侵权事件中的损失,以自己的名义对受托财产进行管理和处分、履行相应的赔偿义务的基金。① 前者由政府财政机关按照一定的原则征收相应的税后纳入基金管理,后者由企业出资作为赔偿基金的主要来源。当前,很多企业在面临大规模侵权赔偿的过程中愿意主动出资成立信托基金,将赔偿责任转移到基金主事人或基金管理委员会手中,从而解除了侵权企业因承担赔偿责任而面临的各种困境。

为了提高赔偿基金在事故善后赔偿、消除民事诉讼方面的效率,赔偿基金往往将基金的管理权、分配权委托给特别主事人。特别主事人制度最早在大规模侵权事件涉及的赔偿程序上得到应用。大规模侵权涉及应对不确定的当事人、大规模的受害者、复杂的因果关系、巨额的赔款以及不断出现的新赔偿请求,法院要求通过引入特别主事人来应对此类问题。② 通过特别主事人与受害者之间直接、面对面的沟通,与受害者就赔偿问题达成共识和理解,从而签署一份"综合性和解协议",避免司法诉讼给双方带来不利。③ 美国一些经典案例显示,赔偿基金模式比司法诉讼更有利于解决权益纠纷。例如,越战老兵橙剂受害赔偿案中的赔偿基金、疫苗

---

① 李敏:《赔偿基金在大规模侵权损害救济中的定位与制度构想》,载《西北大学学报(哲学社会科学版)》2012年第4期。
② Margeret G. Farrell, The Function and Legitimacy of Special Masters, *Widener Law Symposium Journal*, 1997, Vol. 2, No. 2, pp. 235, 245.
③ 〔美〕肯尼斯·R.范伯格:《补偿的正义:美国如何应对灾难》,孙伟等译,法律出版社2013年版,第31页。

侵害赔偿基金等良好的运作化解了政府、企业和其他责任主体可能遭受的大规模侵权赔偿诉讼。经过多年的实践，特别主事人制度已经从司法领域逐渐延伸到解决诉外赔偿纠纷领域，在各类大规模侵权案件赔偿和解中发挥着重要作用。[①] 面对大规模的侵权赔偿，越来越多的政府、学者、企业认识到赔偿基金的作用，从而为受害者赔偿提供了一个低成本的救助途径。

作为全世界最成熟的保险市场，美国生产安全事故的赔偿问题明显具有保险主导、社会救助补充的特征。从美国发生的历次典型事故来看，作为侵权责任主体的公司可以借助商业保险来应对财产损失的赔偿请求、借助工伤保险来应对人身伤害的赔偿诉讼。在面临大规模侵权损失赔偿的风险下，侵权主体可以通过自保公司、行业保险以及政府主导性的赔偿基金、大规模侵权赔偿基金来应对复杂的赔偿诉讼请求和事故损失。即使出现大规模侵权问题，也不会导致因侵权主体赔偿责任过重而破产，也不会出现责任主体无力赔付、最终加重了受害者损失的情况。

第四节　墨西哥湾漏油事故的案例分析

在美洲中部地区，有一个扁圆形的海湾，因濒临墨西哥被命名为"墨西哥湾"。墨西哥湾是加勒比海地区石油储量最丰富的地区。美国所属的整个墨西哥湾地区探明的石油储量约20亿吨，天然气储量约3600亿立方米。其中，40%的油气资源储藏在深水区中。在墨西哥湾沿岸各州，如得克萨斯、路易斯安娜等沿海地区，都蕴藏着丰富的石油资源。1947年，美国在墨西哥湾开始第一口海上油井开采活动。到20世纪末，美国所属的墨西哥湾每日石油开采量约80万桶。随着浅海地区油气资源的下降，深海地区油气资源的开采突飞猛进。2003年，美国在墨西哥湾深海地区的石油产量已经达到日产95万桶。截至2006年，整个墨西哥湾

---

① 张光磊：《论巨灾赔偿基金中的特别主事人》，载《行政法学研究》2015年第6期。

地区尤其资源开采中 54% 的开采租约都处于深海地区,有 30 多个深海钻机在墨西哥湾海面上工作。

石油开采行业风险较高,管道泄漏、火灾等事故经常对石油开采企业、周边环境及地方社会带来严重的破坏性影响。2010 年 4 月 20 日,英国石油公司在墨西哥湾深海石油钻井平台"深海地平线"发生爆炸,导致采油管道发生严重泄漏。从 4 月 20 日至 7 月 15 日漏油点被完全封堵为止,该事故共泄漏 490 万桶原油,近 1500 公里的海滩受到原油污染,导致至少 2500 平方公里的海水被石油覆盖。美国沿墨西哥湾的各州的渔业、旅游、湿地、海洋生物等遭受重创,直到事故发生五年之后还面临持续的伤害。① 事故发生后,处在风暴中心的英国石油公司遭受重创。不仅仅面临巨额的政府罚款问题,还要为清污和赔偿付出高额的代价。英国石油公司因为漏油事故,股票重挫 11%,直接蒸发市值 700 亿美元。②

美国政府证实,深海地平线爆炸引发的墨西哥湾漏油事故是美国历史上最严重的一次漏油事故,其损害远远超过 1989 年发生在阿拉斯加州的瓦尔迪兹号油轮泄漏事故。事后,处于墨西哥湾的美国沿海各州政府、渔民、公司、行业协会、环保组织等个人或机构分别向英国石油公司提出诉讼赔偿请求。根据公司年报披露,截至 2014 年,由深海地平线爆炸引发的对英国石油公司母公司、子公司以及其他关联实体的民事赔偿诉讼达到 2950 起。③

面对巨额的、不确定性的赔偿诉讼请求,英国石油公司完全可以借助司法体系,利用旷日持久的诉讼和复杂的事故技术原因规避自己的法律责任,将受害者的损失、公共生态损失置于一旁。④ 1989 年发生的瓦尔迪

---

① 《美史上最严重漏油事故 5 周年 墨西哥湾仍深受其殃》,http://news.sohu.com/20150421/n411593120.shtml。
② 《墨西哥湾漏油 灾难后果盘点》,http://www.yicai.com/show_topic/359050/。
③ 《英国石油公司 2014 年年报》,http://www.bp.com/content/dam/bp.../BP_Annual_Report_and_Form_20F_2014.pdf。
④ 〔美〕肯尼斯·R.范伯格:《补偿的正义:美国如何应对灾难》,孙伟等译,法律出版社 2013 年版,第 117 页。

第六章　美国事故受害人赔偿政策分析

兹号油轮泄漏事故正是利用司法诉讼来减少责任,一直将诉讼拖延了20年才最终了结各种赔偿。但是,2010年5月美国政府认定英国石油公司应该是墨西哥湾漏油事故的责任方,勒令其承担应急处置、清除污染和赔偿的主要责任。作为全世界最大的石油生产商,英国石油公司也不愿意因为此事故导致公共关系的灾难,被贴上没有社会责任的标签。为了快速赔偿受害者,结束可能的旷日持久的诉讼赔偿,获得美国政府和公众的理解,英国石油公司采取了一项非常有意义的替代性赔偿方案:英国石油公司设立一个200亿美元的赔偿基金,委任特别主事人全权负责对墨西哥湾漏油事故的赔偿工作。从理论上说,该替代性方案是一个多赢的方案:符合条件的受害者不用苦苦等待司法诉讼的结果就可以快速获得赔偿;英国石油公司可以避免为诉讼支付巨额的律师费用和时间成本以及企业损失;美国新一届政府也不需要花费纳税人一分钱就可以帮助受害者获得赔偿,从而赢得选民的支持。

在2010年6月宣布设立200亿美元的"第三方托管赔偿基金"时,英国石油公司专门聘请了具有大规模侵权赔偿基金管理丰富经验的肯尼斯·R. 范伯格(Kenneth R. Feinberg)来管理基金,全权处理赔偿事宜。[1]该基金负责赔偿墨西哥湾漏油事故造成的损失,具体包括:个人或企业的收入损失、清污费用、动产或者不动产损害、自然资源的维护费用、因事故导致的人身伤害或者死亡。整个基金分三个阶段给予受害者赔偿。第一个阶段实现预先紧急赔付,即针对事故发生后的6个月内的损失,受害者都可以提出索赔申请,且不要求受害者签署免责或者放弃诉讼权利。第二个阶段实行分类赔付制度,按照快速一揽子赔偿、过渡性赔偿和全面审查后的一揽子赔偿来应对受害者的各项损失赔偿请求。受害者按照这三种赔偿方式获得赔偿后,将签署免责和放弃诉讼声明。第三个阶段实行诉

---

[1] Linda Mullenix, Prometheus Unbound, the Gulf Coast Claims Facility as a Means for Resolving Mass Tort Claims: A Fund Too Far, *Louisiana Law Review*, 2011, Vol. 71, No. 3, pp. 819-820.

内庭外和解赔偿,即赔偿基金与受害者之间通过达成意向和解协议,支付一笔双方认可的赔偿金后,受害人放弃诉讼请求,赔偿基金也避免承担更大的赔偿责任。英国石油公司先注入50亿美元的资金,2011—2013年每个季度分别注入12.5亿美元资金。如果信托期内整个资金额度不足以支付赔偿请求,则英国石油公司需要追加资金;如果信托期满后,赔偿基金没有用完则需退还给英国石油公司。①

在赔偿基金成立后最初的90天里,通过预先紧急赔付,赔偿基金共向16.9万人支付了24亿美元的赔款,不需要受害人签署免责和放弃诉讼声明。在第二个阶段,超过35000名个人和企业选择临时赔付的方式获得了合计达到49.5亿美元的赔款。经过两个阶段的赔偿,墨西哥湾漏油事故赔偿基金共处理100万个索赔申请,向22万个个人和企业受害人提供了62亿美元的赔偿金,驳回错误和不合法的赔偿请求2600个。② 在最终赔偿阶段,借助于海洋生态学专家团队的支持,赔偿基金宣布:只要有材料证明2010年的损失数额,乘以"未来复苏风险因素"系数,就可以计算出截至2013年的所有损失。受害者可以选择这一计算方法来获得赔付,以弥补事故以来直到2013年的所有损失。最终,超过73000名个人和企业选择这一赔偿方式。在整个赔偿阶段,共有169203名索赔者获得了预先紧急赔偿,128172名索赔者获得了快速赔偿,67143名索赔者获得了最终赔偿,35261名索赔者获得临时赔偿,420430名索赔者被拒绝赔偿或者认定为不符合赔偿条件。③

针对公共利益造成的损害,英国石油公司充分利用辩诉交易等法律规制,努力与美国联邦政府、沿墨西哥湾各州政府之间达成和解,以降低

---

① 张光磊:《论巨灾赔偿基金中的特别主事人》,载《行政法学研究》2015年第6期。
② Joan Flocks & James Davis, The Deep Water Horizon Disaster Compensation Process as Corrective Justice: Views from the Ground up, *Mississippi Law Journal*, 2014, Vol. 84, No. 1, pp. 14,16,17.
③ 〔美〕肯尼斯·R. 范伯格:《补偿的正义:美国如何应对灾难》,孙伟等译,法律出版社2013年版,第157页。

第六章 美国事故受害人赔偿政策分析

事故对英国石油公司社会形象和公共关系的冲击。最终,英国石油公司于 2015 年 7 月与墨西哥湾沿岸的 5 个州达成了和解协议。根据和解协议,英国石油公司承认 11 项不当行为或者过失指控,愿意分期支付 187 亿美元来了结此案,创造了美国有史以来支付赔偿金额的最高纪录。和解协议包括在 15 年内向美国支付 55 亿美元的民事赔款,向美国联邦政府和沿岸各州政府支付 71 亿美元的罚款;在 18 年内支付 49 亿美元应对沿岸 5 个州提出的经济和其他索赔要求,另外支付 2.32 亿美元在 15 年期限结束后用于自然资源损害的赔偿,同时支付 10 亿美元应对各州政府的部门提出的索赔要求。[①] 和解赔偿金还包括向美国国家科学院、国家鱼类和野生动物基金会等政府实体支付的赔偿款项、12.5 亿美元的罚金以及针对过失和藐视国会罪的服罪金。大部分的罚金将用于墨西哥湾沿岸地区的环境恢复和重建等公益项目。[②] 至此,英国石油公司为深水地平线爆炸事故导致的墨西哥湾漏油事故共支付了包括应急处置、清污、赔偿与和解在内的资金累计 430 多亿美元。

英国石油公司宣称,因墨西哥湾漏油事故给公司造成的税前开支目前已高达 538 亿美元。[③] 很多人认为,英国石油公司将会因为巨额的赔偿费用和旷日持久的司法诉讼而破产。但是,到 2015 年 7 月英国石油公司与美国墨西哥湾沿岸各州政府达成和解协议为止,在面对美国维权意识、法律意识极为强烈的美国民众和司法机构的情况下,英国石油公司经受住严峻的考验,成功地完成了对受害者的赔偿,摆脱了爆炸事故和大量的司法诉讼对公司造成的损害。英国石油公司之所以能够不被此次事故击垮,一个重

[①] Daniel Gilbert & Sarah Kent,BP Agree to Pay 18.7 Billion to Settle Deepwater Oil Spil Claims,*Wall Street Journal*,http://www.wsj.com/articles/bp-agree-to-pay-18.7-billion-to-settle-deepwater-horizon-oil-spill-claims-1435842739.

[②] 姜明军、叶研、李志刚:《BP 公司处理墨西哥湾漏油纠纷的经验与启示》,载《国际石油经济》2015 年第 8 期。

[③] 《英国石油公司同意支付 187 亿美元和解漏油事故》,http://money.163.com/15/0703/10/ATJHPU9M00252V5H.html。

要的原因是该公司建立了一套极为复杂、有效的风险分散和责任分担体系。

首先,英国石油公司利用与石油开发伙伴之间的责任分担协议来分散事故赔偿风险。深水地平线爆炸导致的石油泄漏发生在 MC252 石油开采区块内,由英国石油公司、安纳达科公司和日本三井旗下的 MOEX 公司联合开发,分别持有 65%、25%、10% 的权益。其中,英国石油公司负责石油开采作业。根据三家签署的联合开发协议,作业者非因重大疏忽或者故意不当行为导致的损失,不由作业者单独承担。根据联合协议中的规定条款,漏油事故造成的损失应该按照各方权益比例分别承担。事实上,在事故发生之后,安纳达科和三井 MOEX 公司已经承担了部分赔偿责任。当英国石油公司提出安纳达科和 MOEX 公司分别再支付 12 亿美元、4.8 亿美元的赔偿费用时,两家公司都拒绝支付,并分别采取了诉讼的形式维护自己的权益。经过长期的谈判,英国石油公司与合作伙伴达成和解协议。2011 年 5 月,英国石油公司分别与三井公司、安纳达科公司、提供油井设备的威德福公司等达成和解,共取得了 54 亿美元的现金赔付用于充实公司设立的赔偿基金。[①]

其次,英国石油公司还借助于承包商、供应商之间的协议来分散赔偿责任。深水地平线钻井平台是由瑞士越洋钻探公司出租给英国石油公司的。英国石油公司认为事故发生的原因在于安全设备的失灵,因此越洋钻探公司要承担责任。哈里伯顿公司是负责提供套管封堵服务的承包商,卡梅隆国际负责提供防喷器。英国石油公司认为它们应该为事故负责。因此,英国石油公司可以借助于合同中的条款要求供应商和服务商承担赔偿责任。除了利用合作伙伴业务条款中的责任分担规定来分散赔偿责任外,英国石油公司也利用专业自保公司来应对赔偿风险。英国石油公司设有木星保险公司,承担事故中 7 亿美元限额的赔偿责任。木星保险公司再通过购买再保险产品来分散自己的保险责任。安纳达科公司

---

① 姜明军、叶研、李志刚:《BP 公司处理墨西哥湾漏油纠纷的经验与启示》,载《国际石油经济》2015 年第 8 期。

也购买了商业保险,其保险额度为1.775亿美元。瑞士越洋钻探公司也为深水地平线购买了商业保险,投保额为5.6亿美元。此外,瑞士越洋钻探公司还持有9.5亿美元的额外责任保险以应对可能的第三方诉讼。卡梅隆国际购买了5亿美元的责任保险,可用于责任赔偿。

最后,除了利用保险市场分散赔偿风险和责任之外,英国石油公司也充分利用公司内部结构来合理配置赔偿责任,减少损失。为了减少漏油事故对公司财务的冲击,英国石油公司尽可能充分利用美国税法上的税前扣除政策,由设在美国的公司或其他从事石油作业和管理的子公司来应诉和赔偿。按照美国的有关法律规定,如果英国石油公司将漏油责任限制和维持在实施钻井作业的美国子公司层面,就可以将子公司承担的清污费用、赔偿费用列为税前扣除项目。英国石油公司在2010年第二季度财报中,共列举了98亿美元的税前累计扣除项目,主要是清污、赔偿以及油品清洁重置的费用。[①] 对于英国石油公司来说,让直接责任主体或者低层级的公司来承担责任有助于减少对母公司的影响,避免将母公司置于责任主体的位置,导致母公司面临较大的司法诉讼压力。通过转移赔偿责任,英国石油公司作为母公司可以有更多的空间调配资源来应对赔偿,并将经济损失降低到最小程度。

第五节 美国事故受害人救助政策的启示

一个结构良好的事故赔偿体系关键的问题就是如何平衡好多元利益主体之间的权益。对于政府来说,维护公共利益、确保法律认可的公民权益得到维护、避免事故破坏市场秩序是应对工业事故的最终目标。对于企业来说,承担责任、救助雇员、建立安全管理体系、维护社会信誉是生产事故发生后企业危机管理的核心诉求。对于受害者来说,如何通过有效

---

① 李志刚:《墨西哥湾漏油事故各方赔偿责任划分分析及启示》,载《国际石油经济》2010年第8期。

的渠道获得及时的赔偿和救助,尽快摆脱事故带来的困境,减少人身、财产和精神伤害是理性的诉求。对于与事故有关的商业机构来说,明确自己的责任、减少事故带来的影响和损失,避免因事故引发不确定性的司法纠纷意味着必须在合理的范围内承担责任,减轻社会损失。这些多元的利益主体都依照理性和法律来主张事故善后的赔偿过程中的己方权利、他方义务,从而形成了错综复杂的利益关系。没有一套健全的法律体系来规范这一复杂的利益关系,必将使政府、责任企业、受害者和其他的商业主体、社会组织陷入旷日持久的争端和诉讼中。尤其是涉及大规模侵权责任事故发生后的赔偿问题,已有足够的案例表明这种赔偿可能面临的复杂性以及对社会带来伤害的持久性。经过一百多年的发展,美国已经形成一套以法律为纽带、以市场分散风险为核心、以利益平衡为原则的事故赔偿体系,较好地解决了责任人与受害者、个人利益与公共利益之间的矛盾和冲突。

  在生产安全事故的赔偿过程中,政府的功能在于通过制度供给为特定的利益群体提供指引,而较少地通过公共财政支出履行赔偿和救治义务。美国是一个以普通法原则来调节利益关系的国家。尽管美国早期的"无过错无责任"事实上导致了事故受害者难以得到有效的救济,但美国联邦政府并不是通过直接财政支出的形式来弥补这一制度缺陷,而是通过不断的实验来寻求解决问题的办法。此后的一百多年,美国联邦政府和各州政府相继试过不同的事故赔偿途径,最终于20世纪初建立了以工伤保险为基础、商业保险相配套的事故赔偿体系。通过强制性的工伤保险立法,美国联邦政府和各州政府在公共利益与私人利益之间寻求平衡,即通过社会保险制度的形式来明确政府、雇主、雇员以及商业保险机构的责任,实现各方之间的利益平衡,帮助事故受害者减轻事故损害。事实上,回顾美国一百多年事故赔偿政策的发展历程,有一点非常明确:无论是联邦政府还是各州政府都没有通过公共财政支出的方式赔偿和救助事故受害者。毕竟,无论是从宪法的角度还是从普通侵权法的角度,政府并

第六章 美国事故受害人赔偿政策分析

无权力运用公共财政介入事故损害这一私人领域。

美国已经建立一个多元的保险赔偿体系,并借助于复杂的市场机制成功实现了风险分散和责任分担。美国生产事故的赔偿体系即使在面临大规模侵权事故的情况下,也能有效地运用风险管理的手段应对损害,既能够有效地履行赔偿责任,又降低了事故对市场经济体系的冲击。无论是运用商业保险市场或者再保险市场,还是运用协作伙伴间的协议或者内部治理结构,市场中的商业机构都已经意识到只有借助于良好的市场机制才能应对不确定性,从而避免在事故发生后引发的企业生存危机。这一风险分散和责任共担的市场机制既是现代契约下不同市场主体之间的风险共识,也是确保一次事故不会摧毁市场主体的有效"互保互助"的办法。任何一个企业在面临现代社会的不确定性时,无论它的规模有多大、经济实力有多雄厚,都可能面临始料未及的大规模侵权责任。在美国法治意识强烈、司法诉讼成本高昂、赔偿诉求经常是巨额的情况下,企业不可能依赖自身的力量来应对这种不确定的后果。在美国一百多年对事故赔偿的试验中,商业保险、互助保险、自保公司以及大规模赔偿基金都见证过事故赔偿的繁荣和衰落,最终发现任何一种市场机制都无法"单打独斗",必须形成合力才能应对不确定性。在这一点上,商业保险市场不应该只看到竞争性,还应该看到合作性。只有寻求竞争性与合作性之间的平衡,商业市场才能把不确定性带来的损害降低到最小的程度。

美国事故赔偿发展的历史和经验证明,事故赔偿的制度变迁离不开政治家、法律工作者、新闻记者以及管理专家的参与。赔偿体系的实验过程实际上是不断地试错的过程,从而可以让不同的政治家、法律工作者、新闻记者和管理者的思想、观点得以展现。美国事故赔偿立法创制的过程表明,只有通过自由的讨论、不同思想的碰撞、不同方式的实践才能引起社会关注,逐渐形成共识并最终在共识的基础上建立对全社会来说属于"良治"的事故赔偿结构。这个过程并不能完全期待政治家独立承担责任,更为重要的是所有的社会主体都能够关注到社会进程中的事故这一议题,理性地思考和讨论不同利益相关方的责任以及如何来救助事故受害者。在19世纪中期至20世纪初,美国关于事故赔偿的社会讨论可谓"热火朝天":一方面,新闻不断地展示美国工业事故的严重性和受害者的无助;另一方面,通过不同的政治行动主体的互动,不断地推出新的方案来应对事故赔偿的社会需求。无论是联邦政府还是州政府,都将事故伤害这一议题看作政治议题,从而开展了不同的赔偿方案实验。经过半个多世纪的演进,美国最终建立了以工伤保险为基础、商业保险为核心的事故赔偿体系,并借助于复杂的市场机制实现了风险分散和责任分担,重塑了生产事故中雇主与雇员、雇员与工会组织、商业保险公司与雇员、雇员与国家、商业保险公司之间的多种关系,建立了现代化的工业事故合作赔偿体系。

美国是全世界工业安全管理的典范,已经形成了一套有效的事故赔偿风险分散和责任分担体系。在两百多年的制度演进过程中,美国政府的核心职能在于通过制度供给为所有的社会主体提供利益表达、利益博弈和利益协调的结构。总的来看,将社会保险、商业保险、行业保险与大规模赔偿基金等多元方式"揉"在一起,为美国化解不同类型、不同规模的事故赔偿提供了多种选择手段。这套多元的赔偿制度,既可以为受害者提供司法救助,又可以为受害者避免旷日持久的司法诉讼提供其他的选择。更为重要的是,无论政府、企业还是受害者,对自我的利益有一个理性的认知,以"合作"作为一些行动的出发点。在这一点上,我们看到即使是大规模损害事件,也往往能够取得各方都满意的效果,以最小的社会成本换来多方的"共赢"。

第七章

突发公共卫生事件救助政策分析：中国经验

突发公共卫生事件是指突然发生，造成或者可能造成社会公众健康严重损害的重大传染病疫情、群体性不明原因疾病、重大食物和职业中毒以及其他严重影响公众健康的事件。① 频繁发生的突发公共卫生事件不仅给公众的身体健康带来严重损害，也给家庭和社会带来严重的医疗支出问题。作为社会面临的公共风险，如何通过医疗卫生救助来救治和帮扶受害者，在保障公众健康权的同时，使他们能够不因病致贫、因病返贫是公共卫生应急管理的基本目标。

第一节 突发公共卫生事件救助需求大

按照法律法规规定，公共卫生事件可以大致归为五类：传染性疾病、群体性不明原因疾病、集体食物中毒、职业病以及其他可能影响公众健康的事件。在人类历史上，传染病是危害社会健康的主要因素。我国法律规定，传染病分为甲、乙、丙三类。鼠疫、霍乱因为传染性高、危害性大，属于甲类传染病；传染性非典型肺炎、艾滋病、病毒性肝炎、脊髓灰质炎、禽流感、麻疹、出血热、狂犬、乙脑、登革热、炭疽、肺结核等 26 种传染性疾病为乙类传染病；流感、腮腺炎、风疹、结膜炎、麻风病等 11 种疾病属于丙类

---

① 《突发公共卫生事件应急条例》第 2 条。

传染病。① 历史上,各种类型的传染病对人类社会造成严重的危害和破坏。据统计,整个 20 世纪共有 1.1 亿人死于战争,而死于各种传染性疾病的人数共约 14 亿人。② 在发展中国家,受到经济发展水平、卫生状况、医疗水平以及疾病观念等因素的影响,每年约有 1700 万人死于各种传染性疾病。

在历史上,我国深受各种传染性疾病的影响。例如,在 19 世纪中叶云南、贵州、广西等地发生了鼠疫,共计造成 500 万人死亡。③ 明朝末年和清朝末年,华北地区相继发生两次鼠疫,共计造成约 1000 万人死亡,对当时的政治和社会带来严重的破坏,加速了明、清王朝的灭亡。④ 在中华民国时期,各种传染病也造成了严重的人口减少。根据 1900 年到 1949 年的不完全统计,全国鼠疫发病人数达 1155884 人,死亡 1028808 人,鼠疫波及 20 个省、自治区的 549 个县。在 1939—1947 年的 8 年间,全国霍乱发病人数达 81510 人,死亡人数计 11762 人。⑤ 1933—1944 年全国天花发病人数约 38 万人,1950 年在湖南岳阳地区调查,居民患天花的占 13.6%。此外,其他传染性疾病在不同的地方也呈现多发态势。1926 年,上海、镇江、杭州等地爆发脑膜炎疫情;1931—1937 年,四川相继发生天花、伤寒、赤痢、白喉等传染性疾病;1932 年,热河爆发霍乱疫情;1932 年,兰州发生霍乱疫情。上海的天花流行比较频繁,仅 1926—1949 年的

---

① 《传染病防治法》第 3 条。
② World Health Organization,World Health Report 2000,Geneva,WHO,2000.
③ Carol Benedict,*Bubonic Plague in Nineteenth-Century China*,Stanford University Press,1996.
④ 对明末、清末的鼠疫的探究可参见曹树基:《鼠疫流行与华北社会的变迁:1580—1644 年》,载《历史研究》1997 年第 1 期;曹树基、李玉尚:《鼠疫流行对近代中国社会的影响》,载《自然灾害与中国社会历史结构》,复旦大学出版社 2001 年版;李玉尚、曹树基:《咸同年间的鼠疫流行和云南人口的死亡》,载《清史研究》2001 年第 2 期。
⑤ 《20 世纪 50 年代新中国传染病防治工作的历史考察》,http://www.hprc.org.cn/gsyj/yjjg/zggsyjxh_1/gsnhlw_1/d12jgsxslw/201310/t20131019_244940.html。

23 年间,就发生了 6 次较大疫情。① 1937 年,上海爆发的天花疫情非常严重,每 10 万人中就有 197 人死亡,是民国时期上海疫情死亡率最高的年份。中华人民共和国成立以来,我国各地仍面临着各种传染性疾病的威胁,如霍乱、天花等传染性疾病严重威胁到人民群众的安全。经过超半个世纪公共卫生体系的建设,尤其是以预防为中心的公共卫生防疫体系的建立,有效地消灭了天花、霍乱、鼠疫等危害性大的传染性疾病,总体上各种传染性疾病对人民群众的健康威胁已经大大降低。

一般来说,各种传染性疾病造成的危害与社会经济发展水平和人口密度呈正相关关系。经济发达的城市和沿海地区人口密度高,流动性大,一旦发生传染性疾病,造成的危害比较大。② 近年来,非典型肺炎、高致病性禽流感、H7N9 流感以及鼠疫等一系列传染性疾病往往对经济发达国家和地区的密集人群带来较大规模的感染和破坏。2003 年,我国爆发了遍及全国的非典型肺炎疫情,包括医务人员在内共计有 5327 人感染,造成 349 人死亡,直接经济损失 179 亿元人民币。我国香港地区共计有 1755 例病例报告,共计造成 299 人死亡,直接经济损失 120 亿美元。③ 2004 年,我国发生高致病性禽流感疫情,共计造成 31 人感染、21 人死亡。2009 年,世界各国相继发生 H1N1 流感疫情。截至 2010 年 8 月 29 日,我国内地 H1N1 流感感染病例共计 118096 例,死亡 805 例。④ 2010 年,我国丙类传染病共报告发病 3224030 例,死亡 968 人。

尽管目前我国已经基本建立了有效的公共卫生预防和控制体系,但是各类传染病仍然严重威胁着公众的生命和健康。从统计数据来看,在

---

① 王育民、薛文华、姜念东主编:《中国国情概览》,吉林人民出版社 1991 版,第 592—593 页。

② 余新忠:《清代江南的瘟疫与社会:一项医疗社会史的研究》,北京师范大学出版社 2014 年版,第 301 页。

③ 《胡鞍钢称 SARS 令中国经济损失达一百七十九亿美元》,http://www.chinanews.com/n/2003-11-11/26/367179.html。

④ 薛澜、曾光等:《防控"甲流":中国内地甲型 H1N1 流感应对评估》,社会科学文献出版社 2014 年版,第 51 页。

我国历年各类传染病发病数报告中居前5位的病种依次为手足口病、其他感染性腹泻病、流行性腮腺炎、急性出血性结膜炎和流行性感冒,占报告发病总数的98.5%。报告死亡数居前3位的病种依次为手足口病、其他感染性腹泻病和流行性感冒,占报告死亡总数的98.7%。丙类传染病报告发病率为241.55/10万,死亡率为0.07/10万。[①] 2011—2014年,统计数据显示因各类传染病导致的死亡人数约16000人左右(见表7-1)。国家卫计委公布的数据显示,2015年上半年丙类传染病报告发病总数为1659201例,6个月合计发病数最多的疾病为手足口病,发病总数984699例,占全国丙类传染病报告发病总数的59.3%。第二位为其他感染性腹泻病,6个月合计发病总数为431946例,占全国丙类传染病报告发病总数的26%。两者合计占丙类传染病报告发病总数的85.3%。[②]

表7-1 2011—2014年我国传染性疾病报告人数统计表

指标	2014年	2013年	2012年	2011年
病毒性肝炎发病人数(人)	1223021	1251872	1380800	1372344
肺结核发病人数(人)	889381	904434	951508	953275
梅毒发病人数(人)	419091	406772	410074	395182
细菌性和阿米巴性痢疾发病人数(人)	153585	188669	207429	237930
淋病发病人数(人)	95473	99659	91853	97954
猩红热发病人数(人)	54247	34207	46459	63878
布鲁氏菌病发病人数(人)	57222	43486	39515	38151
艾滋病发病人数(人)	45145	42286	41929	20450
伤寒和副伤寒发病人数(人)	13768	14136	11998	11798

---

① 《2010年我国卫生事业发展统计公报》。
② 数据均来自国家卫计委疾病预防控制局网站。

(续表)

指标	2014 年	2013 年	2012 年	2011 年
流行性出血热发病人数（人）	11522	12810	13308	10779
麻疹发病人数（人）	52628	27646	6183	9943
甲型 H1N1 流感发病人数（人）			1072	9360
血吸虫病发病人数（人）	4212	5699	4802	4483
疟疾发病人数（人）	2921	3896	2451	4088
百日咳发病人数（人）	3408	1712	2183	2517
狂犬病发病人数（人）	924	1172	1425	1917
乙脑发病人数（人）	858	2178	1763	1625
新生儿破伤风发病人数（人）	426	492	656	785
钩端螺旋体病发病人数（人）	498	353	440	396
炭疽发病人数（人）	248	193	237	309
流脑发病人数（人）	170	213	195	228
登革热发病人数（人）	46864	4663	575	120
霍乱发病人数（人）	24	53	75	24
脊髓灰质炎发病人数（人）				20
鼠疫发病人数（人）	3		1	1
人感染高致病性禽流感发病人数（人）	3	2	1	1
死亡人数汇总	15924	16261	16721	15264

数据来源：《2013 年中国统计年鉴》，http://www.stats.gov.cn/tjsj/ndsj/2013/indexch.htm；《2014 年中国统计年鉴》，http://www.stats.gov.cn/tjsj/ndsj/2014/indexch.htm；《2015 年中国统计年鉴》，http://www.stats.gov.cn/tjsj/ndsj/2015/indexch.htm。

除了传染性疾病之外,食物中毒是威胁公众健康的另外一个主要因素。一方面,各种不合格产品严重损害了公众健康,如"毒奶粉""毒豆芽""毒火腿""毒海带""毒粉丝""毒瓜子""毒鸭蛋"等食品安全事件频发;另一方面,工厂、学校、餐饮企业等单位食物中毒事件也时有发生,对特定群体的健康造成损害,如2002年南京汤山投毒案、2009年深圳比亚迪投毒案、2010年四川眉山特大投毒案等烈性案例造成较大的人员伤亡。① 各种场所的食源性疾病也威胁着人民群众的健康。2011年,全国共报告场所食源性疾病809起,14057人中毒;2012年,全国共报告场所食源性中毒事件917起,13679人中毒。② 最为典型的是发生于2008年的三鹿奶粉事件。由于不法商家非法添加三聚氰胺,造成全国近30万婴幼儿因食用奶粉引发泌尿系统疾病。③ 各类食物中毒事件已经成为威胁公众健康的严重问题。

除了食物中毒事件之外,职业病问题也对公众健康造成严重伤害。根据卫生部职业病防治工作情况的年度通报,截至2013年底,全国累计报告职业病83.37万例,其中累计尘肺病75.03万例。④ 在各种职业病中,尘肺病、矽肺病等职业病每年都位居病例报告首位。统计显示,2005—2014年新增尘肺病例每年都在增长,由2005年的12212例增长至2014年的26873例。除了尘肺病外,急性职业中毒、慢性职业中毒也对公众特别是厂矿工人造成严重健康损害。统计显示,2005—2014年,急性职业中毒病例每年约600例,慢性职业中毒人数约1000例(见表7-2)。

---

① 童文莹:《中国突发公共卫生事件管理模式研究》,社会科学文献出版社2012年版,第3—4页。

② 数据来源:《2013年中国卫生统计年鉴》,http://www.nhfpc.gov.cn/htmlfiles/zwgkzt/ptjnj/year2013/index2013.html。

③ 《三鹿奶粉事件民事赔偿方案浮现》,http://www.caijing.com.cn/2008-12-27/110043015.html。

④ 《当前我国职业病危害接害人数逾2亿》,http://news.xinhuanet.com/politics/2015-06/19/c_127933401.htm。

表 7-2　我国新增职业病年度报告统计(2005—2014)

统计指标\年份	2005	2006	2007	2008	2009
尘肺病例(人)	12212	8783	10963	13744	14495
急性职业中毒(人)	613	467	600	/	552
慢性职业中毒(人)	1379	621	1638	/	1912
统计指标\年份	2010	2011	2012	2013	2014
尘肺病例(人)	23812	26401	24206	23152	26873
急性职业中毒(人)	617	590	601	637	486
慢性职业中毒(人)	1417	1541	1040	904	795

数据来源:卫生部(卫计委)职业病防治工作年度通报(2005—2014)。

各种突发公共卫生事件不仅对公众生命健康权益造成严重损害,还给受害者家庭带来沉重的医疗支出负担。高额的医疗卫生费用很可能将患病家庭拖入债务深潭,"因病致贫""因病返贫"已经成为我国贫困人口形成的一个重要原因。根据我国政府发布的统计数据,近年来我国住院病人的人均费用持续走高,由 2008 年人均 5234.1 元升至 2012 年的 6980.4 元。一次性住院病人的人均支出约占城镇居民家庭人均可支配收入的比重一直维持在 30% 以上,成为家庭支出的重要内容(见表 7-3)。世界卫生组织的报告表明,我国家庭中发生灾难性卫生支出的比例为 13%,致贫比率为 7.5%,家庭中有住院病人、老年人和慢性病人以及居住在农村或者贫困地区的家庭都面临着较高的灾难性卫生支出压力。整体上看,我国居民抵御疾病风险的能力较弱。[1] 医疗负担过重已经成为公众高度关注的社会问题和政府高度关注的民生问题。近年来,各级政府不断完善医疗卫生体制改革、加大卫生事业财政支出规模来减轻公众的医疗负担,取得了一定的效果。2012 年,住院病人人均费用支出占家

---

[1] 李叶等:《中国灾难性卫生支出和因病致贫影响因素分析》,载《世界卫生组织简报》2012 年第 90 期,http://www.who.int/bulletin/volumes/90/9/12-102178-ab/zh/。

庭人均可支配收入的比重降低到29%。

表7-3 住院病人平均费用占家庭人均可支配收入比重(2008—2012)

年份	住院病人人均费用(元)	城镇居民家庭人均可支配收入(元)	住院人均支持占家庭可支比(%)
2008	5234.1	15878.0	33
2009	5684.0	17184.7	33
2010	6193.9	19109.4	33
2011	6632.2	21809.8	31
2012	6980.4	24564.7	29

数据来源:《2013年中国卫生统计年鉴》,http:/www.nhfpc.gov.cn/htmlfiles/zwgkzt/ptjnj/year2013/index2013.html。

第二节 中国突发公共卫生事件医疗保障和救助政策

不同的医疗诊疗服务具有一定的竞争性和排他性,并不完全属于公共产品,不同的社会成员服务需求差异大导致医疗服务价格也高低不同。如果将医疗保障视为个人消费品,那么势必因个人和家庭的经济能力大小决定了疾病风险的后果不均衡分配。[①] 对于各国医疗卫生体系,世界卫生组织提出以公平、效率、透明、可及性和适用性来衡量,表明政府在医疗卫生领域应该承担更多的责任。

一、我国城乡基本医疗保险制度的演变

经过数十年的发展,我国已经基本建成了城镇职工基本医疗保险、城镇居民基本医疗保险、农村居民新型合作医疗保险、商业医疗保险和医疗

---

① 田军:《医疗保障制度中的政府责任》,载《上海师范大学学报(哲学社会科学版)》2008年第6期。

第七章 突发公共卫生事件救助政策分析:中国经验

救助相结合的医疗保障体系,在应对各种突发公共卫生事件过程中发挥关键性的保障功能,确保患者能够得到及时救助,避免患者家庭遭遇"因病返贫""因病致贫"问题。

长期以来,受制于城乡二元的社会结构,我国在城镇和乡村地区实行不同的医疗保障制度。在城镇地区,由政府或者国有企业通过免费医疗和劳保医疗体系为企事业单位职工提供全额医疗保障;在农村地区,实行了合作医疗制度即通过集体资源的配置来实行面向小群体的医疗保障政策体系。无论是城镇地区还是农村地区,医疗保障都坚持"低水平、广覆盖"的原则来提供医疗保障服务。医疗保障俨然成为一个"单位人"或者"集体人"的显性福利。这种制度逻辑支配下的医疗保障体系具有典型的政府主导特征。政府主导体现在政府通过政策供给和严格的监管来实施医疗保障服务,而缺乏公共财政的制度供给。[1] 在这种结构中,不同地区、不同单位的医疗保障水平差异很大,不同单位之间的医疗保障负担也不同。因此,必须重构我国的医疗保障体系来解决传统医疗保障体系的制度性障碍,即改变单位或集体承担医疗成本的做法,引入个人、单位和社会共同承担医疗成本的医疗保险体系,建立覆盖全部人口的社会保障网来应对医疗卫生救助需求。[2]

按照私人财政和市场机制的逻辑构建面向全体公众的新型基本医疗保险体系成为当代我国城乡医疗保障制度的基础。我国职工医疗保障制度始于20世纪50年代初期,包括机关事业单位的公费医疗制度和国营企业劳保医疗制度。1998年,国务院下发了《关于建立城镇职工基本医疗保险制度的决定》,以城镇人口为保障对象建立新型城镇医疗保险体系。1998年底,社会统筹和个人账户相结合的城镇职工基本医疗保险制度全面实施。按照新的城镇职工医疗保险的制度安排,实行社会统筹与

---

[1] 张奇林:《制度的逻辑与悖论:我国医疗保障制度改革的回顾与展望》,载《学术研究》2009年第2期。

[2] 赵曼、潘常刚:《医疗保障制度改革30年的评估与展望》,载《财政研究》2009年第2期。

个人账户相结合的模式,依循"低水平、广覆盖、双方负担和统账结合"的原则运行。享受职工医疗保险的个人按照一定的工资比例缴纳的医疗保险费用,其所在单位缴纳的一部分医疗保险费用作为医疗保险基金的收入来源。《社会保险法》第23条规定,职工应当参加职工基本医疗保险,由用人单位和职工按照国家规定共同缴纳基本医疗保险费。用人单位按本单位从业人员月工资总额的5%—7%缴纳,从业人员缴纳基本医疗保险费费率不低于本人月工资总额的2%。医疗保险基金则按照个人账户和社会统筹基金两部分分别列支。对于因大病导致的超过最高支付限额的医疗费用,机关、事业单位和企业按照不同的方式分别给予补助或者补充医疗保险。

2007年7月,针对城镇非从业人员的城镇居民基本医疗保险在全国79个试点城市铺开。城镇居民基本医疗保险遵循自愿原则,实行个人缴费和政府补贴相结合的缴费方式。各个地区按照不同的年龄段,针对在读学生、老人、其他非从业人员制定不同的筹资标准和个人缴费比例。不同省份、不同地区和不同群体之间的缴费标准存在较大的差异。针对不同人群,各地政府也会采取不同的缴费补贴额度,从190元至500元不等。城镇居民医疗保险的待遇水平一般低于职工医疗保险保障水平,主要针对住院和门诊大病。不同省份、不同地区会根据城市居民上一年度的收入水平、该地区的医疗支出水平以及平均住院费用等因素,拟定适合本地区的城镇居民医疗支付限额。[①] 目前,针对城镇居民的医疗保障的最高支付限额已经提高到当地居民可支配收入的6倍左右。

在农村地区,合作医疗制度是我国自行探索的、有中国特色的互助共济型医疗保障制度,在保障农村地区居民的医疗卫生服务、解决医疗卫生负担方面发挥了巨大的作用。农村的合作医疗制度曾经覆盖了农村人口的90%以上,成为我国医疗保障体系的重要组成部分。但是,随着农村

---

① 王鑫、黄枫、吴纯杰:《城镇居民医疗保险补偿率和疾病风险研究》,载《社会科学家》2014年第10期。

第七章 突发公共卫生事件救助政策分析:中国经验

改革的深入推进、流动人口的大量增加、集体经济的衰落以及农村医疗人才的流失等因素,合作医疗制度在20世纪80年代之后逐渐走向没落。2002年10月,为了改革和完善农村的医疗保障体系,中共中央、国务院下发了《关于进一步加强农村卫生工作的决定》,要求建立以大病统筹为主的新型农村合作医疗制度,提出"到2010年建立基本覆盖全体农村居民"的医疗保障体系的战略目标。2003年,国务院出台了《关于进一步做好新型农村合作医疗试点工作的指导意见》,要求各级财政加大对农村合作医疗的财政补助,不断扩大合作医疗的覆盖面。按照新型合作医疗制度的规定,凡是属于农业户口的人员,以自愿为原则,以户为单位,实行"一村一册、一户一证、凭证就诊"的管理办法,实行个人缴费、集体扶持、政府资助的筹资机制建立农村新型医疗保障体系。①

经过十多年的改革和完善,我国已经建立了城镇职工医疗保险、城镇居民医疗保险、新型农村合作医疗保险组成的基本医疗保障体系。截至2012年底,全国共有2.6467亿人纳入城镇职工基本医疗保险体系,2.7122亿人纳入城镇居民基本医疗保险体系,8.05亿人纳入新型合作医疗保险体系。农村新型合作医疗保险体系参合率由最初的75.66%升至98.26%,基本实现了全覆盖。人均筹资也由最初的42.10元增加到308.50元,补偿受益人次为17.45亿人。② 医疗保障体系的建设将日常医疗纳入医疗保险体系,实现了个人、单位和社会的统筹,有效地减轻了患者的医疗负担,提高了医疗服务的水平。研究表明,如果没有基本医疗保险,居民住院医疗支出占其收入比重高达56%;各地区实施基本医疗保险制度后,住院医疗支出占家庭收入的比重降低到32%—40%,医疗负担的降低幅度为29%—44%。③

---

① 施锦明:《论我国医疗保险制度的实践与创新》,载《东南学术》2012年第4期。
② 国家卫生和计划生育委员会编:《中国卫生和计划生育统计年鉴2013》,中国协和医科大学出版社2013年版。
③ 王鑫、黄枫、吴纯杰:《城镇居民医疗保险补偿率和疾病风险研究》,载《社会科学家》2014年第10期。

二、中国城乡医疗救助制度的演变

尽管我国已经建立全面覆盖的基本医疗保险体系,但是疾病负担对家庭造成的灾难性医疗支出问题仍然是我国部分人口因病返贫、因病致贫的直接原因。大病冲击导致的医疗经济负担一直处在较重的水平,住院自费费用约占整个家庭年总支出的比重16%以上。家庭收入水平越低,医疗经济负担越重,越可能发生因大病导致的灾难性医疗支出。[①] 因此,在基本医疗保险体系给予医疗保障的基础上,针对特定人群实施医疗救助对于减轻和缓解灾难性医疗支出对部分家庭造成的医疗负担成为我国社会保障制度的重要组成部分。

医疗救助是指国家和社会针对那些因为贫困而没有经济能力进行治病的公民提供专门的帮助和支持,通过医疗机构针对贫困人口的患病者实施的恢复其健康、维持其基本生存能力的救治行为。早在2003年我国就建立了针对农村"五保户"、贫困家庭以及地方政府规定的其他符合条件的农村贫困农民的医疗救助制度。农村的医疗救助制度主要针对三类对象:那些参加新农合后个人医疗负担仍然过高,影响家庭基本生活的农村居民;患大病后个人负担难以承受,影响家庭基本生活的居民;国家规定的专项传染病救治对象。各级地方人民政府自筹建立医疗救助基金,通过财政拨款、社会各界自愿捐助等途径多渠道筹集资金。救助的基本方式是地方政府按照当地经济发展水平和医疗支出水平,制定救助标准,经过申请、审批后由乡镇人民政府直接发放救助金。[②] 县级人民政府应该在社会保障基金财政专户中建立"农村医疗救助金专账",用于办理汇集、核拨和支付等业务;民政部门设立"农村医疗救治基金专账",用于办理自己的核拨、支付和发放业务。农村医疗救助基金必须坚持专款专用,

---

[①] 周钦、臧文斌、刘国恩:《医疗保障水平与中国家庭的医疗经济风险》,载《保险研究》2013年第7期。

[②] 《民政部、卫生部、财政部关于实施农村医疗救助的意见》(民发〔2003〕158号)。

不得提取管理费,任何单位不得截留、挤占和挪用该笔款项。[①] 2005 年,城市也开始实行医疗救助制度,城市居民最低生活保障对象中未参加城镇职工基本医疗保险人员、已参加城镇职工基本医疗保险但个人负担仍然较重的人员和其他特殊困难群众,都可以按照规定获得相应的医疗救助。[②]

在多年实践的基础上,财政部、卫生部在 2013 年出台的《城乡医疗救助基金管理办法》中规定,首先确保资助救助对象全部参加基本医疗保险,其次对经基本医疗保险、大病保险和商业保险等补偿后,救助对象仍难以负担的、符合规定的医疗费用给予补助。补助以住院救助为主,同时兼顾门诊救助。[③] 随后,2014 年出台的《社会救助暂行办法》规定,医疗救助主要用于以下几个方面:补贴参加城镇居民基本医疗保险或新型农村合作医疗的个人缴费部分;救助对象经基本医疗保险、大病保险、其他补充医疗保险支付后,个人及其家庭难以承担的符合规定的基本医疗自付费用。对于需要急救但是身份不明或者无力支付急救费用的急重危伤病患者给予救助,所需经费由疾病应急救助基金支付。[④] 2015 年,国务院出台了新的医疗救助工作办法,整合了城市和农村的医疗救助制度,合并了社会基金财政专户中的"城市医疗救助基金专账"和"农村医疗救助基金专账",统筹使用城乡医疗救助基金,确保城乡困难群众获得医疗救助的权利公平、机会公平、规则公平和待遇公平。新的办法规定,最低生活保障家庭成员和特困供养人员是医疗救助的重点救助对象,逐步将低收入家庭的老年人、未成年人、重度残疾人和重病患者纳入救助范围。救助方式主要包括参加基本医疗保险的保费补贴、长期慢性病或特大疾病的门

---

① 《农村医疗救助基金管理试行办法》第 3、9 条。
② 《民政部、卫生部、劳动保障部、财政部关于建立城市医疗救助制度试点工作的意见》(国办发〔2005〕10 号)。
③ 《财政部、民政部关于印发〈城乡医疗救助基金管理办法〉的通知》(财社〔2013〕217 号)。
④ 《社会救助暂行办法》第 29、32 条。

诊治疗救助、在政策范围内的住院费用经报销后的个人负担费用救助。①至此,各个地区逐渐形成了医疗救助制度与基本医疗保险制度相衔接,通过基本医疗保险实现医疗成本分担、通过医疗救助对特定群体进行财政兜底救助的医疗保障体系。

十多年来,城乡医疗救助制度对于特定人员的医疗救助和帮扶发挥了积极的作用。2005年,全国各地城镇人口共有115万人次获得医疗救助,各级财政共支付3.2亿元用于救助各类城镇人口,各级财政共支出5.7亿元用于农村地区的医疗救助。2008年,全国各地共资助医疗救助120.31万人次,其中城镇医疗救助基金资助44.3万人次,农村医疗救助基金资助75.95万人次。2008年,各级地方财政设立的医疗救助资金共资助各类人群参加基本医疗保险4074万人次,各级政府医疗救助基金共计支出68亿元。至2012年底,全国医疗救助基金共救助城乡受助人员2173万人次,资助参加基本医疗保险5877万人次,共支付各类医疗救助金203.79亿元(见表7-4)。统筹城乡医疗救助基金,实现城乡公平、公正的医疗救助有效地提高了受助人口,尤其是农村受助人口的医疗救治水平,降低了医疗负担,特别是灾难性医疗支出对家庭经济生活的影响,取得了较好的社会效果。例如,2015年1—9月重庆市共支出医疗救助金5.98亿元,救助361.7万人次,低保对象、特困供养人员、孤儿、重点优抚对象、重度残疾人、建档困难群众、在校贫困大学生、因病致贫家庭重病患者等9类困难群体195万人得到医疗救助,涵盖普通疾病医疗救助、重大疾病医疗救助(包括癌症等22类特大疾病、儿童急性白血病和先天性心脏病以及特殊病种以外的大额医疗费用疾病)。② 云南省梁河县2015年1—7月城乡医疗救助资金共支出410.25万元,救助4039人次,人均救

---

① 《民政部、财政部、人力资源和社会保障部、卫生计生委、保监会关于进一步完善医疗救助制度全面开展重特大疾病医疗救助工作的意见》(国办发〔2015〕30号)。
② 《重庆市统筹推进城乡医疗救助取得新进展》,http://www.cq.gov.cn/zwgk/zfxx/2015/11/25/1404195.shtml。

助水平达到 1016 元,有效地缓解了特殊困难的救助对象看病难问题。①

表 7-4 2005—2012 年民政部门医疗救助情况统计表

年份	城市医疗救助统计			农村医疗救助统计		
	医疗救助人次	资助参加基本医疗保险人次	费用（万元）	医疗救助人次	资助参加基本医疗保险人次	费用（万元）
2005	1150000		32000.0			57000.0
2008	4436000	6426000	297000.0	7595000	34324000	383000.0
2009	41037125	10958912	412043.1	7299800	40591380	646245.8
2010	4600756	14612455	495203.0	10192429	46154190	834810.0
2011	6721549	15498059	676408.4	14718336	48252969	1199610.4
2012	6898816	13871473	708801.6	14837582	44904129	1329104.8

数据来源:国家卫生和计划生育委员会编:《中国卫生和计划生育统计年鉴 2013》,中国协和医科大学出版社 2013 年版。

三、日益增长的商业医疗保险体系

尽管我国已经建立了以城镇基本医疗保险、新型农村合作医疗保险以及城乡医疗救助相结合的医疗保障体系,以城乡统筹、费用共担的原则解决了医疗救助难题,但我国医疗保障仍然面临着巨大的缺口,尤其是重大疾病保障等方面的保障力度较低,大病致贫、慢性病致贫的问题还比较突出。研究报告显示,我国医疗保障的缺口 2014 年约 122 亿美元,2020

---

① 《梁河县城乡医疗救助工作取得明显成效》,http://www.mof.gov.cn/xinwenlianbo/yunnancaizhengxinxilianbo/201509/t20150921_1468404.html。

年将达到 730 亿美元。[①] 单纯依赖于公共财政支持的社会医疗保险体系和医疗救助体系难以应对进入老龄化社会以后规模越来越大的医疗支出需求，必须发挥商业保险市场，尤其是商业医疗保险在医疗保障和救助中的补充性作用，才能解决社会医疗保险保障力度不足的问题。

  按照 1998 年国务院颁布的《关于建立城镇职工基本医疗保险制度的决定》，商业医疗保险作为补充医疗保险是我国医疗社会保障体系的重要组成部分。商业医疗保险是指商业保险组织根据医疗保险合同约定，以人的身体为保障对象，向投保人收取保险费，建立保险基金，对于合同约定的医疗事故因其发生所造成的医药费损失承担给付保险金责任的一种合同行为。商业医疗保险具有营利性、竞争性，按照"风险共担、互助共济、允许盈利"的原则设计各种医疗保险产品，是一种典型的市场化医疗风险分散机制。我国的商业医疗保险发展的历史并不长，是医疗改革后的产物。1994 年，面对我国传统的职工公费医疗、劳保医疗和农村合作医疗体系的低效，越来越多的人需要更好的医疗保障，一些保险公司开始经营商业医疗保险。1994 年至 2006 年，新的医疗保障体制在讨论和形成过程中，国家鼓励个人在参加基本医疗保险的基础上积极参加商业医疗保险，使得医疗保险市场获得快速发展。2008 年以后，我国逐步建立了职工基本医疗保险、城镇居民基本医疗保险、新型农村合作医疗保险以及各级政府成立的城乡医疗救助基金所构成的医疗保障体系，商业医疗保险市场受社会医疗保险挤出效应的影响，发展有所减缓。

  为了推动商业医疗保险市场的发展，更好地发挥医疗保障的补充性作用，我国专门成立了四家商业健康保险公司，推出了普通医疗保险、意外伤害医疗保险、住院医疗保险、手术医疗保险、特种疾病医疗保险等保险产品。2010 年，我国健康保险行业保费收入共计 677 亿元，人身意外伤害保险保费收入 275 亿元。健康保险和人身意外伤害保险保费收入占

---

① 《2020 年亚太区医疗保障缺口将达到 1970 亿美元》，http://www.swissre.com/reinsurance/insurers/life_health/20121128_henlth_protection_gap_ch.html。

人寿保险保费收入的比例约为10%,远远低于国际上健康保险保费收入占人寿保险保费收入30%的平均水平。① 在我国健康保险保费收入中,商业医疗保险保费收入约占50%。当前,我国大多数人对商业医疗保险不了解或者质疑,对烦琐的理赔手续表示不满,赔付不及时问题比较突出,难以满足被保险人的保险需求等问题,严重制约了商业医疗保险市场的发展。② 从商业医疗保险覆盖面上看,商业医疗保险覆盖面仅为14.10%,不同年龄段分布不均匀,主要集中在41岁—60岁之间。③ 商业医疗保险对公众医疗负担的分散作用也不明显。我国社会医疗保险与商业医疗保险提供的医疗保障之比约为8∶1,远远低于德国、日本等国家4∶1的比例。④ 另外,商业医疗保险市场面临严重的逆向选择和道德风险的制约。根据我国医疗保险的赔付模式,被保险人患有疾病后先去医疗机构诊疗,并垫付医疗费用,待治疗结束后再按照医保报销的规定到医保机构或者商业保险机构报销相应的比例。那些认为自身不存在较高健康风险的潜在被保险人投保的积极性并不高,不愿意参加医疗保险。保险公司为了避免因被保险人规模较低产生亏损问题,往往要不断地调整保费,从而驱动更多的低风险投保人群不再参保。最终,高健康风险人群拥有较高的参保意愿,低健康风险人群投保意愿逐渐降低并退出保险市场,导致整个医疗保险市场面临严重的"逆向选择问题"。⑤

---

① 李文群:《我国商业医疗保险发展的困境与出路》,载《深圳大学学报(人文社会科学版)》2011年第2期。
② 董明媛、赵奕钧:《商业医疗保险参保现状的影响因素分析》,载《统计与决策》2013年第8期。
③ 李卉、杨淑娟、赵彬、孟广哲、安力彬:《长春市居民参加商业医疗保险现状分析》,载《中国公共卫生》2012年第10期。
④ 郑荣鸣、华俊:《我国商业医疗保险与社会医疗保险发展协调度研究》,载《保险研究》2013年第4期。
⑤ 逆向选择是经济学中研究交易行为受制于信息不对称影响的一个概念,指的是这样一种情况,市场交易的一方如果能够利用多于另一方的信息使自己受益而对方受损时,信息劣势的一方便难以顺利地作出买卖决策,价格便随之扭曲,并失去了平衡供求、促成交易的作用,进而导致市场效率的降低。

由于"逆向选择问题",保险公司要么面临持续的亏损以及债务压力不得不通过其他产品的盈利来弥补医疗保险产品的亏损,要么干脆就退出医疗保险市场。除了医疗保险机构面临的"逆向选择"之外,道德风险问题也难以回避。① 由于医疗保险机构并不参与疾病诊疗过程,对涉及的诊疗费用缺乏有效的监督,对医疗消费的过程、内容、价格等问题明显处在信息不对称的弱势一方,医疗服务机构存在过度医疗,甚至诱导消费者过度消费医疗服务或者与患者合谋骗取保险赔付等问题。医疗保险公司这种信息不对称劣势,导致无法对赔付的合理性进行客观的审核与认定,赔付率较高,经营压力大。承保商业医疗保险的公司要么降低赔付率、增加免责条款,要么不愿意为高风险客户继续提供保险产品或者干脆退出商业医疗保险市场。近年来,我国商业医疗保险市场赔付率高达90%,风险控制问题难以解决,商业医疗保险公司普遍面临较大的财务压力,甚至连续多年亏损。无论是逆向选择问题还是道德风险问题,都可能促使医疗保险机构减少保险产品供给。

四、公共卫生事件专项赔偿和救助基金

突发公共卫生事件发生后,及时开展流行病学调查、救治患者生命、进行公共卫生的预防和控制、帮助患者摆脱经济和生活困难是各级人民政府和卫生应急部门的法定责任。早在 2003 年"非典"(SARS)之后,国务院出台了《国家突发公共卫生事件应急预案》,要求对卫生应急中的专业技术机构给予财政补贴和专项应急处理经费支持,国务院和各级地方政府负责筹措资金用于公共卫生事件的应急处理。② 针对突发卫生应急处理中工作人员因公导致的致病、致残、死亡等,按照国家规定给予相应

---

① 道德风险是经济学中分析信息不对称对经济行为产生影响的另外一个概念,是指从事经济活动的人在最大限度地增进自身效用的同时作出不利于他人的行动,或者当签约一方不完全承担风险后果时所采取的使自身效用最大化的自私行为。

② 《国家突发公共卫生事件应急预案》第 6.2.2 条。

第七章　突发公共卫生事件救助政策分析：中国经验

的补助和抚恤；对因应急管理工作需要征用、紧急调集的有关单位、企业和个人的物资和劳务进行合理评估后给予补偿。① 从实践来看，针对突发公共卫生事件，各级政府和卫生应急管理部门通过专项应急经费或者专项医疗救助基金的形式对患者实施医疗救助和抚恤，发挥了较好的"政府财政兜底"效果，保障了患者的合法权益。

2003 年，我国爆发了影响范围广泛的"非典"疫情，在 6 个月的疫情期共计造成内地 5327 人感染、348 人死亡，香港地区 1755 人感染、299 人死亡的特别重大公共卫生事件。"非典"爆发期间，各地政府相继成立"非典"防治基金，用于应对疫情。广东省设立 3 亿元"非典"防治基金，其中 10840 万元用于"非典"医务人员的健康补助、1700 万元用于医疗单位的设备补助、3001 万元用于宣传补助。广东省各地级市也安排了 7941 万元的专项财政资金用于应对"非典"疫情。另外，广东省卫生厅将获得的 8 亿元专项资金用于建设突发公共卫生事件的应急体系。②

中央政府也设立专项基金用于"非典"防治工作。2003 年 4 月 23 日，针对严重的"非典"疫情，国务院决定从财政总预算预备费中提取 20 亿元设立"非典"防治基金，为全国各地应对疫情提供物质保证。20 亿元的"非典"防治基金由财政部社保司和卫生部统一调用，主要用于：救治"非典"患者，为农村居民（包括外出务工人员）、未参加医疗保险的城镇"非典"患者提供救治费用；购置医疗设备用于"非典"的防护、诊断和治疗；补助"非典"疫情应对过程中的医务工作者和防疫工作者；储备"非典"药物和物资；资助"非典"快速诊断试剂的研制和防治研究项目。③ 除了 20 亿元"非典"防治基金之外，中央政府还安排了 3.1 亿元的专项应急资金用于"非典"应急反应体系建设工作，财政部发行了 9 亿元国债基金用

---

① 《国家突发公共卫生事件应急预案》第 5.4、5.5 条。
② 《广东 3 亿拨款去向已定》，http://finance.sina.com.cn/roll/20030501/1151336812.shtml。
③ 《财政部的两场战争》，http://finance.sina.com.cn/roll/20030501/1105336777.shtml。

于中西部地区省、市、地、县疾病控制机构建设。

北京市作为"非典"疫情的重灾区,市政府先期拨款4亿元用于完善疫情应急机制,其中1.6亿元用于医疗机构的设备配备、防护用品采购,600万元用于检测和监测设备购置,5000万元用于隔离病房改造,5000万元用于采购防治"非典"物资储备,1亿元用于购置消毒用品等防治物资。根据"非典"防治基金使用办法的规定,对于已经参加医疗保险的"非典"患者,医疗保险机构按照规定支付患者的医疗费用,并通过公务员医疗补助、企业补充医疗保险、大额医疗费用补助等途径,解决医疗保险之外的救助费用支出;农村居民或者未参加医疗保险的"非典"患者,全部纳入救助范围,由救治地各级政府通过财政救助承担医疗费用;凡是领取城镇失业人员保险救助金的"非典"患者,由失业保险机构安排医疗补助金给予必要的救助。[①] 截止到2003年5月6日,除了中央政府支出之外,各级地方财政共支出50亿元用于"非典"疫情的治疗和救助。[②] 中央和各级地方政府通过设立"非典"防治基金的方式,多渠道筹集资金、专款专用为应对"非典"疫情提供了充足的经费保障,取得了良好的社会效果。

"非典"之后,患者由于接受大量的激素药物治疗,面临肺纤维化、髋关节骨头坏死、抑郁症等疾病困扰,各级政府又相继通过医疗救助、生活救助的形式给予帮助。北京市2005年6月出台规定,凡是确诊为"非典"感染患者的,因治疗导致的并发症统一纳入免费医疗救治的范围,由专项财政资金承担医疗救治费用。[③] 2008年,北京市对非因公感染"非典"并发后遗症人员按照实际生活困难情况由市红十字会分别给予4000元、8000元的生活救助。"非典"并发后遗症患者也积极利用互助的方式,通

[①] 《财政部公布中央财政20亿元非典防治基金的用途》,http://news.sohu.com/04/89/news208738904.shtml。

[②] 《各级财政全力支持防止非典工作 目前已支出9亿元》,http://news.eastday.com/epublish/gb/paper148/20030506/class014800011/hwz937447.htm。

[③] 《关于贯彻落实感染SARS并发后遗症人员治疗工作实施细则的通知》(京卫医字〔2005〕83号)。

过各种社会捐助渠道帮助患者解决生活困难。以北京为例,2012年北京"非典"并发后遗症患者挂靠市残联成立了"帮助非典后遗症患者基金",按照患者的生活困难情况分别给予每月100—500元不等的生活补助。北京市各区的街道也按照生活困难人口帮扶的政策,给予"非典"并发后遗症患者一定的生活补助。以免费医疗和生活补助为主,以社会捐款和互助为补充,"非典"并发后遗症患者的医疗救助和生活困难得到了一定程度的缓解。"非典"之后,我国相继发生了H1N1、H7N9流感疫情,基本上采用了"非典"疫情时期建立的应急管理体系,由政府成立专项基金用于防治工作,尤其是救助困难染病患者和公共防控工作,发挥了较好的作用。

大规模食品安全事件也会严重影响公众健康,并会造成极大的医疗支出和生活困难。2008年6月,甘肃兰州市一家医院报告婴幼儿患肾结石病例,有关卫生部门经核查,高度怀疑患者食用河北三鹿集团生产的婴幼儿奶粉含工业用三聚氰胺是导致患病的直接原因。经过全国排查,卫生部门共确认30万婴幼儿因食用含三聚氰胺的奶粉导致泌尿系统疾病。根据《侵权责任法》第41条,因产品存在缺陷造成他人损害的,生产者应当承担侵权责任。受害人可以通过民事诉讼要求生产者、销售者给予赔偿。截至2007年底,三鹿集团在全国的销售额共计700亿元、品牌资产149亿元、总资产16.19亿元、负债3.95亿元、净资产共计12.24亿元。因食用含三聚氰胺的奶粉导致婴幼儿患有泌尿系统疾病的新闻报道公开后,三鹿集团一共召回奶粉10000吨,退赔经销商金额7亿多元。事件发生后,三鹿集团的品牌资产149亿元完全消失,评估净资产经退赔经销商后为零。2008年12月23日,石家庄中级人民法院宣布,由于三鹿集团在支付员工工资、社保和房产拍卖还清债务后无财产可以支配,终结其破产程序,三鹿集团对普通债权人的清偿率为零。三鹿集团破产程序终止后,从法律上看其侵权责任带来的赔偿义务已经无法履行,近30万因食用含有三聚氰胺的奶粉导致泌尿系统疾病的被侵权人——"肾结石宝宝"

无法获得三鹿集团的民事赔偿。

面对这样复杂的情况,国务院决定按照救治优先的原则帮助患者及时就诊和治疗,费用由各级政府先行垫付,最后给医疗机构相应的财政补助解决就诊费用、治疗费用、住院费用等问题。地方各级人民政府和卫生部门通过全国性筛查工作,共计从2238万婴幼儿中确认食用三鹿奶粉和其他个别问题奶粉导致泌尿系统出现异常的患儿29.4万人,累计住院治疗51900人,收治重症患儿154人。按照卫生部门公布的确诊人数和法律法规对赔偿标准的规定,涉事企业需要支付约39亿元的赔偿资金。但是,考虑到三鹿集团已经终止破产程序,无力履行赔偿责任,以及其他企业难以界定侵权责任及分摊比例,国务院决定由中国乳制品行业协会设立赔偿基金,22家涉事企业共出资11亿元,其中9亿元用于对患病婴幼儿的当时治疗和现金赔偿,2亿元用于后期的医疗救助赔偿。在11亿元赔偿基金中,三鹿集团缴纳9.02亿元,由石家庄市政府抵押政府大院和所属一家酒店后筹集而来。[①] 按照患病儿童的数量,赔偿基金统一按照死亡赔偿20万元、重症赔偿3万元、一般症状赔偿2000元的标准给予赔付。

针对后续医疗赔偿问题,2009年1月8日,人保部、卫生部、保监会联合发布《三鹿奶粉事件后续医疗赔偿方案》,决定由相关涉事企业按照相应的市场份额出资设立"患儿医疗赔偿基金",委托中国人寿保险公司代管,对患儿急性治疗结束后到18周岁以前可能发生的与此有关的疾病给予免费治疗。[②] 受中国乳制品行业协会委托,中国人寿保险公司代为管理患儿医疗赔偿基金,开通了赔偿专用信息系统,出台了《医疗赔偿基金给付管理规定》《医疗赔偿基金财务管理暂行办法》,统一了医疗赔付的

---

① 《三聚氰胺赔偿基金运作成谜 涉毒奶企出钱很少》,http://news.hexun.com/2011-05-16/129643963.html。

② 《三鹿奶粉事件后续医疗赔偿金方案正式公布》,http://news.163.com/09/0226/03/5321SQID0001124J_all.html。

标准和程序。自 2009 年 7 月 31 日医疗赔偿基金正式启动至 2011 年 12 月 31 日,中国人寿保险公司共办理各种医疗赔偿 2055 人次,共计支付医疗赔偿金 1242 万元。① 通过行业协会设立专项基金的救助方式,婴幼儿患者的医疗赔偿问题得到较好的解决,有效地维护了我国乳制品市场的稳定和社会秩序。

第三节 中国突发公共卫生事件受害人救助面临的难题

公共卫生事件一旦发生,会造成较大规模的人员健康风险,各种治疗费用往往对受害者个人、家庭和社会造成较大的医疗支出负担。公共卫生事件所引发的灾难性医疗支出超出了个人负担的能力,也超出了医疗保险体系救助的责任范围,这就要求公共财政要发挥兜底作用,切实通过有效的社会保险、社会保障体系来救助公共卫生事件的受害者。从我国实践来看,近十多年来发生的重特大传染病事件和食品安全事件都得到有效的应对,在公共财政的支持下受害人的合法权益也得到有效的保障,避免突发公共卫生事件对行业、市场和社会秩序造成严重影响。基本医疗保险体系、医疗救助体系、商业医疗保险体系和公共财政主导的各种救助基金已经初步形成了合力,从而使公共卫生事件的应对和受害者救助获得了坚实的资金保障。但是,在突发公共卫生事件救助过程中,还面临着一些亟待研究和解决的问题。

第一,针对大范围流行性传染病的医疗救助补偿缺乏有效的政策保障。② 经过多年的医疗体制改革,城乡居民基本医疗保险、农村新型合作医疗保险已经能够履行社会保险救助的作用,在应对各种突发公共卫生

---

① 《婴幼儿奶粉事件医疗赔偿基金管理及运行情况》,http://www.e-chinalife.com/news/gongsixinwen/detail3410495.html。
② 薛澜、曾光等:《防控"甲流":中国内地甲型 H1N1 流感应对评估》,社会科学文献出版社 2014 年版,第 249 页。

事件中发挥着基础性的保障作用。但是,每一次突发公共卫生事件发生后,各种应急专项资金的设立、管理和运行往往是"一事一议"的模式,缺乏法治化的规范。① 哪些突发公共卫生事件需要设立专项应急资金? 采用什么标准认定? 资金来源如何? 资金如何使用? 如何监管资金的使用过程和使用效果? 这些问题都缺乏明确、统一的规定。不同层级的地方政府无法根据法律的规定安排应急专项资金,只能根据上级政府的要求安排财政资金,这会导致不同地区在应急过程、善后救助过程方面存在较大的差异。针对相同的突发公共卫生事件,不同地区设立的专项资金规模不等、用途也不一样,对救助对象的救助标准也有很大的差异。这种缺乏全国统一的突发公共卫生应急救助的制度和规范,在实践中决定了任何一个突发公共卫生事件的救助只能依赖于中央政府的介入才能有效展开,很大程度上导致善后救助事务成为影响社会稳定的一个因素。

第二,尚未形成明确的个人、保险主体、政府之间的责任分担体系。从整体上看,各类突发公共卫生事件的救助已经形成了三个层次的逻辑:如果存在明确的侵权责任的公共卫生事件,如食品安全事件、染病患者故意导致他人感染的,可以通过侵权责任的确立来寻求民事赔偿,从而减轻各种经济损失;没有明确侵权责任的,可以通过医疗保险体系来获得医疗救助,城乡居民基本医疗保险体系、各种商业保险体系都能够按照有关规定的比例承担相应的医疗救治费用,从而减轻患者的经济损失;针对大规模公共卫生事件带来的损害和经济损失,在侵权赔偿义务履行、保险赔付义务履行之后,针对医疗救治、后续生活困难的人口,可以通过医疗救助基金、政府设立的专项救治基金来承担公共财政兜底的功能。针对突发公共卫生事件的救助体系从责任逻辑上看,最终一定会集中到公共部门,由公共财政履行救助职能。除了财政预算的约束之外,这种救治体系的根本问题在于诱导个人、市场和社会轻视公共卫生预防工作,过度依赖于

---

① 杨维中主编:《中国卫生应急十年:2003—2013》,人民卫生出版社 2014 年版,第 82 页。

第七章　突发公共卫生事件救助政策分析：中国经验

政府提供的事后救助来应对公共卫生风险。个人参与医疗保险、购买商业医疗保险的意愿因自身对风险的评估过低、对财政兜底救助的期望过高而受到严重影响，促使个人和市场逐渐从风险责任中退出来，将更多的责任交给社会和政府。[1]

第三，突发公共卫生事件救助力度比较小，财政保障能力比较弱。公共卫生事件导致的人身健康损害往往规模大、涉及人数众多，无论是医疗救助费用还是后续救助都面临较大的缺口。大病保险制度提出的灾难性医疗支出标准较高、受益人群规模有限，对灾难性医疗支出的分散效果较差。[2] 受制于社会保险的报销比例、商业保险的赔付约定以及专项基金的规模的制约，突发公共卫生事件的救助往往面临两难困境：要么政府财政全额承担责任，带来较大的压力；要么只能提供"低水平、广覆盖"的医疗救助，保证受害人得到的基本治疗和维持基本生活。例如，在应对H1N1甲型流感的过程中，由于各级政府要求医院预先垫付患者的治疗费用，疫情过去一年后尚有45％的医院未能获得政府财政补助，84％的医院垫付的医药费平均为55万元。[3] 针对患者的医疗赔偿和救助也维持在较低水平。"非典"并发后遗症患者获得了医疗援助，但是生活援助却没有稳定的渠道，仅有社会捐助和互助维持患者的基本生活。[4]

突发公共卫生事件救助涉及人身健康安全问题，这是一个社会成员最基本的需求。从这个意义上说，政府必须承担起责任，通过公共卫生体系发挥预防、救治和救助功能，保障每一位社会成员的健康权。但是，这并不意味着政府应该独立承担责任。政府的责任是通过制度供给为个

---

[1] 薛澜、曾光等：《防控"甲流"：中国内地甲型H1N1流感应对评估》，社会科学文献出版社2014年版，第261页。
[2] 朱铭来、宋占军：《大病保险对家庭灾难性医疗支出的风险分散机制分析》，载《中国卫生政策》2012年第5期。
[3] 薛澜、曾光等：《防控"甲流"：中国内地甲型H1N1流感应对评估》，社会科学文献出版社2014年版，第249页。
[4] 张寒：《"非典"改变的人生》，http://news.sohu.com/20130325/n370195647.shtml。

人、保险机构和社会提供一个风险分散和责任分担的结构,从而形成良性的风险治理体系。毕竟,一个责任明确、边界清晰的风险分散和责任分担体系有利于促使个人、商业机构和社会认识到各种突发公共卫生风险的威胁以及自身的责任,从而采取有效的措施预防风险事件的发生。公共财政更多的功能应该是激励和补偿,而不是赔偿和救助。

第八章

突发公共卫生事件受害人救助的国际经验

在现代社会中,各国或地区政府和人民不仅仅遭受传统健康风险的侵害,还遇到了许多过去没有发生过的新兴的公共卫生风险。传染病、生物武器袭击、新型耐药细菌等风险日益成为全球化时代公共卫生体系面临的巨大挑战。为了应对这些风险,不同国家或地区建立了不同的卫生应急管理体系,从政府分工、财政资金支持、专门机构等方面开展应急医疗救援和救助,在应急医疗救助等领域形成了不同的特色和模式。

第一节 全球面临日益增多的突发公共卫生风险

近年来,全球传染病疫情不断出现,黄热病、霍乱、埃博拉、登革热等传染病相继爆发和流行导致了严重后果。2000年,世界卫生组织公布全球霍乱疫情爆发情况,在马达加斯加、索马里、密克罗尼西亚、南非、阿富汗等国家由于供水条件差、卫生设施不足、卫生习惯不良等问题,霍乱疫情导致10多万人感染,数千例病人死亡。登革热疫情每年导致全球5000万人感染,其中包括40万人感染严重的登革出血热。[1] 埃博拉病毒是目前人类已知的最严重病毒性疫情,发病后死亡率高达50%—90%。自1976年埃博拉首次在苏丹爆发后,全世界已经有多个国家发生了埃博

---

[1] 林桂强、朱汉荣、姚若东:《近年全球几种主要传染病疫情概况》,载《中国国境卫生检疫杂志》2001年第4期。

拉疫情。2014年3月21日,几内亚卫生部报告了一种急性传染病,后被确诊为埃博拉病毒感染。随后,埃博拉病毒爆发并波及几内亚、利比里亚、塞拉利昂、尼日利亚四个国家,并且首次超出边远的丛林村庄,蔓延至人口密集的大城市。截至2014年12月7日,埃博拉病毒已导致6388人丧生,确诊或疑似感染病例17942个。① 截至2016年5月,埃博拉疫情已夺走了超过1.13万人的生命,造成了至少100亿美元的经济损失。埃博拉疫情使得几内亚、利比里亚和塞拉利昂的经济几近瘫痪,使三国GDP损失总额高达28亿美元(几内亚6亿美元、利比里亚3亿美元、塞拉利昂19亿美元)。②

全球流感疫情也成为一种越来越频发的公共卫生事件。H7N9、H1N1等流感疫情相继在多国爆发,导致了严重的政治和经济后果。2009年,在墨西哥,H1N1疫情导致2000多人感染,100多人死亡,全国公共场所停止营业、停课两个星期,政府关闭了所有的公共场所,导致墨西哥经济受到重创。美国、加拿大、中国等部分国家和地区相继发生疫情。其中,中国香港地区共有22000多人感染,造成47人死亡。2013年1月中旬,美国有41个州出现了流感患者急剧增多、病情格外严重的现象。其中,情况最为严重的波士顿市,因流感入院的患者数量比往年高出十倍。在疫情爆发期间,美国共有110个儿童因感染流感而死亡。③ 经济分析显示,严重程度介于中、高程度之间的流行病每年对全球造成的经济损失约为5700亿美元,相当于全球GDP总额的0.7%。④

除了各种传染病疫情外,恐怖主义生物威胁也成为很多国家面临的

---

① 《埃博拉致死人数达6388人 控制疫情仍任重道远》,http://news.sohu.com/20141211/n406850038.shtml。
② 《抗击流行病有钱了!世行设立流行病应急融资基金》,http://finance.sina.com.cn/roll/2016-05-24/doc-ifxskpkx7731147.shtml。
③ 杜剑锋:《美国怎样应对流感疫情》,http://finance.sina.com.cn/roll/20130413/002615134360.shtml。
④ 《抗击流行病有钱了!世行设立流行病应急融资基金》,http://finance.sina.com.cn/roll/2016-05-24/doc-ifxskpkx7731147.shtml。

严重公共卫生风险。"9·11"事件发生后,美国发生了生化武器炭疽热病菌事件,被视为"第二波"恐怖袭击活动。2001年10月2日,美国传媒集团(MediaNews Group)下属的《太阳报》图片编辑罗伯特·斯蒂芬斯(Robert Stevens)来到医疗中心,随后被确诊感染了炭疽热病菌。10月10日,联邦调查局宣布,第三名美国传媒集团员工被证实曾经接触过炭疽热病菌。到2001年11月,美国已经发现17例炭疽热病菌感染者,其中5人死亡。面对越来严重的传染性疾病、生物恐怖袭击的威胁,世界各国或地区必须整合公共卫生资源、提升公共卫生应急反应能力,以保护本国或地区公民免受各种疾病和病毒的侵害。

第二节 美国混合型医疗保障和救助政策

各类突发卫生事件不仅仅造成了严重的健康损害,还给受害人带来严重的经济压力。美国是世界上医疗消费最昂贵的国家,平均每个4口之家每年需要支出10000美元用于各种医疗服务,这大约相当于一个最低工资标准的美国人全年的工作收入。因此,如何通过保险和财政救助,帮助公民应对各种医疗风险,尤其是化解各种突发公共卫生事件带来的灾难性医疗支出,是美国医疗保险体系、公共卫生应急体系的核心目标。作为世界上公共卫生应急体系比较健全的国家,美国已经建立了医疗保险、医疗救助和紧急医疗援助体系相结合的突发公共卫生事件救助体系,并通过法律来合理配置联邦政府和州政府、地方卫生部门之间的责任。

在19世纪,美国早期医疗保险主要是行会内劳工之间的互助活动,会员通过向行会缴纳会费的形式形成互助基金。当行会会员面临工伤、疾病、死亡等重大变故时,行业内的互助基金会给予患者物质或者金钱的援助。经过100多年的发展,美国逐渐建立了以雇主缴纳保险费为员工购买商业保险的制度。商业医疗保险已经覆盖了80%的美国政府雇员、

74%的美国公司雇员,成为最基本的医疗保障。① 美国的私营医疗保险有两种不同的保险主体,即营利性商业保险和非营利性商业保险。营利性商业保险综合考虑到保费、保险风险以及政府对保险市场的监管风险,仅仅涉及对公民的急诊提供保险赔付,所有购买私人医疗保险的急诊病人的费用都可以得到报销。非营利性商业保险在美国商业医疗保险领域占据主体地位,主要为投保者提供医疗服务,如蓝十字和蓝盾计划。该类非营利性医疗保险在税收方面有政府的支持,主要承保患者在就诊过程中的医生费用和其他诊治费用。②

尽管商业医疗保险为美国公民提供了医疗救助保障,但是保费高、没有全部覆盖美国公民的问题长期得不到解决。至20世纪末,美国仍然约有5000万左右的公民没有纳入任何医疗保险计划。为此,美国马萨诸塞州于2006年率先启动医改,在州内实行强制参保制度,增加政府投入,提高医疗保险服务的可负担性。③ 为了强化医疗保险对美国公民的保障和救助功能,奥巴马上台后美国政府对医疗保障体制进行了较大的改革,以商业医疗为基础,扩大了医疗保险的覆盖面和救助力度。美国2010年通过的《病人保护和经济适用医疗法案》规定,超过50名雇员的企业必须为员工购买医疗保险,政府对于购买医疗保险的企业和个人进行税收减免,子女可以享用父母的医疗保险至26岁;任何从事商业医疗服务的保险公司不得区别健康风险人群,不得以投保者过往病史作为拒保或者收取高额保险费的条件,也不得在投保人患病后单方面终止保险合同,不得为投保人终身保险赔付额设置赔付上限。④ 新的医疗改革法案规定,每一位美国公民必须投保医疗保险,否则将会面临每年695美元的罚款;每一家

---

① 侯立平:《美国医疗保险体制在21世纪的嬗变》,载《环球保险》2006年第6期。
② 黄海:《美国医疗保险的做法及对我国医疗保险制度建设的启示》,载《医院院长论坛》2014年第4期。
③ 赵斌、冯芄、赵巍巍、梁海伦:《美国医疗保障制度改革的先行者——马萨诸塞州医改综述》,载《中国卫生政策研究》2013年第6期。
④ 文太林:《从罗斯福到奥巴马:美国医疗保险的百年变革》,载《新东方》2014年第2期。

雇员超过 50 人的企业必须为员工提供医疗保险,否则面临按每位员工 2000 美元的政府罚款。① 经过医疗保险改革,美国有望将无医疗保险人口减少到 1000 万人,健康保险的覆盖人口有望从 85% 提高到 95%。

针对强制性保险可能引发的商业保险公司"逆向选择"问题,美国联邦政府设计了三种风险分担机制实现个人、政府与保险公司之间合理的风险分散和责任分担。

第一,风险分散和责任分担的项目被称作"风险调整项目",即覆盖低风险参保者的保险公司必须转移支付部分保险金给承保高风险人群的保险公司,以均衡各自的财务风险。美国联邦政府开发了一个衡量不同商业保险公司健康保险产品风险的模型"HHS-HCC 系统"。这一模型可以根据参保人的年龄区间、保险项目类型等因素计算不同的保险产品风险值,从而对保险公司的参保者作出风险水平评估。在测量保险人风险值的基础上,按照保险公司所有参保人风险得分除以参保人数就可以测量保险公司的平均风险得分。根据风险调整项目的规定,在一个州的内部,各从事健康保险的商业保险公司要以平均风险得分为依据,结合保费、全国平均费率建立州内转移支付的标准。借助于 HHS-HCC 系统模型,低风险健康保险公司可以转移支付部分保费给高风险健康保险公司,从而使一个州内的商业保险公司的保险风险达到"预算中性",不会因为承保了高风险人群而面临较大的市场风险和财务压力。②

第二,风险分散和责任分担的途径是商业保险公司承保健康保险后必须参加再保险项目来分散自己的风险,尤其是高风险保险公司。所有承保个体、团体和大团体健康保险的保险公司都必须向再保险项目缴纳资金。2014 年,美国联邦政府通过再保险项目向各保险公司筹集 100 亿

---

① 何桂馨:《美国医疗保险制度改革的历史考察与理论检省》,载《法制与社会发展》2012 年第 4 期。
② "预算中性"是指财政活动对总需求的影响保持中性,既不产生扩张效应,也不产生紧缩效应。在一般情况下,"预算中性"要求保持财政收支基本平衡。

美元资金，用于补助高风险参保者。假定一个高风险参保者医疗保险费用起付线为 70000 美元，封顶线为 250000 美元，70000 美元以下医疗赔付由保险公司承担，在 70000—250000 美元区间内医疗赔付金由商业保险公司和联邦政府各自承担 50% 的赔付额度。联邦政府筹集资金的总体规模和支付给高风险公司的再保险赔付资金规模一致，从而使得联邦政府净支付为零元，实现了低风险商业保险公司和高风险商业保险公司在面对不同健康风险人群的医疗赔付时都能做到"预算中性"。联邦政府会根据保险公司在健康保险赔付中的拨付额度调整每一年度的再保险筹资额度。

第三，风险分散和责任分担的机制是"风险通道项目"，即按照"结余共享、超支分担"的原则限制保险公司在健康保险领域的营利收入，降低赔付风险。美国医疗保险法案规定，承保健康保险的商业公司要将 80% 的保费用于购买和提供参保者所需要的医疗服务。如果商业保险公司一年的支出实际低于 80% 的保费收入，联邦政府将会收缴结余，转移支付给实际保险支出高于 80% 的公司。如果商业保险公司实际支出高于预期支出，联邦政府会按照高出 3%、3%—8%、8% 以上三个档次给予不同比例的补助，提高商业保险公司的赔付能力。[①] 通过上述三种风险分散和责任分担机制，美国联邦政府尽最大可能降低了商业保险公司逆向选择的风险，提高了商业保险公司对投保人的赔付能力。

除了商业医疗保险体系之外，美国还有两个非常重要的公共医疗保险体系：医疗保险照顾计划和医疗救助制度。1965 年，美国首次实施公共社会保险计划："医疗照顾服务项目"为年满 65 岁及以上的老人、残疾人、慢性肾病患者以及其他无法参加商业医疗保险计划的人提供医疗保险保障服务。[②] 在医疗保险照顾计划中，联邦政府设立医疗保险基金，为

---

① 王珺、刘智勇：《美国医疗保险市场改革风险分担机制的设计及启示》，载《卫生经济研究》2016 年第 2 期。
② 张奇林：《美国医疗保障制度研究》，人民出版社 2005 年版。

参保者提供家庭护理、门诊医疗以及住院服务等基本医疗服务项目。参加医疗保险照顾计划的参保人还可以根据自己的风险状况参加商业医疗保险,以便支付医疗保险照顾计划不能覆盖的其他医疗费用。经过40多年的改革和完善,美国联邦政府管理的医疗保险照顾计划已经发展成包括住院保险、补充医疗保险、医保优势计划和处方药计划在内的社会保险项目。住院保险是强制性项目,参保人在住院期间的治疗、护理、临终关怀以及相关服务的费用由保险基金承担。补充医疗保险是参保人自愿选择的项目,主要承保门诊治疗、住院之外的医疗服务,如诊疗费、外科手术费、放射治疗费用以及急诊、输血等费用。医保优势计划始于1997年,参保人需要交纳额外的保险费用,可以覆盖住院保险和补充医疗保险的所有项目、处方药的费用以及视力、听力、牙科及其他健康计划的支出。始于2006年的处方药计划属于自愿性质,参保人参保后可以按照不同的比例由保险公司承担处方药的部分费用补贴。[1] 凡是2006年之后参加医疗保险照顾计划的成员,都可以享受处方药计划带来的药品费用补贴福利。美国的医疗保险照顾计划完全由联邦政府提供资金,参保者只需要承担较低的保费即可获得医疗保障。联邦政府向企业雇主和雇员征收工资税作为基金的收入来源用于承保住院保险、补充医疗保险。那些住院保险、补充医疗保险不能覆盖的医疗支出,则需要参保人根据自己的风险状况和实际需要选择参加商业医疗保险或者通过医疗救助计划来弥补缺口。[2]

美国的医疗救助制度为脆弱人群搭建了一个医疗保障的安全网。[3] 医疗救助制度是以特定的人群为救助对象的健康保险项目,为生活在联邦贫困线以下的人、无法参加医疗保险照顾计划的患者、在职的残疾人、

---

[1] 蒋蓉、屈婕:《美国医疗照顾制度基金运作研究》,载《科技管理研究》2016年第3期。
[2] 何佳馨:《美国医疗保险照顾计划及其对我国的启示》,载《现代法学》2011年第6期。
[3] 杨玲、刘远立:《美国医疗救助制度及其启示》,载《武汉大学学报(哲学社会科学版)》2010年第5期。

产后 60 日之内的妇女、艾滋病患者、儿童等群体提供医疗保险服务。美国联邦政府制定医疗救助制度的一般标准,各个州可根据本州的实际情况自行确定标准,并根据受助对象的实际情况动态调整是否继续给予医疗救助。从本质上看,医疗救助制度是联邦政府和州政府为了保障公民的基本权利而提供的公共医疗保险。保险资金由联邦政府和州政府按照不同的比例分担。如果一个州的人均收入与全国人均收入持平,那么美国联邦政府将会承担该州55%的医疗救助费用,州政府承担剩余的45%;如果州人均收入高于全国平均水平,则联邦和州政府之间各自承担50%的费用;如果州人均收入低于全国平均水平,则联邦政府会根据不同的比例至多可以承担83%的医疗救助费用。① 从美国全国来看,各个州平均从联邦政府获得医疗救助制度专项财政资金约占全部资金的65.9%左右,联邦政府成为主要的筹资责任人。② 医疗救助制度覆盖的内容包括受助人住院和医生的费用、家庭健康计划咨询费用、专业护理机构的照顾费用、门诊诊疗费用、儿童各种疾病的检查和治疗费用,以及处方药、牙齿护理、老人与小孩的精神疾病治疗及特殊人群的护理等费用。为受助人提供医疗服务的医院,在治疗结束后可以向州政府提交医疗费用报告,州政府根据医院提交的报告与医院协商住院补偿金额,实行"先救助,后付费"的支付办法,确保患者能够及时得到医疗救治和服务。针对非医疗机构提供各种照顾服务,根据非营利的原则,医疗救助基金分别给予不同的资金拨付。从美国医疗救助制度的实施过程来看,每年约有3800万人得到联邦和州政府的医疗救助制度的资助。受资助的群体主要包括儿童、残疾人和老年人,约有50%的受助者是儿童,25%的受助者是成人,剩下的参加人和老年人约占25%。

以商业医疗保险和公共社会保险为主体构成的美国医疗保险体系发

---

① 何佳馨:《美国医疗援助保险的制度设计及其借鉴》,载《比较法研究》2013年第1期。
② 周金玲:《美国医疗救治的财政体系与其医疗经费的膨胀》,载《中国卫生经济》2013年第12期。

挥了重要的作用,美国医疗服务的消费者仅需承担 16% 左右的自费部分,其余的都由各种保险负责支付,接受医疗救助计划的受助人自付比例甚至更低。尽管美国医疗保险体系的市场化程度高于其他任何一个西方发达国家,但并不意味着政府在医疗保障领域不承担责任或者逐渐推卸责任。实际上,联邦政府和州政府承担了美国全国一半左右的医疗费用,通过公共社会保险计划中的医疗保险照顾计划和医疗救助制度,美国政府在医疗保障领域发挥着至关重要的作用。尽管这给联邦政府和各州政府带来了较大的财政压力,但是美国医疗改革的进展表明,在充分运用市场机制和竞争机制的基础上,联邦政府并不准备放弃自己的医疗保障责任,甚至在逐步扩大参与程度。① 这种以商业医疗保险为主、公共医疗保险为补充的混合型医疗保障制度最大程度上平衡了效率与公平,整合了医疗保障中的竞争机制和国家干预,为美国民众提供了高效的医疗保障和医疗服务。

第三节　中国香港地区公共财政救助基金模式

香港作为国际化的大都市,人流、物流、信息流给其带来巨大的商业发展机遇。与此同时,人员密集、进出频繁也加大了香港面临的突发公共卫生风险,尤其是各种传染性疾病传播的风险。2003 年,香港遭受"非典"(SARS)疫情的袭击,共计造成 1755 人感染、299 人死亡的严重后果。流感疫情也是香港面临的公共卫生挑战,H1N1、H7N9 流感疫情对香港经济和公众健康造成了持续的影响。以甲型流感为例,2013、2014 两年流感爆发期间,共计 136 人因感染疫情而死亡。2015 年春节之后,香港爆发了更严重的流感疫情。截至 2015 年 3 月 1 日,甲型流感疫情共计造

---

① 〔美〕P. 克鲁格曼、R. 韦尔斯:《美国医疗卫生的困境》,新晴译,载《国外社会科学》2006 年第 3 期。

成香港304人死亡,超过2003年SARS疫情造成的死亡人数。[1] 2016年,香港发生乙型流感疫情,在2月25至3月2日一周内,新增27名成年人严重流感个案,11人因感染流感病毒死亡。

面对经常发生的各种疫情,香港市民无须担心此类突发公共卫生事件带来的灾难性医疗支出问题。香港的医疗保障制度具有典型的英国特征,全部由政府承担医疗保障责任,实行近乎免费的全民医保政策来保障公民的健康,具有强烈的福利主义色彩。香港特区政府对市民就医采取高额补贴政策,市民只需要承担很少一部分医疗服务的费用就可以享受到公立医院提供的各种医疗诊疗和住院服务。公立医院承担了基本的医疗保障职能,由政府公共财政主导,不以营利为目的,是香港特区政府提供医疗服务的主要机构。一般情况下,在香港每年的医疗服务支出中,特区政府承担57%,个人支出占30%,私人保险承担12%左右,其他承担1%左右。[2] 在公立医院等医疗机构,香港市民每次急诊只需要承担1/7左右的费用;住院仅需要承担每天68港元的费用,其余的住院费用由香港特区政府补贴;专科门诊每次成本约530港元,个人只需要承担60港元;普通门诊每次约250港元,个人只需要承担45港元。很多低收入群体、长期患病者和贫困的老年人还可以申请"综合社会保障援助",从而可以部分减免或者全额免除自身应该承担的费用。在政府大力补贴各种医疗费用近95%的比例下,大多数市民都可以从公立医院获得医疗服务。香港公共财政承担了全民医疗保障的主要责任,有效地缓解了市民在应对疾病时的经济压力,尤其是有效地降低了灾难性医疗支出的风险。

公共财政高额补贴为公立医院提供高质量的公共医疗服务提供了支持,客观上也削弱了商业医疗保险市场的发展。在香港,商业医疗保险客户群小,保险公司往往考虑市场风险的大小拒绝承保已有疾病的高风险

---

[1] 《香港流感致死人数增至304人 超SARS疫情》,http://news.xinhuanet.com/gangao/2015-03/01/c_127531032.htm。

[2] 党勇:《香港医疗卫生管理体制的特点及其启示》,载《中国卫生经济》2009年第5期。

人群,对续保也不作出承诺,而且保障范围也比较小,保费高、索赔程序复杂,普通香港市民不愿意购买商业医疗保险,更多依赖于香港特区政府提供的全民医疗保障服务。在这种情况下,特区政府每年为市民医疗保障投入大量的财政资金。2016年,香港特区政府财政收入的1/4用于全民医疗保障方面。尽管香港特区政府承诺"不应有人因为缺乏金钱而不能获得适当的医疗治理",但面对越来越大的财政支出规模和财政支出压力,政府开始提出改革全民医疗保障体系的方案,计划引入政府规范和监督的"私人医疗保障计划"作为辅助性医疗保障。"私人医疗保障计划"鼓励市民自愿参加,通过政府给予商业保险公司补贴的形式,引导市民更多到私营医院获取医疗服务。[①]"私人医疗保障计划"可以减轻公立医院的诊疗压力和政府财政压力,从而使高端人群承担更多的医疗成本,引导公共财政更多向低收入群体倾斜。

香港特区政府不仅仅承担了医疗救治的主要责任,也会对遭受突发公共卫生事件侵害的市民提供事后的帮扶救助。2003年,感染SARS并治愈的患者、遇难者家属面临着各种各样的困难。针对SARS患者和遇难者家属的困难情况,香港立法会决定拨款1.5亿港元,设立香港SARS信托基金,专门负责对有关人士进行救助。根据立法会通过的决议,SARS死者有尚存配偶的,配偶可获20万港元特别恩恤金援助、每名18岁以下子女获50万港元恩恤金援助、18至21岁就读全日制学校的子女获30万港元恩恤金援助、受供养父母每位获35万港元恩恤金援助,不属以上类别但符合特定要求的家庭可以获10万港元援助;至于有长期后遗症的康复者以及曾接受类固醇治疗的疑似患者,每人最高可获50万港元恩恤金援助。[②]根据立法会决议,SARS信托基金共向遇难者的家属等各

---

① 陈心颖:《香港医疗保障制度的变革及其对内地的启示》,载《中共福建省委党校学报》2014年第6期。

② 《香港立法会拨1.5亿设SARS信托基金 下周将运作》,http://finance.sina.com.cn/x/20031108/1141510857.shtml。

类人士发放恩恤金8200万港元,向康复后遭遇后遗症的患者提供经济援助和医疗开支援助,共计7000万港元。① 后在社会各界人士的推动下,特区政府又分别两次向SARS信托基金注资,共计2.5亿港元,用于对SARS康复患者的后续救助。

除了政府对SARS遇难者家属和康复患者给予救助之外,社会力量也积极参与对SARS受害者的救助。香港特区政府李丽娟等四位女高官联名发起了针对香港SARS遗孤进行救助的"护幼儿童基金"。在社会各界的捐助下,共筹集到8000万港元,用于救助75位在SARS疫情中失去父母的儿童。"护幼儿童基金"的目标是帮助失去父母的孩子维持原来的生活状态,不用进入"香港综援计划",并与其他家庭的孩子享有同等受教育的机会。② 在这一目标的引导下,"护幼儿童基金"发动20多个医生家庭、20多个社会工作者负责跟踪75位失去父母的儿童的成长。截至2013年,受该基金救助的孩子中共有26位完成了大学学业,75人中一半出国读书、一半留在香港,基本实现了基金设立的目标。与此同时,香港SARS康复者也积极行动,除了接受特区政府信托基金资助之外,医管局何兆伟医生于2003年12月成立"SARS互助会",实现患者之间的关怀和帮助,并积极向政府和各界陈述诉求,以获取援助和社会关爱。香港著名社会人士、影视界明星等相继与SARS互助会联合举行一系列活动,教育公众了解SARS病人、康复者及其家人的困难和需求,协助患者获取有关的医疗服务和帮助。③ 在社会各界力量的参与和大力支持下,香港SARS康复者得到社会广泛的关爱和帮助,使他们能够尽快摆脱SARS疫情导致的影响,恢复到正常的社会生活状态。

总体上看,无论是紧急医疗救治还是事后的医疗和生活救助,香港应

---

① 张寒:《"非典"改变的人生》,http://news.sohu.com/20130325/n370195647.shtml。
② "综援计划"是指香港综合社会保障援助,以收入补助方法,特区政府为那些在经济上无法自给的人士提供基本社会保障,使他们的收入达到一定水平,以应付生活上的基本需要。
③ 关于香港SARS互助会的目标及宗旨,可参见该会官方网站:http://www.hksarsmha.org.hk。

对突发公共卫生事件的医疗保障和救助体系是以政府为主导的福利主义保障体系,市场机制特别是商业保险市场在香港所起的作用比较薄弱。香港之所以形成政府主导性的医疗保障和救助体制,原因在于:一方面,香港医疗卫生体系深受英国福利主义思想的影响,认同政府承担主要医疗保障责任的做法;另一方面,香港特区政府及社会将公共财政实现社会公平与公正看作核心目标,愿意通过税收再分配社会资源、通过公共财政公平分配医疗资源来保障市民的健康。香港公共财政主导型的医疗保障和救助体系无论在公平性还是效率性等方面,都处在世界先进的地位。公共财政承担医疗保障和救助责任的体制能够为香港市民提供良好的卫生和医疗服务,使得香港各项卫生和健康指标都处在世界前列,值得各国或地区学习。

第四节 突发公共卫生事件的国际组织援助

突发公共卫生事件不仅仅需要一个国家建立完备的公共卫生应急体系、筹集充足的资源来应对挑战,还需要国际社会通过有效的合作来共同应对各种传染性疾病、生化威胁等卫生事件。世界卫生组织、世界银行、联合国等国际组织在突发公共卫生事件的信息共享、应急指导和医疗援助等方面发挥着越来越重要的作用。

世界卫生组织是国际上最大的政府间卫生组织,共有缔结会员国194个。其主要职能包括:促进流行病和地方病的防治;提供和改进公共卫生、疾病医疗和有关事项的教学与训练;推动确定生物制品的国际标准。2014—2015财政年度,世界卫生组织共支付8.41亿美元用于各成员国传染病的预防和应对,9.28亿美元用于突发卫生事件的应对。[①] 面对越来越严重的全球突发公共卫生事件的威胁,世界卫生组织越来越注

---

① 世界卫生组织:《2014—2015年规划预算方案》,http://apps.who.int/gb/ebwha/pdf.files/WHA66/A66_7-ch.pdf.

重通过整合全球资源给予有关成员国应急指导和援助。按照《国际卫生条例》的规定,世界卫生组织组建了突发公共卫生事件委员会作为决策和咨询机构,设立应急基金用于援助各国应对突发公共卫生事件。应急基金来源于成员国缴纳的会费、成员国的定向捐助等。2013 年,寨卡病毒相继在智利、巴西等南美洲国家爆发。为了提高受到寨卡病感染的国家政府和地区的应对能力,世界卫生组织利用应急基金,计划于 2016 年 7 月至 2017 年 7 月提供 1.221 亿美元的援助,帮助各国预防和管理寨卡病毒引起的并发症、提高卫生系统应急能力。[1]

2016 年 5 月 25 日,第 69 届世界卫生大会就世界卫生组织应急机制改革达成一致,决定制定世界卫生组织"突发卫生事件规划"。新的突发卫生事件规划明确,在疾病疫情、自然或人为灾难、战争冲突的紧急情况中,世界卫生组织通过统一的应急工作队伍、预算、规则和程序以及明确和统一的领导关系,为受影响的国家或社区提供快速、可预测与全面的支持。世界卫生组织成员国一致同意,突发卫生事件规划在 2016 年至 2017 年的预算为 4.94 亿美元,在世界卫生组织原有应急预算基础上增加 1.6 亿美元,用于全球突发公共事件的应急处置和援助。[2]

为了应对日益严重的全球传染病疫情对世界经济和公民健康的挑战,世界银行也积极行动,通过成立"传染病应急基金",帮助成员国应对突发公共卫生事件的挑战。2014 年 7 月,世界银行积极与国际货币基金组织、联合国及其他多边开发银行协作,筹划设立"传染病应急基金",以应对埃博拉出血热及未来其他全球性爆发的传染病造成的危害。"传染病应急基金"类似于由世界银行提供的一套保险机制,成员国在疫情爆发后,经过申请可以从基金获得低利率的贷款,用于疫情应对和防控。2014

---

[1] 数据来源于世界卫生组织"寨卡应对资金",2016 年 7 月 27 日,http://www.who.int/emergencies/zika-virus/response/contribution/zh/。

[2] 《世卫组织制定"突发卫生事件规划"》,http://finance.ifeng.com/a/20160527/14428591_0.shtml。

第八章 突发公共卫生事件受害人救助的国际经验

年8月4日,世界银行宣布,将向几内亚、利比里亚和塞拉利昂提供2亿美元的援助,以帮助西非国家抗击致命的埃博拉病毒。2014年9月16日,世界银行发布消息称,将向几内亚、利比里亚、塞拉利昂三国提供1.05亿美元的援助(几内亚2500万美元、利比里亚5200万美元、塞拉利昂2800万美元),以帮助这三个国家控制埃博拉病毒传播,资助因埃博拉而陷入经济窘境的社区及家庭,重建公共卫生体系。2015年4月17日,世界银行宣布将在未来12至18个月内向遭受埃博拉疫情影响的塞拉利昂、利比里亚和几内亚三个非洲国家额外提供6.5亿美元资金,用于这三个国家的经济恢复和长期发展需求。至此,该组织注入埃博拉病毒应对和恢复工作的资金总额达到16.2亿美元。[①]

为了保护全世界免遭致命性流行病影响,并落实七国集团(G7)领导人2015年5月在德国峰会期间作出的承诺,世界银行于2016年5月宣布将建立开创性融资基金,保护最贫困国家抗击流行病。开创性融资基金设有一个保险窗口和一个现金窗口,保险窗口将整合来自再保险市场的融资和来自世界银行集团发行巨灾债券的融资,现金窗口作为补充支持成员国,尤其是发展中国家抵抗流行病疫情。如遇传染病疫情爆发,两个窗口将快速向有关国家和符合要求的国际援助机构拨付资金。具体而言,该基金的保险窗口将针对最有可能导致大流行的传染病疫情提供首期三年、最高达5亿美元的保险。这些传染病包括新型正黏液病毒科流感(新型甲、乙、丙型流感)、冠状病毒科疾病("非典"、中东呼吸综合征)、纤丝病毒科疾病(埃博拉、马尔堡)以及其他人畜共患疾病(刚果出血热、裂谷热、拉萨热)。利用公开数据设计的参数触发机制将根据疫情爆发的规模、严重程度和传播速度,确定何时拨付资金、拨付规模。同时,补充性现金窗口将提供使用更灵活的资金,用于应对更多种类新出现但可能尚

---

① 数据来源于中新网、新华网、人民网关于世界银行增加对埃博拉疫情的援助资金的系列报道。参见《世界银行将再向埃博拉疫区国家提供6.5亿美元资金援助》,http://news.163.com/15/0418/06/ANFDCMIK00014JB6.html。

未达到保险窗口激活标准的病原体。① 世界银行计划在头三年内为开创性融资基金筹集 2.5 亿—3 亿美元资金,日本政府承诺向新基金提供首笔捐资 5000 万美元作为启动资金。疫情结束后,世界银行与非洲发展银行针对埃博拉疫区重建问题达成了合作意向:决定在 2015 年至 2016 年期间共同出资 25 亿美元帮助几内亚、利比里亚和塞拉利昂等受埃博拉疫情影响严重的三国进行疫后重建。25 亿美元的重建资金将主要用于重建并巩固上述三国的卫生体系,改善教育、供水、供电等重要民生领域的落后现状。②

联合国作为全球最大的国际组织,在应对突发公共卫生事件方面也发挥着重要的作用。2014 年,面对日益严重的埃博拉疫情,联合国也积极调动各国资源,援助西非国家应对疫情。9 月 18 日,联合国成立埃博拉应急特派团,全面调动联合国系统的能力,为受影响国家提供支持。埃博拉应急特派团有 5 项优先任务:阻止疫情爆发、治疗受感染者、确保关键服务、维持稳定、预防再度爆发。③ 10 月 21 日,在时任秘书长潘基文的呼吁下,联合国设立了"联合国埃博拉响应多方信托基金",拟筹集 10 亿美元专门用于支援西非国家的卫生应急响应和救助。联合国埃博拉响应多方信托基金旨在提供一个灵活的战略性平台,为未获资金支持的西非国家应对埃博拉疫情的重要事项提供资金支持,并协助减少埃博拉病毒感染。世界各国政府、企业、社会组织、个人可以通过捐助的形式支持埃博拉疫情的应对,中国政府共先后捐款 1100 万美元援助西非各国应对疫情。联合国粮农组织于 12 月初设立"非洲团结信托基金",捐款 150 万美元,用于支援受埃博拉疫情影响严重的国家。爆发疫情的几内亚、利比里

---

① 《抗击流行病有钱了!世行设立流行病应急融资基金》,http://finance.sina.com.cn/roll/2016-05-24/doc-ifxskpkx7731147.shtml。
② 《世界银行和非洲发展银行拟共同出资支持受埃博拉重创国家疫后重建》,http://www.mofcom.gov.cn/article/i/jyjl/k/201506/20150601002841.shtml。
③ 《联合国设埃博拉响应基金 寻求募集协调抗击疫情》,http://www.chinanews.com/gj/2014/09-23/6618724.shtml。

第八章　突发公共卫生事件受害人救助的国际经验

亚和塞拉利昂分别获得 50 万美元,用于支持社会动员和培训、农业投入,帮助农村家庭确保其生计和收入等,惠及疫情爆发地区约 4.5 万人。[①] 疫情结束后,联合国于 2015 年 7 月 10 日召开"埃博拉疫区复苏国际会议",承诺提供超过 50 亿美元的资金,用于西非埃博拉疫区的重建工作。[②]

随着全球一体化的发展,世界各国政府越来越认识到跨国合作、相互支持在应对诸如传染性疾病等突发公共卫生事件中的重要性。国际突发公共卫生事件的跨域传播,威胁着多个国家公民的健康和经济安全,为国际组织发挥协调、统筹和援助作用提供了基础。从近几年国际上爆发的霍乱、寨卡、埃博拉、流感等传染病疫情来看,世界卫生组织、世界银行、联合国在技术支持、人员支持、资金支持、事后重建等方面发挥着日益重要的作用。通过创设针对特殊事件的信托基金、援助基金,各个国际组织在筹资、合理配置资金以及确保资金的有效性使用方面已经初步建立了一整套制度,为提高受援国特别是贫穷国家的卫生应急响应能力、改进公共卫生体系奠定了基础。

第五节　国际突发公共卫生事件救助政策的启示

在全球化的今天,任何一个国家或地区都可能会爆发突发公共卫生事件,威胁到公众的健康和经济增长。在应对突发公共卫生事件的过程中,灾难性医疗支出已经成为任何一个个体和家庭不可回避的问题。政府作为一个国家主权的行使者,有责任通过制度供给建立一个有效的疾病风险分散和责任分担体系,使患者得到有效的救治而不会遭受灾难性

---

① 《非洲团结信托基金捐款支援埃博拉疫区国家》,http://news.xinhuanet.com/world/2014-12/04/c_1113520045.htm。

② 《国际社会将为西非埃博拉疫区重建提供巨额资金》,http://world.people.com.cn/n/2015/0711/c157278-27288721.html。

医疗支出的打击,丧失基本的生活水平和尊严。从美国、中国香港以及国际组织建立的应对突发公共卫生事件的保障体系来看,一个有效的风险分担体系要求必须在成本与收益、效率与公平之间寻求合理的均衡,才能发挥最大的保障效能。

美国是一个典型的市场主导型的医疗保险体系,通过商业保险、公共社会保险和医疗救助计划,美国联邦政府和州政府实现了医疗风险的成本分担,从而最大化地消解昂贵的医疗费用对患者造成的经济压力。这一风险分散体系的基础在于美国强制性的医疗保险政策要求雇员、雇主必须参与一项医疗保险计划,即使是医疗保险计划的受益人也被鼓励和支持参加医疗保险来获得更好的保障。一方面,联邦政府不仅确立了市场机制的基础性保障功能,还通过三个机制的设计来有效地平衡不同商业保险公司之间的风险,从而在发挥竞争性机制的基础上,避免了"市场失灵"问题。通过风险调整、再保险和风险通道项目,任何一家保险公司面临的风险都处在"中性"的位置,从而不需要通过逆向选择来降低自身的财务风险,而是致力于提供高质量的保险服务。另一方面,公共保险面向特定群体,为那些无法参加商业保险的人群提供医疗保障,并通过个人与公共财政、联邦财政与州财政之间合理的分担比例来设定医疗保障责任。因此,美国尽管存在市场化的商业保险、政府主导的公共社会保险以及医疗援助,但是应对各种突发公共卫生事件的整体逻辑却是市场化,通过分散风险和分担赔付责任,将个人、雇主、商业保险公司、地方政府、医疗组织以及联邦政府都整合进医疗保障体系内,形成有效的合作结构。尽管美国是世界上医疗费用最昂贵的国家,但是美国公民在遭遇各种疾病特别是突发公共卫生事件时,并不会面临灾难性医疗支出的压力。不仅如此,因为市场机制带来的竞争性压力,无论医院、医生、保险公司或者政府部门,都以提高医疗服务的质量和满意度为目标,使患者获得高质量医疗服务的同时,不会遭受严重的医疗支出压力。

与美国的医疗保障体制相反,中国香港的经验表明,以福利主义国家为主导思想的全民医疗保障也能够为公民提供高质量的医疗服务。中国香港作为国际化的大都市,在医疗保障领域恰恰是低市场化体制,基本上由公共财政提供面向全民的医疗保障服务,商业医疗保险在香港的医疗保障体系中所占的比重微乎其微。一方面,这种医疗保障体制将公平性视为核心目标,通过税收和公共医疗保障,香港特区政府实际上是在对社会资源进行"再分配",从而为所有的市民提供均等化、完全一致的医疗保障服务。另一方面,香港商业保险市场在面对全民医疗保障时缺乏竞争力,也意味着商业健康保险市场的不成熟。毕竟,在福利主义政策下,政府几乎承担了全部的公共产品和公共服务的供给职能,市场主体没有动力和能力参与这一领域的竞争。香港的医疗保障不可避免地遇到了财政支出压力、内部竞争缺失等问题。尽管香港特区政府已经开始逐步探索鼓励和引导商业保险市场更积极地参与健康保险服务,但从短期来看无论是特区政府还是民众,都无法期望一个成熟的商业保险市场发挥基础性的风险分散和责任分担职能。从这个意义上说,香港的公共财政主导型的医疗保障和救助体系在老龄化、经济增长不稳定以及服务效率低下等问题的影响下,必须重塑不同主体之间的责任关系,最终形成一个整合个人、市场和公共财政的合作体系来应对越来越多的公共卫生事件。

  国际社会应对各种突发公共卫生事件的经验表明,在全球化的今天,一个主权国家应该充分认识到国际合作的重要性,以开放、合作和互助为原则,整合全球力量来应对突发公共卫生事件的挑战。无论是世界卫生组织、世界银行、联合国还是其他的区域性国际组织,在国际影响力、筹资能力以及行动能力方面都具有较好的表现。在面对无力应对的突发公共卫生事件时,民族国家不应该以"主权"为理由拒绝国际合作。毕竟,"独善其身"的时代已经过去了。只有了解国际规则,认同国家间合作,才能够获得更多的国际资源,也才能增强本国应对各种突发公共卫生事件的能力,最大化地保护本国民众的健康和安全。因此,只有建立明确的国际合作结构和工作制度,主权国家才能增强自身的应急响应能力,应对各种不确定性的挑战。

突发公共卫生事件往往跨地区、跨国家,极容易形成全球化的破坏事件。现代国家有责任为公民提供一个有效的医疗卫生风险分散体系,以应对日益严重的卫生风险。在这其中,公共财政发挥着基础性的作用,承担"兜底"责任。毕竟,保护公民的健康权是政府不可推卸的责任。当然,在医疗保障的具体政策上,公共财政如何发挥作用在不同国家和地区之间有巨大的差别。公共财政既可以直接提供医疗保险和救助服务,也可以通过激励保险市场来发挥保障功能。一个有效的公共卫生应急管理体系应该注重公共财政、保险市场和国际社会之间的协作。

第九章

社会安全事件受害人救助政策分析：中国经验

随着中国经济改革和社会发展,各类社会矛盾凸显,整个社会呈现转型期与不稳定性叠加的特征。中国快速现代化带来的社会风险一个明显的表现就是各类突发社会安全事件。突发社会安全事件是指在各类社会矛盾不能有效调和的情况下,由于矛盾激化所导致的部分社会成员所做出的包含不可预料性因素,在主观上违背一般社会认同感、客观上违背国家安全政策,对社会的公共秩序和公共安全带来破坏的个体或集体行为。① 随着各类社会矛盾逐渐多样化,突发社会安全事件的内涵和外延都不断扩大。突发社会安全事件具有不可预测性、社会矛盾性、危害公共安全、表现形式复杂多样等特征。常见的突发社会安全事件包括重大刑事案件、恐怖袭击事件、涉外突发事件、经济安全事件、群体性事件、民族宗教事件以及其他社会影响严重的突发社会安全事件。

第一节 突发社会安全事件造成重大损失

在各类社会安全事件中,群体性事件是影响社会公共安全和秩序的重要类型。群体性事件是一个"中国特色"的词汇。"群体"是指相对于个体的各种社会成员的聚合。② "群体性"顾名思义,就是指涉及的人数比

---

① 冯毅:《社会安全突发事件概念的界定》,载《法制与社会》2010年第25期。
② 《辞海》,上海辞书出版社1989年版,第2164页。

较多,有一定的参与规模。根据公安部的界定,当代中国群体性事件包括:(1)人数较多的非法集会、游行、示威;(2)集会、游行、示威、集体上访等活动中出现的严重扰乱社会秩序或者危害公共安全的行为;(3)严重影响社会稳定的罢工、罢课、罢市;(4)非法组织和邪教组织的大规模聚集活动;(5)聚众包围、冲击党和国家机关、司法机关、军事机关、重要警卫目标、广播电台、电视台、交通枢纽、外国驻华使领馆以及其他要害部门或者单位;(6)聚众堵塞公共交通枢纽、交通干线,破坏公共交通秩序或者非法占据公共场所;(7)在大型体育比赛、文娱、商贸、庆典等活动中出现聚众滋事或者骚乱;(8)聚众哄抢国家仓库、重点工程物资以及其他公私财产;(9)较大规模的聚众械斗;(10)严重危害公共安全、破坏社会秩序的其他群体性行为。① 从本质上看,群体性事件是一定规模的社会成员为了表达共同的意愿或寻求共同的利益,采取群体性聚集的方式,或采取违背有关法律、法规的激烈行为,危害正常的社会政治秩序或社会生活秩序,足以或已经造成社会影响的一种紧急状态。②

按照国家综治委统计,从 1993 年到 2003 年,我国群体性事件由 1 万起增加到 6 万起,参与人数由原来的约 73 万人增加到约 307 万人。③ 根据公安部的统计,2004 年得到报告的群体性事件达 74000 起,2005 年达到 87000 起。④ 2006 年,全国共发生 9 万起各种类型的群体性事件。2010 年,全国群体性事件的发生规模突破了 10 万起。2011 年,全国群体性事件共计近 18 万起。⑤ 近几年,随着我国经济增长压力增大,经济结构调整中的各种利益矛盾更加突出,群体性事件的总体数量有所增长,特

---

① 《公安机关处置群体性治安事件规定》(公发〔2000〕5 号)。
② 余凌云主编:《警察预警与应急机制》,中国人民公安大学出版社 2007 年版,第 191 页。
③ 汝信、陆学艺、李培林主编:《2005 年:中国社会形势分析与预测》,社会科学文献出版社 2005 年版。
④ 孙瑾、郑风田:《关于中国农村社会冲突的国内外研究评述》,载《中国农村观察》2009 年第 1 期。
⑤ 应星:《中国的群体性抗争行动》,载《二十一世纪》2012 年第 6 期。

别是拆迁、失业、环保维权等类型的群体性事件呈现高发的态势。① 各类群体性事件的多发、高发，不仅严重影响了社会公共安全和社会秩序，有的还演化成严重暴力性打砸抢烧活动，对社会公众造成伤害，并对公私财物造成严重损失。例如，2005 年 4 月 10 日，浙江省东阳市画水镇发生因化工园区污染引发的暴力性群体事件，导致 60 多辆政府的大小型车辆被毁、40 多人伤残的严重后果。② 2012 年，因中日钓鱼岛争端各地发生持续多日的反日游行，给日式餐饮企业、日资企业、中资企业造成严重的经济损失。据披露，在 9 月为期一周的反日游行期间，位于北京的日本驻华使馆附近一条街上的日式餐饮企业平均营业额日均损失 2 万元以上。青岛发生游行人群打砸烧毁一家日本品牌汽车 4S 店的暴力行为，造成直接经济损失 1 亿多元。③

各种重特大刑事案件也对社会公共安全和公民生命、财产带来严重危害。2010 年，我国各地相继发生多起针对中小学生的严重暴力伤害事件。2010 年 3 月 23 日，福建南平实验小学发生严重暴力案件，犯罪嫌疑人在不到 1 分钟时间内疯狂捅刺 13 名小学生，致 8 人死亡。4 月 12 日，广西壮族自治区合浦县西场镇小学门前发生严重暴力案件，犯罪嫌疑人持刀砍死 2 人、砍伤 5 人。4 月 28 日，广东湛江雷州市雷城第一小学发生严重暴力事件，犯罪嫌疑人进入学校后共砍伤 16 名学生及 1 名老师。4 月 29 日，江苏泰兴市泰兴镇中心幼儿园发生严重暴力事件，犯罪嫌疑人砍伤 28 名学生、2 名教师、1 名保安，其中 3 人有生命危险。4 月 30 日 8 时许，山东潍坊市坊子区尚庄小学发生暴力袭击师生案件，犯罪嫌疑人打伤 5 名学生后，将汽油浇在自己身上点燃，导致 5 名学生受伤。12 月 14 日上午，河南省光山县发生严重暴力袭击事件，犯罪嫌疑人砍伤 22 名

---

① 于建嵘：《当前群体性事件的态势和特征》，http://cul.qq.com/a/20160223/023980.htm。
② 高恩新：《加速与间断：农村集体行动转型研究》，华东师范大学出版社 2010 年版。
③ 《青岛丰田 4S 店被烧 各地反日游行打砸抢烧掉的经济损失》，http://stock.591hx.com/article/2012-09-18/0000582127s.shtml。

学生。

一些社会矛盾引发的恶性刑事案件造成了严重的危害,群死群伤的后果对社会造成严重影响。2008年5月5日,上海市杨浦区842路公交车发生爆燃事件,共计造成3人死亡、12人受伤。2009年6月5日,四川成都9路公交车在川陕立交下桥处发生燃烧,造成27人遇难、76人受伤。2009年7月5日,新疆乌鲁木齐发生严重暴力冲突事件,共计造成1700多人受伤、197人死亡,车辆烧毁106辆、砸坏1030辆,直接经济损失共计6895万元。2013年3月28日,上海市奉贤区发生严重暴力刑事案件,犯罪嫌疑人在杀害2名亲属后,沿街砍伤12名路人,造成2死11伤严重后果。2013年6月7日,犯罪嫌疑人陈某在厦门一辆快速行使的公交车上点燃易燃物品引发大火,共计造成47人死亡、34人受伤。2013年10月28日,北京天安门广场发生严重暴力袭击事件,造成无辜群众3人死亡、39人受伤。2014年7月5日,浙江省杭州市庆春路东坡路口一辆7路公交车发生爆燃,共造成32人不同程度烧伤,其中危重病人15名。2016年1月5日,宁夏银川发生特大公交车纵火案,犯罪嫌疑人因泄愤引燃易燃物品,导致17人死亡、32人受伤的严重后果。

面对各种突发社会安全事件带来的较大规模的人员和财产损失,普通刑事案件中依据侵权原则确定的民事赔偿难以奏效。从我国各类突发社会安全事件的实际情况来看,难以确认加害方、加害方没有能力履行赔偿义务或者加害人本身在事件中存在主体灭失等情况,受害人的人身伤害和财产损失难以得到有效的赔偿。特别是在暴力性的社会安全事件中,需要公共权力介入,通过有效的补偿和救助来帮助受害人减少损失,从而体现公共权力机关保护公民生命和财产不受侵犯、维护社会公平公正和人权的职能。

第二节　突发社会安全事件受害人救助政策构成

一、针对人身伤害的国家救助政策

按照普通侵权的一般原则,被害人可以通过对犯罪人的民事侵权诉讼获得相应的赔偿,以减轻因人身、财产和精神等方面的损失。针对遭受犯罪行为侵害的被害人,无法从犯罪人或者其他途径获得赔偿时,由国家给予一定的物质帮助是一种基本的司法保护制度。与民事侵权赔偿不同,国家对受害人进行的补偿是一种国家责任,与因违法行政行为导致的国家赔偿、合法行政行为引起的行政补偿有本质的不同。针对刑事受害人的国家补偿实际上是代表社会共同承担被害人的不幸,发挥一种类似于社会保险体系下的风险分散责任。

在现代社会,公民依法向国家缴纳赋税,国家向每一位公民提供安全保障和其他的公共服务,国家与公民之间实际上签订了某种安全保险契约。一旦某一位公民遭受了侵害,在被害人符合保险契约约定的条件下,被害人有从国家那里获得物质补偿的权利,国家则代表全社会在没有履行安全承诺又不承担法定侵权责任的情况下给予相应物质补偿。[①] 英国古典形式学派的代表人物边沁提出:"(国家补偿被害人)这种公费补偿责任建立在一条公理之上:一笔钱款分摊在众人之中,与在一个人或者少数人身上相比,对每个捐献者而言,实在微不足道。犯罪所造成的灾难与自然灾难别无两样。如果房屋火灾被保险,房屋主人可以安心的话,如另外又能对抢劫损害保险,他会更高枕无忧。"[②] 被害人之所以成为被害人,实际上是由于他"不幸在一个偶然的时机被选择出来承担了社会的某种风

[①] 胡国建:《国家为什么要补偿犯罪被害人——西方国家被害人补偿的理论争论》,载《学理论》2009 年第 32 期。

[②] 〔英〕边沁:《立法理论》,李贵方等译,中国人民公安大学出版社 2004 年版,第 368 页。

险",理应由社会全体成员来共同对受害人的不幸承担责任。这种以国家代表全社会承担刑事受害人补偿责任的理论实际上强调由社会全体公民共同分担犯罪被害的成本和风险,并以此形成了国家主导模式的刑事被害人救助制度。

与国家责任理论的观点不同,社会福利主义的观点认为现代国家的任务在于为所有的社会成员提供社会安全体系,以求改善社会中较弱的人员的生活,犯罪受害人作为社会生活中的弱势群体,改善他们的生活自然就是国家的任务。社会救助制度就成为国家为受害人提供帮助的现代社会保障体系。所谓社会救助,就是指国家对于遭受灾害、失去劳动能力的公民以及低收入的公民给予物质救助,以维持其最低生活水平的一项社会保障制度。[①] 这种观点实际上拒绝国家责任,将国家救助看作一个福利主义或者国家恩恤性质的政策,本质上体现了社会的人道主义精神,即通过对社会的财富再分配来实现社会的公平与正义。[②] 不同的理论视角揭示了针对刑事被害人进行物质帮助的理论根基,以"补偿"为政策形式的国家责任体系和以"救助"为政策形式的国家福利保障体系都可以推导出国家针对刑事被害人给予物质帮助的给付义务,为规范政策体系提供了立法根基和社会共识。[③]

改革开放以来,我国各类社会风险逐渐增加,一个显著的后果就是各类刑事案件呈现高发、多发的态势。尽管我国法律对刑事受害人因遭受侵权导致的损害可以通过民事诉讼由犯罪人加以赔偿来实现矫正正义和社会公平,但考虑到赔偿义务人的赔偿能力不足、难以确认犯罪嫌疑人以及各项证据不足难以认定赔偿责任人等复杂情况,大约有 80% 的刑事受

[①] 林嘉:《社会保障法的理念、实践与创新》,中国人民大学出版社 2002 年版。
[②] 张红、董时华:《刑事被害人救助制度的路径思考及选择——以社会保障法为视角》,载《西部法学评论》2014 年第 2 期。
[③] 赵国玲、徐然:《刑事被害人救助立法根基的比较与重构——从救助和补偿的概念之争谈起》,载《东南学术》2015 年第 1 期。

害人难以得到实际赔偿。①针对大量的刑事受害人无法得到民事赔偿、面临较大的生活困难的情况下,各个地方在中央统一指导下,积极探索对刑事被害人进行经济困难救助的措施。

2004年,山东淄博市率先开始实施刑事受害人经济困难救助。同年,山东青岛市针对生活困难的刑事受害人实施发放救济金的办法。在总结山东、江苏等地试点经验的基础上,中央政法委、最高人民法院、最高人民检察院、公安部、民政部、司法部、财政部、人保部于2009年3月9日联合出台了《关于开展刑事被害人救助工作的若干意见》(以下称《若干意见》),对刑事受害人救助工作的指导思想、总体要求、基本原则、救助对象范围、救助标准、救助资金保障与管理、救助的审批与发放等问题作出了原则性规定。《若干意见》明确了针对刑事被害人的救助实际上是一种过渡性安排,只是在被害人及其近亲属无法从被告人及其他赔偿义务人处获得有效赔偿的情况下,国家给予适当的经济资助,帮助其解决暂时困难的一种措施,是补充性、辅助性、体现国家关怀的抚慰性和救济性措施,不是国家赔偿和补偿。《若干意见》要求针对刑事受害人的救助重点要保障因遭受严重暴力犯罪侵害、导致严重伤亡甚至死亡的刑事被害人及其近亲属的救助需求。各地可以根据受害人实际经济生活水平、地方经济发展水平、实际获得赔偿的情况等因素,统筹考虑赔偿标准。救助资金由各地政府财政部门统筹安排,同时鼓励社会组织和个人捐助。

根据中央关于推进刑事受害人救助政策的统一部署,目前全国大部分省份都已出台了地方性法规或者规范性文件,针对刑事受害人,尤其是严重暴力犯罪被害人实施国家救助。在具体实施救助的过程中,针对刑事受害人有两种不同的救助模式:无锡模式和宁夏模式。2009年10月1日,无锡市实施《无锡市刑事被害人特困救助条例》,明确规定在本市行政区域内因犯罪行为侵害造成人身重大伤害或者死亡,无法及时获得加

---

① 沈亮、马岩、罗智勇、王敏:《刑事被害人救助制度改革略谈》,载《中国审判》2010年第4期。

人赔偿、工伤赔偿、保险赔付,因医疗救治等原因造成家庭生活陷入严重困境的人,可以申请救助。无锡市实施的刑事被害人救助不仅仅局限于被害人自身,也包括被害人的被赡养人、被抚养人和被扶养人,救助范围较广泛。① 2010年1月1日,宁夏回族自治区施行《宁夏回族自治区刑事被害人困难救助条例》,规定针对因严重暴力犯罪造成被害人伤残或死亡,刑事被告人无力支付赔偿,刑事被害人或由其赡养、扶养、抚养的近亲属无力维持最低生活水平所必需的支出,确有生活困难,给予一次性临时救助。② 相对于无锡市救助的范围,宁夏实施的刑事被害人救助对象范围稍小,仅指向严重暴力犯罪的受害人及其近亲属。③

按照我国法律法规的有关规定,在暴力犯罪过程中遭受人身伤害的受害人或其近亲属可以主张的赔偿内容包括:医疗支出、务工导致的收入减少、因受伤导致的生活支出的增加及因丧失劳动能力导致的收入损失,受害人死亡的可以主张抢救支出、务工收入减少、丧葬费、被扶养人生活费、死亡补偿费以及因办理丧葬产生的交通费、住宿费、务工损失等其他合理费用。④ 2009年7月5日,新疆乌鲁木齐发生打砸抢烧暴力冲突事件,导致1700多人受伤、197人死亡。截至当年8月10日,新疆各保险公司共接到人身险保险案件210起,通过绿色理赔通道向23名死亡人员赔付185.2万元。根据乌鲁木齐市善后工作安排,政府对每一位无辜死亡的群众给予20万元特殊抚恤金、1万元丧葬补助和1万元慰问金,由自治区政府和乌鲁木齐市政府承担。此外,自治区政府决定,汇集来自国内其他省份、自治区内国有企业和其他社会各界捐款,设立"民族团结互助基金",为每一位遇难者提供20万元的救助,与政府发放的慰问金加在一起,每一位遇难者家属可以得到42万元人民币抚恤救助。

---

① 《无锡市刑事被害人特困救助条例》第9、10条。
② 《宁夏回族自治区刑事被害人困难救助条例》第3条。
③ 孟红:《刑事被害人救助制度之救助对象范围略论》,载《东南大学学报(哲学社会科学版)》2011年第6期。
④ 《最高人民法院关于审理人身损害赔偿案件若干问题的解释》(法释〔2003〕20号)。

2013年6月7日,厦门发生特大公交车纵火案,共造成47人死亡、34人受伤的严重后果。此次案件共涉及险种8个,包括车损险及第三者责任险、承运人责任险、自然灾害公众责任险、校方责任险、团体意外伤害保险、学生平安险和年金及终身寿险。除承运人责任险外,案件共涉及被保险人26人(多险种投保的不重复计算)。截至当年6月26日,保险公司各项赔付资金均已到位,已实现预付及赔付1320万元。[1] 根据善后工作安排,政府将一次性赔偿遇难者死亡赔偿金、被抚养人(父母和孩子)生活费、安葬费等共计119万余元。

2014年3月1日,云南昆明火车站发生暴力恐怖袭击事件,造成31人死亡、141人受伤。中国人寿保险股份有限公司云南省分公司在案件发生后立即向已核实身份的2名不幸遇难客户家属兑现身故保险金每人2万元。在善后工作中,昆明市政府决定遇难者的基本丧葬费,包括火葬、殡仪、悼念等服务费用,均由政府支付;对受伤人员的治疗费用,也由政府全额支付;善后工作开展期间,遇难者和伤者家属在昆明的吃、住、行等费用,政府全部负责。此外,昆明市还对无辜遇难者家属给予一次性救助金,作为人道主义救助。

2016年1月5日,宁夏银川发生"1·5"公交车纵火案,导致17名乘客死亡。根据善后工作安排,由银川市公交公司给予每位遇难者一次性补偿75万元,包含了死亡补偿金、丧葬费、被抚养人生活费、误工费、护理费、交通费、精神损害慰问金等内容。

此外,一些地方政府还对突发公共安全事件受害者提供社会救助。2008年"3·14"事件发生后,甘肃省政府规定凡是生活困难的受损商户,符合现行城镇居民最低生活保障条件的,按低保标准给予救助;对受损商户及其员工,按照当地失业保险金标准发给生活困难补助;对事件中的受伤人员所发生的医疗费用,已经参加城镇职工基本医疗保险和城镇居民

---

[1] 《厦门公交纵火案 保险业预计赔付1994万元》,http://money.sohu.com/20130628/n380119235.shtml。

基本医疗保险的,在保险统筹基金中按规定支付;未参加上述保险的,由省民政部门实施全额医疗救助。通过实施将社会公共安全事件受害人纳入社会救助,给予相应的帮扶的政策,受害人能够最大限度地维持基本生活水平,避免因医疗、工作等问题导致生活困难。[①]

二、针对财产损失的救助和帮扶政策

受害人遭受巨额的财产损失也是社会安全事件的常见后果。2008年,西藏拉萨市爆发"3·14"暴力事件,烧毁民房120间,损毁车辆84台,焚毁砸抢商铺908家,7所学校、5家医院受损,直接经济损失近2.5亿元。2009年,新疆"7·5"事件中,事后统计表明受损的房屋有633户,其中受损店面291家、被烧毁的房屋29户;被烧、砸的车辆627辆,其中被烧毁的184辆;不少店铺的货物被砸、被抢,许多市政、电力、交通等公共设施遭到严重破坏,直接经济损失6895万元。2012年9月,因钓鱼岛问题引发中日两国关系紧张,全国各地爆发多起反日游行活动。在西安、青岛、成都、广州等地相继发生日系品牌私家轿车被打砸事件,导致公民私人财产受到不同程度的损害。其中,青岛市发生严重暴力打砸日系4S店的违法犯罪活动,造成直接经济损失1亿多元人民币。

按照侵权责任法的有关规定,违法犯罪活动导致的财产损失应该由侵权主体承担赔偿义务。个人或者企业购买了各种类型的财产保险,遭受损失后可以通过保险赔付减轻损失。但整体上看,在我国各类财产保险中,投保财产保险的比率较低,仅有5%左右的人投保了家庭财产险,10%左右的企业投保了企业财产险。较低的保费一直未能改变家财险投保率低的现状,这反映了现在人们投保家财险的意识比较薄弱,保险赔付规模有限,覆盖面较窄。例如,2009年新疆"7·5"事件中,保险公司共接到财产损失报案20起,估损金额1088.98万元;共接到车辆受损报案425

[①] 《甘肃出台政策扶持甘南打砸抢烧事件中受损商户》,http://news.sohu.com/20080413/n256266369.shtml。

第九章 社会安全事件受害人救助政策分析：中国经验

起,按照参保商业车损险的全额通融赔付原则,共支付保险赔偿金451.22万元,赔付金额还不到所有财产损失的10%。按照刑事受害人救助的制度规定,国家提供的救助范围限于受害人或者其家属维持最低生活水平所需要的救助,并没有将遭受的财产损失纳入救助范围。在这种情况下,受害人遭受的财产损失除非有明确的侵权责任主体或者财产保险赔偿,否则难以得到有效的救助来减少损失。

针对各种突发社会安全事件对公民、企业和社会组织合法财产导致的重大损失,事发地政府积极通过帮扶政策帮助财产受害人减少损失,尽快恢复生产和经营活动。西藏"3·14"事件之后,西藏工商、税务部门对直接受损商户发放了1125份受损确定书,办结减免税申请637户,年减免税额377万元;拉萨市国税局对间接受损行业的3094户纳税人办理了减免税审批,年减免税额3034万元。① 针对"3·14"事件中受损商户及其员工面临的停业、歇业和失业问题,西藏自治区政府决定开展失业救助工作,对符合救助条件的商户和员工,按月发放失业救助金。同时,受损商户和员工可以缓缴社会保险费,并享受政府提供的社保补贴、岗位补贴和职业培训补贴的"五缓三补贴"等优惠政策。截至2009年底,针对拉萨"3·14"事件中受损商户及其员工的失业救助工作已全面完成,共发放失业救助金659.85万元。其中,为符合失业救助条件的受损商户及其员工发放失业救助金133.89万元,为受影响行业发放失业救助金525.96万元。②

为了尽快恢复甘南藏族自治州正常的生产经营秩序,甘肃省政府也出台优惠政策,对"3·14"打砸抢烧事件中受损的商户进行扶持,推出的优惠政策包括:对受损商户免征营业税、企业所得税、城市维护建设税和

---

① 《西藏为打砸抢烧事件受损商户减免税款3400万》,http://news.sina.com.cn/c/2008-08-29/161416197621.shtml。
② 《拉萨打砸抢烧事件受损商户及员工救助工作完成》,http://news.163.com/10/0111/22/5SPFGAAL000120GU.html。

教育费附加;对受损的增值税个人经营者或免征增值税,或重新核定销售额;对受损商户免征个人所得税,对出租车司机减半征收个人所得税;对受损商户恢复生产经营所需资金贷款予以贴息。按照帮扶政策规定,在甘南藏族自治州内银行有生产经营资金贷款,且贷款余额部分在 100 万元以内的,由省财政进行贴息;受损商户为恢复生产经营秩序在州内银行取得生产经营资金贷款的,由省财政在 100 万元贷款额度以内实行全额贴息。①

2009 年新疆"7·5"事件后,乌鲁木齐市政府已经相继出台一系列措施,对事件中受损商户重建给予政策扶持。乌鲁木齐市市属税务部门对"7·5"事件中政府确认直接受损商户和企业视情况给予免收 1—3 年增值税、所得税、营业税、城建税和教育费附加;对在"7·5"事件中生产经营受影响的商户和企业根据受损程度免收 3 个月的增值税、所得税、营业税、城建税和教育费附加。此外,政府还组成工作组深入了解商户的实际困难,并且视情况给予补助和帮扶。此外,政府还组织了一些金融机构与商户召开座谈会,了解他们的诉求,最大限度地解决融资问题。②

第三节 突发社会安全事件受害人救助实践中的问题

自 2009 年全国开始推进刑事受害人救助试点工作以来,各个地方以此为基础相继探索了不同的救助模式,对于减轻刑事受害人的人身伤害、财产损失、精神伤害以及解决受害人及其家属的生活困难起到了较好的作用。从历次突发社会安全事件的善后工作来看,利用有效的刑事受害人救助制度,事发地政府积极介入善后补偿或者救助工作,有效地帮助刑

---

① 《甘肃出台政策扶持甘南打砸抢烧事件中受损商户》,http://news.sohu.com/20080413/n256266369.shtml。
② 《乌鲁木齐:"7·5"事件中受损商户得到政府扶持》,http://news.163.com/09/0819/15/5H3C6PN7000120GR.html。

第九章 社会安全事件受害人救助政策分析:中国经验

事受害人摆脱生活、生产困难,避免了因事件善后处置不当引发社会稳定风险。但是,从近年来发生的突发安全事件的善后实践来看,也有一些问题比较突出。

第一,缺乏全国统一的法律法规,导致突发社会安全事件的善后救助缺乏统一性、规范性。

在刑事受害人救助指导意见的基础上,宁夏、无锡、山东等地相继出台了地方性的救助政策。但是,各个地方的救助政策在救助对象范围、救助标准、救助程序以及救助管理办法等方面存在差异。例如,宁夏与无锡在刑事受害人救助对象的范围上就存在不一致,宁夏的救助对象范围要小一点。由于缺乏统一的制度规范,在对社会安全事件的受害人进行救助时,往往标准不统一,引发新的社会矛盾。例如,针对遭受突发社会安全事件伤害的人身救助有的地方给予40万元,有的地方则近120万元。针对突发社会安全事件导致的经济损失,有的地方通过出台减税政策或者其他的政策性帮扶,有的地方则根据经济损失给予相应的财政补助。地区之间、城乡之间救助标准的不一致,已经成为当前突发社会安全事件善后救助的突出问题。

第二,公共财政承担了主要的救助责任,但是法律法规并没有给予足够的制度支持。

在全国缺乏统一的法律法规规范突发社会安全事件善后救助的情况下,各个地方往往针对突发社会安全事件采取临时措施,针对单一事件制定相应的善后工作方案。尽管学界、实践部门对公共财政应该承担多大的责任存在不同的分歧,但是这种个案性、临时性的善后措施确实会遇到法律制约。各地地方政府年度预算安排中预备费预留额度较小,各种突发事件都可能对这部分财政造成较大的支出压力。在这种情况下,如何及时筹措资金对突发社会安全事件的受害者进行人身或者经济救助会给地方政府造成较大的压力。在一些个案中,地方政府不得已需要采取一种混合型救助资金筹措模式,即财政资金承担一部分(不同层级政府之间分担)、社会捐助承担一部分(将社会捐款纳入救助资金统一分配)、国有企业承担一部分的方式来筹集资金给予受害者救助。救助资金是否筹集到位完全取决于地方政府领导人资源动员能力,具有不确定性。

第三,针对社会安全事件的救助完全采取行政主导模式,由政府负责筹集资金、分配资金,缺乏其他社会主体的介入,往往使得开展社会安全事件善后工作的各级政府成为各种矛盾的焦点。

在侵权责任主体无力履行赔偿义务或者难以确定侵权责任主体的前提下,公共财政可以承担救助的责任。但是,在给予救助的过程中,如何通过吸纳市场主体或者社会主体来执行具体的救助过程,如通过第三方公开、公平、公正地确认受害人损失,商定救助金额并接受各方监督。通过吸纳第三方执行突发社会安全事件受害人救助,最大化地减少政府面临的维稳压力。在第三方实施救助的过程中,遇到任何矛盾和纠纷,政府以出资人、监管者、调停者的身份介入救助过程,能够拥有更好的权威性和独立性,在提高救助效率的同时,也有助于减少政府权威可能遇到的损害。

第四,市场机制在突发社会安全事件善后救助过程中发挥的作用比较弱,缺位问题比较突出。

由于我国公众保险和风险意识比较薄弱,人身意外保险、健康人寿保险、家庭财产险、企业财产险等保险覆盖范围有限,一旦发生突发意外事件造成人身或者财产损失,保险所发挥的风险分散作用非常有限。在近年来发生的各类突发社会安全事件中,保险对人身伤害的赔偿与政府给予的各种救助相比,大约仅占后者的3%,针对财产损失的保险赔付与全部损失相比约占10%—20%。针对人身意外伤害的保险赔付不足,很大程度上导致公共财政必须承担更大的责任救助受害者或者家属。针对突发社会安全事件导致的财产损失,保险赔付不足的情况下,因受损涉及面广、赔偿需求数额巨大,公共财政无力也没有法律依据进行全额救助,往往只能通过临时性政策给予相应的扶持,将涉及的人员纳入城市或者农村最低生活保障予以救助。因此,市场的缺位所导致的风险很大程度上转移到公共部门,给地方各级政府带来巨大的财政压力。

第五,政府法治意识比较单薄,更多以"政治考量"和"维稳"为目标处理突发社会安全事件的善后工作。

在善后工作中,各级地方政府担心处置不当引发社会稳定风险,往往从尽快结束善后工作、满足受害人需求和防止出现信访等社会稳定事件的角度出发,尽可能通过救助快速结束善后工作。在这种思维下,各级地方政府往往会超越法律赋予的权限,也没有进行细致、认真的调查,而是为了维稳与受害人达成一致,签署赔偿、补偿或者救助协议,要求受害人放弃相应的权利,以快速完成善后工作。在这种善后工作模式中,法治原则不是第一位的,如何尽快消除社会影响、如何防止受害人上访或者减少可能的社会稳定风险是处理善后工作的首要原则。法治思维让位于政治思维,运用财政资源和社会资源实现社会稳定成为主导性的善后工作思维。最终,社会被诱导成为将受害人是否获得预期补偿和救助、政府是否有效预防社会稳定风险作为衡量善后工作成败的唯一标准。对社会安全事件本身的反思与追问、对政府责任边界的质疑、对法律规范的尊重以及公平与正义被忽视。每一次突发社会安全事件仅仅是个案,缺乏对社会的反思意义,也难以起到推动社会进步和制度创新的作用。

第十章

社会安全事件受害人补偿政策：美国经验

当前，世界各国面临着各种社会安全风险。在这些社会安全风险中，恐怖主义是最为严重的社会安全风险。恐怖主义是指某个组织或者个人为了达到某种特定目的，对一国政府、社会公众使用或者威胁使用暴力，以夺取他人生命、健康或者财产相要挟并企图通过这种行为对他人产生影响，使人丧失基本安全感的战争以外的有预谋、有组织犯罪行为。[①] 恐怖主义者通过暗杀、爆炸、大规模枪击、化学武器等危害社会公众和政府的安全。恐怖主义活动一个典型的客观后果是社会公众的生命、财产安全遭受严重威胁甚至极大的损失。一系列重大恐怖袭击导致人员伤亡、财产损失成为世界各国政府、国际社会面临的严重挑战。

第一节　全球面临恐怖主义风险

在过去的四十多年里，全球92%的国家遭受过各种各样的恐怖袭击。各国的商业机构、政府机构、外事机构、机场、基础设施、驻外使领馆、学校以及政党办公驻地等成为恐怖袭击的对象。自1973年以来，全球有28万人死于各种类型的恐怖袭击事件，36万多人受伤，造成财产损失超

---

① 对恐怖主义定义的讨论可以参见莫洪宪、叶小琴：《我国恐怖主义定义研究综述》，载《北京行政学院学报》2005年第5期。

过200亿美元。① 中东和北非地区、南亚地区、南美洲地区、西欧地区成为世界恐怖主义活动发生率较高的地区。在各种类型的恐怖袭击活动中,平民及其财产是主要攻击对象,其次是商业机构、军事机构、一般政府部门和警察机构。爆炸、武装袭击作为最主要的恐怖主义行为,对个体的生命和公私财产造成了严重的损害。过去三十年间全世界最严重的恐怖袭击事件包括:1985年加拿大印航炸弹恐怖袭击导致329人遇难,1988年英国洛克比空难导致259人遇难,1993年印度孟买连环爆炸案导致257人遇难、713人受伤,1995年美国俄克拉荷马州爆炸事件导致168人死亡、600多人受伤,1996年埃塞俄比亚空难导致127人死亡,2001年美国"9·11"事件共导致2996人遇难,2002年印尼巴厘岛连环爆炸案导致202人死亡,2004年马德里爆炸案导致190人丧生、1500多人受伤,②2015年巴黎连环暴力恐怖袭击造成129人死亡、300多人受伤。③

美国作为世界首要强国,是恐怖主义袭击的主要受害国。1954年至2000年,美国本土共发生3228件恐怖袭击事件,共计造成660人死亡。④最近二十多年里,美国发生了多起严重的暴力恐怖袭击事件。1993年,美国纽约世贸中心发生爆炸案,导致6人死亡、1000多人受伤。1995年,美国俄克拉荷马州发生炸弹爆炸事件,共计造成168人死亡、600多人受伤。2001年,举世震惊的"9·11"事件导致2996人遇难,直接经济损失达到2000亿美元。2009年,美国得克萨斯州发生枪击事件,导致13人死亡、30多人受伤。⑤ 2013年4月15日,美国波士顿在马拉松比赛过程中发生炸弹袭击事件,造成4人死亡、183人受伤。随着美国国家安全体系的完善,有组织的大规模恐怖袭击事件发生率大幅度降低。但是,个体

---

① 数据来源:全球恐怖主义数据库,http://www.start.umd.edu/gtd/。
② 方研:《全球重大恐怖袭击盘点》,载《生命与灾害》2014年第3期。
③ 沈孝泉:《巴黎11·13恐怖袭击事件及其影响》,载《军事文摘》2016年第1期。
④ Christopher Hewitt, *Understanding Terrorism in America from the Klan to Al Qaeda*, Routledge, 2002, pp.5-8.
⑤ 《盘点:近百年美国10大恐怖袭击》,载《方圆》2016年第12期。

化的"独狼式"恐怖袭击近年来逐渐上升,给美国社会公众的生命和财产安全带来严重威胁。例如,2016年6月12日,美国佛罗里达州奥兰多市"脉动"酒吧发生枪击事件,共计造成49人死亡、53人受伤。纽约时报广场爆炸案、奥兰多酒吧枪击案、弗吉尼亚理工大学袭击案等恐怖主义性质的暴力事件不仅仅使各地安全机构难以防范,还对当地民众的生命安全、信心带来较大的破坏,成为美国国家安全的新挑战。

第二节　美国社会安全事件保险赔偿体系

美国是世界上保险市场最发达的国家。保险业为商业财产、个人财产、人寿健康风险等提供了较为有效的风险分担机制。从理论上说,考虑到恐怖主义风险的难以预测性、人为性以及损失的规模较大,恐怖主义是一种不可保的风险,私人保险市场不愿意介入恐怖主义风险的承保市场。另外,很多商业保险公司往往会把恐怖主义风险作为免责条款,不承担赔偿的义务。在"9·11"事件之前,也有一些商业保险公司为各种商业财产提供免费的恐怖主义风险保单,只要购买了财产险,恐怖主义风险不属于免责条款,从而为一些个人或者商业机构提供保险保障。

原来很多商业保险公司认为恐怖主义属于低风险,即使纳入赔偿条款,也不会对商业保险公司带来严重的赔偿责任,反而可能会增强在保险市场上的产品竞争力。但是,"9·11"事件发生后,各保险公司、再保险公司共支付了325亿美元的保险赔付,其中2/3由再保险人承担。美国保险业迎来了有史以来最为严重的净亏损年份。在这种损失规模下,商业保险公司、再保险公司重新衡量恐怖主义风险,甚至退出恐怖主义风险保险市场以减少损失。从商业保险市场的整体来看,一部分承保恐怖主义风险的商业保险公司大幅度提高了该类保险产品的价格,迫使被保险人不再愿意购买;还有一部分保险公司将恐怖主义保险的免赔条款作了修改或者调整了赔偿限额以最大化地降低自身的风险;全国绝大多数的非寿险公司在"9·11"事件之后迅速撤出了恐怖主义风险的保险市场。因此,"9·11"事件之后的美国商业保险市场很难找到应对恐怖主义的保险产品,一些商业再保险公司也不愿意为承担恐怖主义风险的商业保险的保单分保。商业保险市场基本上退出了恐怖主义风险的承保领域,导致无论公民还是商业机构都面临严重的保险供给稀缺问题。

商业保险公司不愿意介入恐怖主义保险市场很大程度上削弱了美国经济应对恐怖袭击的能力,也引发民众对恐怖主义风险的担忧。美国政府问责办公室的研究显示,由于缺乏足够的商业保险应对可能的恐怖主义袭击风险,不仅恐怖造成的经济损失难以得到恢复,类似"9·11"事件这样的恐怖袭击一旦再次发生,对美国经济和社会公众安全感的打击将非常严重。[①] 在这种情况下,美国国会 2002 年通过了《恐怖主义风险保险法》,构建了保险市场和美国联邦政府合作分担承保风险的政策体系,以减少恐怖主义风险对经济活动的冲击,提供经济增长的信心。《恐怖主义风险保险法》的核心在于为保险业和联邦政府构建一个明确的恐怖主义损失分担机制。要确保美国企业遭受恐怖袭击时有足够的资源可以恢复和重建,就必须增强美国商业保险市场的赔付能力来帮助企业摆脱困境。根据该法案,所有的财产和意外保险公司都必须承保恐怖主义风险。作为回报,美国联邦政府承诺按照一定的规则为恐怖袭击承担再保险人责任,对于超出商业保险公司自留份额的部分由美国联邦政府财政给予相应比例的赔付。根据《恐怖主义风险保险法》,每一个承保恐怖主义风险的保险人有责任支付一定数量的保险赔偿金,也就是保险人风险自留额。保险公司承担赔付责任的计算标准是实施该法案第一年至第三年保险人直接已赚取保费收入的一定比例。例如,2005 年保险公司的自留责任为 2004 年已赚取保费的 15%,2004 年保险公司的自留责任为 2003 年

[①] Government Accountability Office,Terrorism Insurance:Rising Uninsured Exposure to Attacks Heightens Potential Economic Vulnerability,http://www.gao.gov/new.items/d02472.pdf.

已赚取保费的10%,2003年保险公司的自留责任为2002年已赚取保费的7%。超过这一自留责任的部分,由联邦政府发挥再保险人的作用,承担相应的责任。根据《恐怖主义风险保险法》的规定,超过商业保险公司自留责任的部分,90%由联邦政府通过再保险来承担,10%由保险人自己承担。联邦政府承担再保险赔付限额上限是1000亿美元。①

借助于《恐怖主义风险保险法》,通过市场上的商业保险公司和联邦政府的再保险分担了恐怖主义的潜在损失风险,保险在应对恐怖事件带来损失方面的支付能力大大提高。2005年,美国保险市场上恐怖主义风险保险费率为财产保险全风险费率的比例已经由2003年的10%以上降低到4.5%左右。中大型客户的承保率也由2003年的27%提高到了2004年的39%、2005年的58%。《恐怖主义风险保险法》保障经济运行稳定、保护投保人的目标基本实现。② 但是,没有联邦政府作为再保险人发挥作用,单纯依赖商业保险公司独立提供恐怖主义风险保险的目标却没有实现。很大程度上,由于联邦政府承担了较高的赔付风险,独立市场主体缺乏风险定价能力,不能承担更大的责任。基于此,美国国会决定把《恐怖主义风险保险法》有效期限从2005年延长至2007年,以便有更多的时间和空间寻求替代方案。2007年,美国国会通过了《恐怖风险保险项目再授权法案》,进一步明确商业保险公司、联邦再保险之间的责任分担。《恐怖风险保险项目再授权法案》规定,联邦政府如果承担了超过1000亿美元的赔付责任,超出部分商业保险公司要承担15%、联邦政府要承担85%,在自留保险责任部分直接按照20%的已赢利规模确定商业保险公司的赔付责任。

通过两次修改和完善,美国保险市场被赋予更大的责任来应对恐怖主义风险的挑战,政府在恐怖主义保险中的赔付责任有所降低。但是,整

---

① 夏益国:《美国恐怖主义风险保险法研究》,载《上海金融》2009年第7期。
② 潘国臣、魏华林、刘新立:《美国恐怖风险保险制度:框架、效果及启示》,载《武汉大学学报(哲学社会科学版)》2011年第4期。

体上看,借助于商业保险市场和联邦再保险之间的责任分担体系,美国重建了针对恐怖主义威胁的保险体系,有效提高了商业保险公司的偿付能力,又没有给联邦政府带来较大的财政负担压力。美国整个保险市场的结构也发生了相应的变化,个人和商业机构70%以上购买了各种针对恐怖主义风险的保险,很多大型企业甚至发展出了自保组织来处理可能面临的恐怖主义风险。保险市场的变化为美国应对未来恐怖主义威胁可能造成的人员和财产损失提供了基础性的保障。

第三节 社会安全事件受害人的国家补偿政策

社会安全事件的发生会对社会公众的生命和健康带来严重的威胁和损害。在司法机关没有找到罪犯或者罪犯无力履行赔偿受害人损失的情况下,国家给予受害人一定的赔偿或者救助就是国家必须承担的责任。美国是世界上较早建立受害人补偿制度的国家。1965年,美国加利福尼亚州通过州立法,率先在美国建立受害人补偿制度。经过半个多世纪的发展,由州政府或者联邦政府给予受害人一定的救助已经成为美国的基本制度。至20世纪末,美国各州都建立了针对刑事受害人的国家补偿制度。美国联邦政府于1964年开始实施补偿计划,鼓励和帮助各州政府通过补偿或者救助来帮助刑事受害人。1977年,美国全国犯罪受害人补偿协会成立。1984年,美国国会通过了《犯罪受害人法案》,决定由司法部所属的犯罪受害人署具体负责实施全国的刑事受害人补偿计划,联邦财政部出资设立补偿基金,用于补偿联邦的犯罪受害人、帮助各州实施救助、指导各州立法以及平衡各州之间的救助标准。[①]

美国联邦政府与各州政府在针对犯罪受害人的补偿上是一种指导与被指导关系。各州的补偿机构接受联邦补偿机构的政策指导和资金支

---

① 周欣、袁荣林:《美国刑事被害人补偿制度概览》,载《中国司法》2005年第2期。

持,然后根据本州的实际情况制定适用于本州的犯罪受害人补偿对象、标准、程序等具体实施细则。一般来说,受害人可以在法律规定的时间内通过警察、检察官、受害人—证人保护机构以及补偿机构来申请各州政府的补偿。各州补偿机构接到申请后,会根据本州的有关法律规定审核申请者的情况、确定补偿标准。各州的补偿机构可以向联邦政府的补偿基金申请补偿拨款,最高可以获得来自联邦政府、相当于60%的州自筹资金的拨款用于补偿受害人。当然,联邦法律规定,联邦支出的各项救助资金只能用于受害人的补偿,不能用于各项管理性开支。各项补偿资金的使用范围包括医疗费、心理健康咨询费、误工收入、死亡受害人的丧葬费、受害人生前抚养人的抚养费等内容。自1997年4月25日开始,美国所有的州补偿计划必须适用于发生在国内外的恐怖主义犯罪中本州的受害居民。州补偿计划针对受害人的补偿仅限于刑事犯罪对受害人造成的直接损失,主要目的是解决受害人及其家属的生活困难问题,并不包括财产损失。①

除了州政府对犯罪受害人进行补偿之外,美国联邦政府在财政部内设有犯罪受害人特别基金,主要来自于联邦犯罪案件中罚金收入、没收的保释金和担保金。各州政府也会设立专门的基金用于刑事受害人的补偿计划,其来源包括犯罪人的罚金、罚没收入、针对罪犯征收的特别税、一般的财税收入以及私人、社会团体的捐赠等。一般情况下,在一项针对犯罪受害人的补偿计划中,联邦政府承担约60%的出资份额,州政府承担约40%的剩余补偿额。

在一般的刑事案件中,针对犯罪受害人的补偿比较简单,按照申请、受理、核验、发放补偿款等程序即可完成救助。但是,一旦一项犯罪涉及大规模的受害人,则申请补偿的问题就会复杂化。例如,一项恐怖袭击行动可能带来数十人、数百人甚至上千人的死伤,补偿机构往往会面临大规

---

① 王春永、罗艺:《美国刑事被害人国家补偿制度立法之启示》,载《洛阳理工学院学报(社会科学版)》2010年第6期。

模的补偿请求,其中可能存在巨大的法律争议。此类补偿计划的实施往往旷日持久,成本高、效率差,不能有效地发挥救助作用。为了解决大规模补偿诉求可能给各州政府、联邦政府司法部门带来的经济压力、法律责任,近年来美国通过特别主事人制度、独立运作专项补偿基金救助大规模刑事犯罪受害人。

2001年"9·11"事件发生后,美国联邦政府面临着极为复杂甚至相互冲突的需求:一方面,美国联邦政府需要快速出台针对受害人的政策,安抚"9·11"事件的受害人及其家属;另一方面,航空业可能面对巨额索赔而陷入灭顶之灾。因此,如何整合保险、公共财政资金和社会捐赠,既能够帮助受害人摆脱困境、缓和悲痛,又能够尽快使人们恢复对航空业、保险业乃至美国经济的信心,就成为美国联邦政府危机管理的核心问题。2001年9月22日,美国国会通过了《航空运输安全与系统稳定法》,授权联邦政府建立一个由司法部部长负责的"补偿基金",由司法部部长指定一名特别主事人全面负责受害人的补偿工作。根据国会的授权,特别主事人有权统筹使用公共财政资金和社会捐赠资金,并将受害人从其他渠道获得的补偿或者赔偿从应得"补偿基金给付金额"中扣除。一旦受害人与补偿基金之间达成补偿协议,受害人必须放弃司法诉讼的权利。

美国著名律师肯尼斯·范伯格受命担任了"9·11"事件国家补偿基金特别主事人,全权处理受害人的补偿问题。范伯格借鉴了司法程序来处理受害人诉求。他首先一一拜访受害人或者其家属,了解其诉求和实际情况,必要时举行听证会以更公平地处理不同的诉求。面对受害人尤其是遇难者家属情绪上的波动,范伯格作为特别主事人以情感上抱有同情心、程序上公开公正以及补偿金额上有事实依据为原则,经过大量的访谈、听证和反复的交流和讨论,帮助受害人获得补偿。① 补偿的计算标准特别复杂,补偿金额包括死者未来的税后收入、社会保障的退休待遇、未来家庭服务的价值、未来父母的收入价值潜力、需要自费的精神和身体健康照顾的费用、未来企业年金待遇等相加后再减去以下项目:雇主提供的保险价值、社会慈善机构的捐赠、"9·11"事件带来的税款减免、社会保障的死亡待遇、未来家庭消费中属于遇难者的部分、社会保障中的雇主缴费部分、终身保险预筹资金缴费部分等详细项目,根据每一位遇难者的实际情况计算出他/她应该获得的补偿金额。② 任何接受了补偿协议的受害人必须签署一份文件,明确自己或者其代理人放弃在任何联邦或者州法院提起民事诉讼赔偿请求的权利,已经提起的诉讼也必须在规定的时间内撤诉。

"9·11"事件补偿基金被看作一个介于司法诉讼和行政调解之间的经典案例,既整合了来自各方的资源、最大化地提高补偿规模,又能够让绝大多数的受害人满意,收到了"双赢"的效果。"9·11"事件造成了重大人员伤亡,美国联邦政府、私人团体都愿意出资来帮助受害人抚平创伤、摆脱困难。联邦政府和私人捐赠共计达到了 70 亿美元。因此,与司法诉讼对赔偿金额的严苛审核相比,补偿基金显得比较慷慨。通过申请、了解诉求、听证、达成补偿协议,一个"9·11"事件的受害人或者家属经由补偿基金获得相应的补偿成本更低、得到的补偿数额更多。尽管很多人认为受害人及其代表是以牺牲自己的法律权益为代价、具有"枉法"的特点,但是 97% 的受害人及其家属却选择通过补偿基金获得帮助。在 2900 多名

---

① 在补偿基金运行过程中,不论受害人还是特别主事人都可能遭受各种困扰,尤其是对"9·11"事件悲惨的记忆不断回忆、重复所带来的创伤,对家属、特别主事人产生很复杂的影响。在与受害人家属的沟通中,遇难者遗属甚至拿出了遇难者在世贸中心顶楼最后的通话录音播放给范伯格听,以便打动特别主事人接受遇难者遗属的诉求。其中一位家属说道:"让我们看看这些坏蛋到底对我丈夫做了什么,这就是见证!我想让所有的世人都记住这件事!"See Kenneth Feinberg, *What is Life Worth?* PublicAffairs,2005.

② 林鸿潮:《我国非常规突发事件国家救助标准制度之完善:以美国"9·11 事件"的救助经验为例》,载《法商研究》2015 年第 2 期。

受害人中，仅有70个个人、10个商业机构在联邦地区法院提起了诉讼，并最终以和解结案。经过持续33个月的运行，补偿基金共向2880位遇难者家属、2680位受伤者支付了补偿金。"9·11"事件的每一位死亡者平均获得208万美元的补偿，每一位受伤者平均获得39万美元的补偿。[①]依赖于联邦政府财政资金的慷慨和特别主事人制度的有效性，美国联邦政府有效地通过补偿基金承担了责任，将航空业、保险业以及联邦政府、州政府等机构的责任"撇清"，避免了可能遭遇的旷日持久的司法诉讼，又帮助受害人及其家属减少了损失。

第四节 社会捐赠资金的"基金化"运作模式

当然，并不是每一次恐怖袭击事件都可能导致上千人的伤亡，也不一定能够得到联邦财政的慷慨援助。很多恐怖袭击的受害人经常面临的最可能情景是罪犯无力承担赔偿责任，补偿基金规模小，面临较大的分配压力。2007年4月16日，美国弗吉尼亚理工大学发生枪击事件，该校23岁的学生赵承熙枪杀了27名学生和5名教师，造成美国近年来最为严重的校园暴力事件。凶手赵承熙最后也饮弹自尽，导致整个事件蒙上了较大的侵权责任无法履行的阴影。事件发生后，个人和社会团体的捐款源源不断地流入弗吉尼亚理工大学，最终达到800万美元。

如何分配这笔社会捐赠？怎么样才能最大化地帮助遇难者家属减轻悲伤？法官、弗吉尼亚理工大学、社会捐款人、受害人家属对此持有完全不同的建议。在这种情况下，弗吉尼亚理工大学决定借鉴"9·11"事件后受害人补偿基金的做法，将接收到的800万美元社会捐赠款设立"霍基精神纪念基金"，用于帮助那些受害人及其家属。为此，弗吉尼亚理工大学决定邀请"9·11"事件补偿基金特别主事人范伯格来主导这一基金的使

---

① 〔美〕肯尼斯·R.范伯格：《补偿的正义：美国如何应对灾难》，孙伟等译，法律出版社2013年版，第41—60页。

用。"9·11"事件补偿基金运行坚持了差别化原则,即根据每一位受害人的实际情况来确定补偿金额,毕竟拥有充足的财政支持可以最大化地照顾不同受害人的实际损失。

但是,弗吉尼亚理工大学的霍基精神纪念基金总体规模仅有 800 万美元,其中一部分根据捐赠人的意愿必须用于设立奖学金资助学生。在这种情况下,霍基精神纪念基金不可能采取差别化的补偿原则。作为特别主事人,范伯格首先确立了补偿范围,以人身接受度测试,避免了大量可能遭受精神伤害的人申请补偿,将索偿主体的范围限定在犯罪行为发生地的在场人员。然后,特别主事人分别会见受害人及其家属,倾听他们的诉求,让他们袒露心声。通过反复的交流和讨论,霍金精神纪念基金决定将补偿分为两个不同的体系:针对死亡者的家属,纪念基金一次性给予 20.8 万美元的赔偿;针对受伤的学生和教员,则给予平均 3.6 万元的赔偿。① 对于受伤者的赔偿还可以附带享受未来在弗吉尼亚理工大学读书期间的学费减免、其他强制性费用的免除等条件。

尽管纪念基金给予的赔偿额度远远小于"9·11"事件的补偿规模,但遇难者家属还是接受了上述安排。与"9·11"事件后补偿基金要求获得补偿的同时遇难者遗属必须放弃民事诉讼权利不同,获得霍基精神纪念基金赔偿的受害人及其家属不需要放弃自己的诉讼权利。毕竟,霍基精神纪念基金来源于社会的捐赠,实际上与侵权责任带来的赔偿不同,该基金是一个纯粹的社会馈赠——体现了社会公众对受害人的同情心,因此每一位受害人应该平等地获得和感受到公众的同情心。由于特别主事人公平、公开、高效的管理工作,自己不从该项管理工作中获取任何报酬,很大程度上得到了遇难者家属、伤者的信任和支持。在最终 200 位有权通过民事诉讼起诉弗吉尼亚理工大学的索偿人中,仅有 2 位在获得基金赔偿后又采取了司法诉讼的手段起诉弗吉尼亚理工大学。

---

① 〔美〕肯尼斯·R.范伯格:《补偿的正义:美国如何应对灾难》,孙伟等译,法律出版社 2013 年版,第 61—77 页。

霍基精神纪念基金的社会性、公开性、平等性和有效的情感沟通，确保了遇难者家属和受伤者觉得自己的遭遇得到了理解、同情和帮助。与司法诉讼的旷日持久、成本高昂、结果充满不确定性以及期望赔偿规模有限（弗吉尼亚州法律规定个人状告大学侵权最高赔偿限额 10 万美元）相比，通过平等分配社会捐赠基金很大程度上能够获得受害人的情感共鸣，从而避免可能存在的赔偿争议和民事诉讼。霍基精神纪念基金在抚慰受害者心理创伤的同时，强调了平等看待生命、尊重生命和重视社会团结的社区精神。事实证明，该事件的处理程序、结果对于弗吉尼亚理工大学、社会公众和受害人来说是"共赢"。

第五节　美国社会安全事件受害人救助政策的启示

自"9·11"事件后，美国在升级国家安全体系的同时，也建立了一套有效的针对受害人人身伤害和财产损失的赔偿、补偿和救助体系。美国利用保险市场作为基础性救助，利用财政资金发挥再保险作用，有效地结合了市场、社会和政府的资源来应对恐怖主义威胁。对于世界其他国家来说，美国以保险为基础、以财政资金为托底、以社会捐助为补充的恐怖主义风险分散和责任分担体系具有重要的启示。

政府有责任培育一个健康的恐怖主义风险保险市场，提高商业保险主体应对恐怖主义风险的赔付能力，以便在恐怖主义预防和减损方面能够发挥基础性的作用。在"9·11"事件之前，美国商业保险市场在应对恐怖袭击风险时存在两个明显的不足：一是自身承保能力较低，一旦遇到恐怖袭击事件，赔付能力差，难以有效地吸引被保险人；二是恐怖主义风险具有很大的不确定性，很难用保险风险的定价原则来进行预测和管控进而厘定保险费率、赔付责任和免赔条款，很大程度上制约了保险公司的经营和发展。"9·11"事件之后，美国国会通过《恐怖主义风险保险法》的主要目的之一是维护恐怖主义风险保险市场的健康、稳定和有效。借助于联邦再保险条款,《恐怖主义风险保险法》建立了公私合作分担恐怖袭击赔付风险的框架,有效地提升了商业保险公司对恐怖主义风险进行定价和风险管控的能力。美国借助于《恐怖主义风险保险法》中投保人、保险人和再保险人的三方分担保险成本以及保险人和再保险人分担赔付责任的体系,最大化地提升了保险人的经营能力,降低了恐怖主义风险的承保价格,提高了保险对于恐怖主义受害人的赔付能力。

与一般的商业保险包括恐怖主义风险不同,"9·11"事件之后美国单独承保恐怖主义风险的商业保险市场有了较大的发展。此类保险定位于单独承保恐怖袭击中的财产损失风险,那些获得政府承认或者没有获得政府承认的恐怖袭击行为如政治暴力事件所造成的财产损失都属于可承保范围。不仅承保风险的范围有了扩展,此类单独承保恐怖主义风险的产品还拓展到了国外,被保险人不论是在国内还是在国外遭受的恐怖袭击所带来的财产损失都可获得保险公司的赔付。商业保险公司有了风险定价能力,能够更好地开发出平衡私人需求和自身经营风险的产品,与《恐怖主义风险保险法》所提供的恐怖主义风险保险一起,为美国公民和商业机构可能遭受的恐怖袭击引发的财产损失提供了基础性保障。从美国"9·11"事件后商业恐怖主义风险保险市场的发展来看,美国联邦政府通过有效的政策供给引导和帮助保险市场重新面对恐怖主义风险取得了明显的政策效果。

如果说保险市场在应对恐怖袭击带来的财产损失风险方面能够发挥积极作用,在应对人身伤害方面发挥的作用则比较弱。很多经营人寿健康保险的公司明确恐怖主义风险不在承保范围之内。为了应对保险市场的"市场失灵"问题,美国联邦政府承担了重要的救助责任。一方面,通过《恐怖主义风险保险法》美国联邦政府与商业保险公司直接合作分担赔偿责任,提高保险公司的赔付能力、降低保险公司的经营风险;另一方面,联邦政府积极运用财政资金成立补偿基金,以减轻保险公司的赔付压力,帮助受害人尽快摆脱困境。以"9·11"事件为例,美国联邦政府在事后的救济支出高达330亿美元。在事后成立的受害人补偿基金框架内,联邦政府委托的特别主事人运用财政资金和社会团体捐赠的共计70亿美元用于受害人的补偿事宜。自2002年以来,虽然美国没有再遭受像"9·11"事件那样大规模的恐怖袭击,但是美国联邦政府发挥再保险人的作用一直没有变。按美国参议院银行住房和城市事务委员会的估算,根据《恐怖主义风险保险法》规定的联邦再保险责任,美国联邦政府2008年需要支出2亿美元、2008—2013年需要支出约30亿美元、2008—2017年需要支出约51亿美元用于应对恐怖袭击带来的损失。在商业保险市场运用保险的大数法则将恐怖主义风险定位于"不可保风险"的情况下,政府需要承担最后保险人的责任,通过积极的公共财政政策支持保险公司控制自身的经营风险,帮助受害人尽快地摆脱困境。

以特别主事人为核心的政府补偿基金运作模式既可以使政府摆脱复杂的法律争议、降低行政成本,也可以保证各项补偿工作的独立性,从而带来更为广泛接受的公正、公平和公开。每一次恐怖事件发生后,受害人和社会公众心中都充满了悲伤、愤怒和恐慌。社会舆论不断地报道事件,镜头聚焦于特定的受害人,政治人物可能为了自己的目的滔滔不绝地谈论,都可能叠加在一起放大受害人的悲伤、愤怒和无助。在这种情况下,如果没有一个合理的方案来救助受害人,政府、执政党和政治人物极易成为社会舆论的攻击焦点。因此,如何寻求有效的救助方案,避免事件引发的政治压力聚焦于政治主体身上,是所有危机管理者关注的议题。

在这种危机管理目标下,没有任何政治色彩的第三方就成为解决方案的最佳选择。美国专门利用特别主事人制度来运行补偿基金,很大程度上将专业知识、社会声望和补偿效率统筹起来。以"9·11"事件补偿基金和弗吉尼亚理工大学霍基精神纪念基金的运行为例,任命肯尼斯·范伯格为特别主事人,是保障补偿资金快速发放的最重要制度创新。范伯格是美国最具权威和影响力的争议解决专家,拥有法律专业背景、较高的社会声望、高效的管理团队和成功解决多起集体赔偿争议的经验。这些因素使得补偿基金的运行少了政治色彩(美国人天生具有厌恶政府、对政治人物抱有警惕和批评的情绪),多了专业性和人性化的沟通。借助于特别主事人的资历,补偿基金的运作依照完全公开和透明的运行程序、标准和范围,在受到社会各界包括受害人及其家属的监督之下来处理每一个具体的赔偿或者补偿诉求。在特别主事人的主导下,这种独立的第三方运行补偿基金的做法能够最大限度地在各方争议中取得共识,提高补偿基金的利用效率,减少受害人的不满情绪,保障社会的和谐与稳定。从实践来看,借助于特别主事人主导的补偿基金运行体系,美国政府和社会能够减少不同主体之间的分歧和争议,弥合因恐怖袭击引发的不同群体之间的紧张与冲突,将政治主体从社会关注中解放出来,以专业的社会化运作来应对社会多元需求。

美国应对恐怖袭击事件受害人善后赔偿或者补偿的另一个经验是如何处理不同受害人之间的补偿标准问题。"9·11"事件补偿基金运作中,特别主事人会根据不同的财产损失情况,经过详细的勘验、沟通后,给予一个合理的补偿额。不同受害人之间的投保率不同,从保险市场获得赔偿的规模也不同。再考虑到实际损失、保险赔付等情况,特别主事人制定个体化的补偿方案,并严格按照公开透明的原则运行,接受社会各界包括其他受害人的监督。相对于财产损失的个体间差异来说,人身伤害则具有一致性。同一起事件导致的不同程度的人身伤害应该在核定不同等级的基础上给予相应的补偿或者赔偿。"9·11"事件补偿基金和弗吉尼亚理工大学霍基精神纪念基金都坚持区别不同等级的伤害后,同一等级同一补偿标准的原则,不因个体其他要素的差异给予不同的补偿,避免了个体间补偿额差异引发的争议问题。

从这个意义上说,保险市场赔付、公共财政资金补偿或者社会捐助应该综合起来应对恐怖袭击中的财产损失和人身伤害,区别不同性质的损害、不同等级的损害后,有针对性地给予补偿和救助。这就要求在给予受害人补偿或者赔偿的过程中,公平、公开、公正不仅仅是一个原则,而且是一个标准,要能够坚持所有的细节都在阳光下运行。以公开、公正、透明来减少不同受害人之间的争议、猜忌和冲突,从而最大化地减少补偿基金的运行成本。

第十一章
构建突发事件受害人救助责任分担体系的建议

今天,我们面临更多的不确定性。自然灾害、事故、传染病以及社会安全事件单独或者相互强化,给我们的生产生活带来越来越严重的损失。现代风险社会需要创新风险治理体系,实现风险的分散和转移、共同分担损失。从国内外突发事件善后救助的跨国比较来看,构建一个以"受害人"为中心的风险治理体系是完善我国突发事件善后救助制度的方向。

第一节　以"受害人"为中心构建风险治理体系

风险是普遍的,但是风险后果是特定的。任何一个风险事件实质上是一种社会事件,即社会中特定的个人或者群体承担了普遍风险的破坏性后果。风险社会的这一典型特征要求我们将"受害人"置于风险治理的核心位置。从受害人的需求出发,创新风险治理结构,整合政府、市场和社会资源,以合作治理的方式帮助风险受害人应对不确定性,减少损失。只有以"受害人"为中心构建分散风险的治理结构和制度安排,一个社会才能整合所有资源承担风险成本、分散风险损失,最大化地帮助受害人回归社会正常生活,从而为每一个社会成员提供安全保障。

在这种风险治理结构中,政府既是社会正义的捍卫者,又是公共资源的分配者和风险治理体系的缔造者。一个正义的社会必须满足社会个体成员最低限度的需要,一个正义的社会不能让任何一个社会成员降低到最低生活标准之下,一个正义的国家应该保障处于贫困状态的公民获得最低限度的保障是自由主义、国家主义和社会共同体主义的共识。[①] 任何一种分配正义都必须对应着某种社会保障制度。公共权力通过社会保障制度,可以对社会的利益和成本负担实现分配和再分配。例如,国家出台社会救济、社会保险以及绝对收入的转移制度来体现和实施分配正义。通过社会保障制度来维持社会成员的基本生活水平、分担风险损失,这是任何一个国家都不可推脱的责任。

在风险治理体系中,市场也是重要的治理主体。商业保险市场在减轻风险损失、改进投保人风险意识和抵御风险的能力方面发挥着重要的作用。现代保险体系承担各种风险损害赔偿的责任,在同种危险制造者之间进行社会性的分配,一定意义上说就是损害赔偿责任的社会化。[②] 商业保险市场通过"事前风险控制"和"事后赔偿",将各种风险分散和转移给其他的第三方乃至整个社会共同承担,从而有效地减轻了加害人的责任和受害人的损失。商业保险实现风险的社会化的意义在于,侵权责任不再是受害人和加害人之间的损失转移,而是最终由社会众多的投保人共同承担风险。

在危机状态下,社会资源的不平等分配、个体能力缺陷等因素导致的弱势社会成员的基本权利难以得到保障。一个社会的成员能否从身边的社会成员和所在的团体得到及时的救助,直接决定该成员在危机状态下的权利实现。除了国家借助于强制性的制度供给(如国家针对弱势群体的基本社会保障制度)之外,风险治理还需要社会力量介入来保障个体成员的权利。社会的所有成员都应该分担风险成本并且人人相互负责,以共同体成员之间的互助互惠应对各种风险。因此,从社会的角度来考察,社会成员之间必须建立互助互惠机制,借助内存的社会资本、社会支持网络等结构来应对危机与挑战。

---

① 陈国刚:《福利权研究》,中国民主法制出版社 2009 年版,第 94 页。
② 刘士国:《现代侵权损害赔偿研究》,法律出版社 1998 年版,第 27 页。

现代风险治理结构必须是一个多元合作的结构。在风险治理结构中，政府、市场和社会平等地参与风险管理、共同分摊风险成本、共同承担救助责任。政府作为社会正义的捍卫者，必须建立一种普惠型的社会保障体系对抗风险，确保每一个社会成员都能够在遭受风险侵害的时候维持基本的生活和尊严。市场机制则从风险转移和风险分散的角度，通过被保险人、保险人、再保险人之间的成本分担、风险分散来实现风险的社会化。同时，每一个社会必须依赖于互助互惠原则才能更好地维持团体凝聚和延续。通过社会成员间的捐助、志愿活动帮助受害人抵御风险，社会可以实现风险损害的最小化。现代风险治理体系以政府、市场、社会三种机制为核心，构成一个金字塔型的责任分配体系，实现有效的风险分散、风险转移和损失共担（见图11-1）。

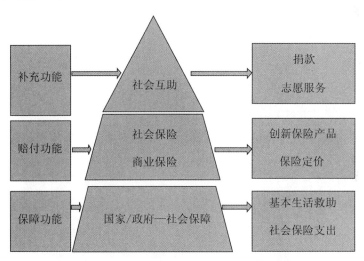

图 11-1　现代风险治理结构中的政府、市场与社会

第二节　突发事件善后救助责任分担的连续统

现代风险治理结构不仅仅需要政府、市场和社会明确各自的责任边界，还需要合力解决普遍存在的"政府失灵""市场失灵"等问题。风险尽

管具有社会共同损害的特征,其作用结果的范围却存在巨大的区别。如果我们从风险涉及群体的规模来看,有些风险具有个体性,风险管理的成本由个体来承担,风险后果也集中在个体身上;有些风险则更具有公共性,风险损害也不聚焦于特定群体,而是呈现出社会化的特征,需要全社会共同承担风险成本。事故、刑事伤害、食物中毒等类型的社会风险往往能够借助于现代侵权责任体系建立明确的因果关系,从而将风险限定在两个主体之间:加害人和受害人,以此确立侵权赔偿责任。而自然灾害、传染病、群体暴力等风险事件并不容易找到明确的责任主体,风险更多具有社会性和普遍性,只是风险的结果是由少数社会成员承担而已。在这种风险结构下,不同个体之间承担风险成本、风险后果存在巨大的差异。例如,利用现代侵权原则就可以解决一起食物中毒事件中谁来承担成本和损失的问题。但是,一次自然灾害却很难明确谁来承担成本、谁来承担损失,因为风险具有公共性和普遍性,最后往往由社会共同体共同承担成本和后果。因此,借助于风险个体性与公共性之间的连续统,我们可以建构公共权力、市场二者之间的现代社会风险责任的分担结构(见图11-2)。

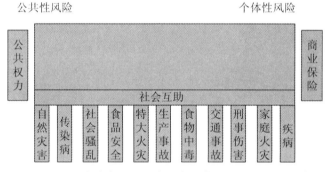

图11-2 现代社会风险政府—市场责任分担结构连续统

按照现代社会风险责任分担的连续统结构,任何一个突发事件中政府与市场责任的划分都必须考虑突发事件的特性。凡是个体性特征比较明显的风险事件,应该更多依赖于市场机制来分散风险。例如,面对疾病、财产损失、刑事伤害、交通事故等风险,社会可以借助于人寿健康保险、家庭财产保险、交通强制保险等保险产品、再保险产品实现此类风险的社会化,从而不需要公共财政的介入就可以实现风险分散、风险转移和责任共担。相对来说,自然灾害、传染病、社会骚乱、大规模食品安全事件等带来的是大规模权益损害,通常难以界定侵权责任,保险市场经常面临"市场失灵"的问题,风险分散和转移的目标必须借助于公共财政政策引导和激励才能实现社会化。此类风险就不能单纯依赖于市场机制来化解,而是更多需要政府介入,通过强制性的社会保险或者基本的社会保障来分散或者转移风险,最终实现风险的社会化。当然,无论政府通过公共财政实现风险分散和转移,还是商业保险市场通过提高加害人赔偿能力或者自己承担赔偿来分散和转移风险,社会都是重要的风险分散和责任分担主体。在各种突发事件中,社会捐助、志愿服务活动都是社会互助原则的表现形式。无论是公共性风险还是个体性风险,社会成员之间基于对共同体的认同、友爱、同情心以及互惠的期望所形成的互助行动都是必要的行为,能够为应对各种突发事件提供补充性的作用。这种社会互助功能并不是像政府与市场的关系那样此消彼长,而是一种稳定态的社会规则。从这个意义上说,无论自由主义者还是政府干预主义者都不否认社会互助在现代社会风险治理中的作用。

第三节　突发事件善后救助责任分担政策供给建议

现代风险治理结构下,有效应对各种风险需要政府、市场和社会形成责任分担体系,共同寻求有效的分散风险策略。但是,我国自然灾害、安全事故、公共卫生事件、社会安全事件的善后救助政策体系的运行过程表明,当前我国突发事件善后救助体系是一种典型的财政主导型善后救助模式,政府作为公共权力机关承担了绝大多数的风险成本和救助责任,无论是市场机制还是社会互助都还只是发挥补充性的作用。在这种财政主导型救助体系下,公共财政超越了现代预算的制约,通过国家补偿或者赔偿实现了风险的社会化,由全体社会成员共同承担风险成本和损害责任。财政主导型的善后救助政策不仅仅给各级政府公共财政带来了极大的压力,而且使得潜在的受害人缺乏风险意识、不愿意分担风险成本,最终导致了对公共财政的"依赖性"心理,反过来又加重了公共财政的救助责任。当社会成员将突发事件善后救助看作公共权力一种"恩庇""父爱主义"的时候,实际上公共权力机关便成为唯一的风险责任主体,救助主体的角色转化成责任主体,成为社会利益冲突的指向对象。

因此,从结构上说,当代中国风险治理结构的重塑必须按照不同类型突发事件的特性、依照不同的组合模式建立突发事件的善后救助政策体系。现代风险合作治理需要明确风险特性,清晰定位政府、市场和社会的责任边界。政府作为政策供给主体,不是全盘包揽一切救助责任,而应通过政策平衡不同主体之间的风险与收益,激励市场主体、社会成员广泛参与风险治理和善后救助过程。

1. 通过强制性立法推进社会保险和商业保险全覆盖

当前,我国已经开始实行强制性社会保险应对工伤事故、疾病和健康风险,借助于市场体系来分散和转移事故风险、传染病风险以及其他危及公民人身健康的风险。但是,从整体上看,我国商业保险市场作为风险分散的基础性手段还比较弱。保险市场的缺位主要体现在以下几个方面:在自然灾害保险市场上,政策性保险保障力度较低、巨灾保险尚处在试点阶段、农业商业保险参保意愿不高、政府与商业保险尚未形成有效的再保险责任分担体系等;在事故领域,工伤保险作为强制性保险基本覆盖了所有的企业,但劳动者个人商业健康保险和财产保险参保意愿较低、企业财产保险覆盖面小、商业保险市场分散和转移损失的体系尚未有效运作、政府依赖于运用公共财政应对人身和财产损害弱化了市场需求等问题还广泛存在;在突发公共卫生事件应对方面,居民基本医疗保险已经实现全覆盖,但是居民医保保障范围小、城乡医疗救助标准低、商业健康保险覆盖范围窄的问题比较突出;在社会安全领域,由于考虑到快速处置和社会稳定的因素,往往按照"一案一制"的办法来处理善后赔偿和救助问题,缺乏制度化的风险分散和责任分担机制。因此,保险市场的缺位成为制约我国突发事件善后救助的关键问题,导致各级政府不得不运用有限的财政资金应对日益增多的突发事件带来的损害,低水平、广覆盖就成为不得不采取的策略。

在这种风险转移的结构中,实质上各种风险从个人或者部分群体转移到政府手中,最终由全体社会成员承担。固然,以全体社会成员共担风险的方式也可以实现风险分散,但是承受风险的个体或者群体不用支付风险成本,或者承担较小的风险成本的制度结构会导致所有的社会成员忽视各种风险,客观上增大了风险的易发性。现代社会风险治理结构要求社会成员或者组织应该是第一责任人,承担风险预防和规避的责任和风险成本。这种治理结构表现为国家可以通过强制性的立法实现个人与群体、商业市场主体和公共权力机关之间合理地分担风险成本。例如,通过强制性的立法,任何一项农业生产活动在遭遇自然灾害的情况下,要获得公共财政的救助,必须以购买政策性保险或者商业保险为前置条件,从而在保险赔付的基础上再给予灾害救助。在各类生产安全事故中,很多国家将商业保险或者社会保险通过强制性立法的方式实现社会全覆盖。任何个体或者组织在遭遇事故损害时,如果没有保险的赔付,也无权获得针对人身伤害和财产损失的公共财政救助,政府只能提供最低生活救助。从目前来看,除了工伤保险和居民基本医疗保险作为强制性保险实现了全覆盖外,我国农业保险、财产保险、人身健康保险等覆盖面比较低,还没有有效发挥风险分散和风险转移的功能。因此,健全突发事件善后救助责任分担体系,首先应该通过强制性的立法,将购买社会保险或商业保险作为获得救助的前置条件,从而实现风险成本分摊、风险分散和转移,使受害人的损失最小化。

2. 公共财政应该立足于普惠型社会保障以应对各种风险损失

当前,我国公共财政在突发事件善后救助中发挥着主导性的作用,尤其是涉及人身伤害和财产损失的,各种赔偿、补偿和生活救助给各级政府带来了极大的财政压力。例如,生产安全事故导致的财产损失、突发传染病带来的巨额医疗支出以及社会安全事件中受害者的赔偿都需要事发地各级政府在年度预算安排之外筹措资金给予善后。当前我国应对突发事件善后救助需求对公共财政的职能定位与现代风险治理体系存在明显的冲突。现代风险表现形式多样,风险特征具有明显的差异。有的风险个体性特征比较典型,如火灾事故导致的人身伤害和财产损失;有的风险公共性特征比较明显,如自然灾害、传染病以及大规模食品安全事件等。针对不同的风险类型,公共财政的功能定位应该有所区别。从社会分配正义的角度来看,国家责任应该集中于公共性明显的风险,而个体性特征比较明显的风险则应该交给市场,通过商业保险实现风险分散和转移。针对公共性的风险,公共财政的功能应该集中在两个方面:通过社会保险体系为公共性风险提供赔付责任;通过社会保障体系为遭受突发事件影响的社会成员提供基本生活救助。社会保险政策体系和社会保障政策体系应该实现全国统一、人人普惠,从而实现社会分配正义的目标。

公共财政致力于通过社会保险体系和社会保障体系来应对突发事件的风险,要求必须通过统一的立法来规范各种社会保险支出和社会保障救助。我国已经出台了《社会保险法》,建立了基本养老保险、基本医疗保险、工伤保险、失业保险、生育保险等社会保险制度;在社会保障领域,《自然灾害救助条例》《社会救助暂行办法》也已经运行多年,收到了良好的效果。但是,整体上看,相对于社会保险体系来说,针对不同类型的突发事件善后救助的政策分割、标准不一等问题还比较突出。2014年,国务院发布了《社会救助暂行办法》,明确了基本生活救助、特困救助、医疗救助、灾害救助、教育救助等问题。但针对突发事件善后救助的规定法律权威性还有待提升,尚未形成全国统一的救助规范,各地之间救助标准、程序、范围、条件等都存在较大的差异。因此,创新风险治理体系需要通过强化社会保险体系和社会保障体系,明确公共财政的功能定位,为社会所有的成员提供普惠型的风险分散手段,以公共财政为依托减轻各社会成员遭受的损害。这就要求中央政府作为制度供给者必须按照标准统一、分级负责实施、依法给予救助的原则构建社会保险体系、社会保障体系,保障突发事件受害人的基本生活,解决其面临的困难,发挥基础性保障作用。

3. 建立多层次的再保险体系,实现风险分散和责任分担

商业保险市场在应对各种风险的过程中,普遍避免不了"市场失灵"问题。例如,自然灾害造成经济损失规模大、反复损失问题严重,这很大程度上会使承保灾害险的保险公司进行赔付时面临赔付能力不足的问题。许多保险公司化解这一可能危及公司生存的问题时无非采取提高保费、降低赔付率或者干脆宣布破产以规避赔付责任。保险公司超额赔付引发的债务危机、破产等问题最终削弱了保险市场分散风险、分担损失的能力。面对保险市场,尤其是灾害保险市场的"市场失灵"问题,政府应该通过立法形式明确建立商业再保险体系,实现风险分散和责任分担。政府通过公共财政直接或者间接发挥再保险的作用在多国成为一种常见的赔付责任分担制度安排。政府通过公共财政发挥再保险作用有两种途径:法律规定超过一个法定的赔付比例的前提下,由政府财政给予保险主体或者再保险公司超出部分的赔付款的补贴;另一种途径是由财政出资成立政府主管的再保险基金或者指定一家专门的商业性再保险公司承担灾害保险的再保险业务,由公共财政给予保费、分保比例的划定以及赔付责任超额补贴等支持。从世界各国自然灾害保险补偿的实践看,以立法或者政策的形式建立优先由市场赔付、保险主体之间互保或者商业再保险分保,最后由公共财政分担部分赔付责任的分层、多级合作的赔付体系,有助于增强保险市场的赔付能力、减轻受害人的风险损害。

考虑到我国商业保险市场发育还不够成熟,应该尽快建立保险市场、再保险市场、公共财政分级赔付责任体系。以农业灾害保险为例,完善灾害商业保险再保险分保体系可以从两个方面考虑:一方面,对于像农业保险领域风险意识较好、保险产品成熟、保险市场愿意通过再保险途径参与

风险分散的,公共财政可以通过给予农业保险经营主体再保险的保费补贴或者再保险公司赔付责任超过法定比例后由公共财政给予赔付的形式发挥"最后保险人"的作用。另一方面,对于那些自然灾害多发地区,考虑到灾害损失风险较大,社会成员风险意识较低,保险公司缺乏参与产品开发的动力,应该由公共财政成立自然灾害再保险基金,通过保费补贴、赔付责任分保以及超额承保等形式诱导保险市场经营机构参与此类保险产品的开发和经营。特别是对地震这样的自然灾害,面对社会遭受人员、财产等较大规模损失时,没有公共财政再保险体系的支持,任何一个保险市场主体要么不参与,要么在承保压力下走向破产。因此,尽快成立由财政出资的财政再保险基金发挥赔付责任分担的功能或者指定商业再保险保险公司发挥分保责任,由政府给予保费补贴和赔付责任分保,只有这样,才能使保险市场有动力参与灾害损失赔付工作,改变当前我国自然灾害保险补偿较弱、对财政补偿较为依赖的格局。

4. 积极引入社会第三方力量管理公共财政救助资金

当前,针对突发公共事件善后救助责任的履行,除了社会保险交由相应的保险公司运营外,无论是政策性农业保险还是各种财政补偿与救助,都是依赖于各级地方政府及其职能部门。因此,受制于公共组织的结构特征,财政救助力度低于社会预期,程序烦琐、效率低下等问题导致受害人经常产生各种不满,处理不好会引发针对公共部门及其工作人员的各种冲突事件。在这个意义上说,政府承担了财政支出责任,也因此成为突发事件善后工作中的焦点。

如何提高公共财政救助效率、回避可能引发的社会矛盾,利用社会第三方力量管理和分配相应的救助资金是一种有效的方式。第三方管理公共财政救助资金既可以减轻政府工作压力,又能以独立、专业、公开的形式提高救助效能,应该是未来完善突发事件善后救助责任分担体系的一个突破点。以美国的实践经验来看,在应对各种重特大事故、社会安全事件时,为了妥善解决损害赔偿问题、避免大量的司法诉讼增加社会成本,

第十一章　构建突发事件受害人救助责任分担体系的建议

以特别主事人制度主导补偿基金的管理和分配具有可借鉴意义。我国在食品安全事件的善后处理中已经开始借鉴这种管理模式。例如,针对三鹿奶粉事件,成立善后赔偿和救助基金交由中国人寿保险公司运营,在快速理赔、公开公正等方面取得了明显的效果。但是,在其他突发事件的善后工作中,还未看到利用第三方力量参与善后赔偿或者救助的个案。随着各类专业性社会组织的发展,突发事件善后救助应该大力发展第三方介入机制。这种赔偿和救助运行模式不仅有利于政府以更加超然的立场监督和指导公共财政救助资金的使用,关键还在于可以充分发挥社会组织或者个人的专业性优势,通过多边协作,寻求更有效的运行和分配方式,从而在节约社会成本的同时提升救助的效能,实现更加公平、公开和公正的善后救助,解决当前救助过程中普遍存在的社会矛盾。

参考文献

一、中文期刊类

1. 曹树基:《鼠疫流行与华北社会变迁:1580—1644》,载《历史研究》1997年第1期。
2. 陈文申:《试论国家在制度创新过程中的基本功能》,载《北京大学学报(哲学社会科学版)》2000年第1期。
3. 陈心颖:《香港医疗保障制度的变革及其对内地的启示》,载《中共福建省委党校学报》2014年第6期。
4. 陈志杰:《我国灾害应急事件中受害者的补偿机制研究》,载《广西社会科学》2010年第4期。
5. 程晓陶:《美国洪水保险体制的改革与启示》,载《经济科学》1998年第5期。
6. 代海军:《国外安全责任保险制度初探》,载《现代职业安全》2012年第2期。
7. 党勇:《香港医疗卫生管理体制的特点及其启示》,载《中国卫生经济》2009年第5期。
8. 邓道才、郑蓓:《我国合作式农业保险模式探究:基于日本农业共济制度的经验》,载《经济体制改革》2015年第4期。
9. 董明媛、赵奕钧:《商业医疗保险参保现状的影响因素分析》,载《统计与决策》2013年第8期。
10. 冯俏彬:《我国应急财政资金管理的现状与改进对策》,载《财政研究》2009年第6期。
11. 冯毅:《社会安全突发事件概念的界定》,载《法制与社会》2010年第25期。
12. 高恩新:《特大生产安全事故的归因与行政问责》,载《公共管理学报》2015年第4期。
13. 顾林生:《日本大城市防灾应急管理体系及其政府能力建设——以东京的城市危机管理体系为例》,载《城市与减灾》2004年第6期。

14. 郭瑞祥：《重建我国巨灾损失补偿体系的构想》，载《经济与管理研究》2009 年第 3 期。
15. 何佳馨：《美国医疗保险照顾计划及其对我国的启示》，载《现代法学》2011 年第 6 期。
16. 何桂馨：《美国医疗保险制度改革的历史考察与理论检省》，载《法制与社会发展》2012 年第 4 期。
17. 侯立平：《美国医疗保险体制在 21 世纪的嬗变》，载《环球保险》2006 年第 6 期。
18. 胡国建：《国家为什么要补偿犯罪被害人——西方国家被害人补偿的理论争论》，载《学理论》2009 年第 32 期。
19. 胡建淼、杜仪方：《依职权行政不作为赔偿的违法判断标准》，载《中国法学》2010 年第 1 期。
20. 黄海：《美国医疗保险的做法及对我国医疗保险制度建设的启示》，载《医院院长论坛》2014 年第 4 期。
21. 黄立嵘：《论美国侵权法行为人自担风险规则》，载《中国社会科学院研究生院学报》2014 年第 6 期。
22. 姜付仁、向立云：《美国防洪政策演变》，载《自然灾害学报》2000 年第 3 期。
23. 姜明军、叶研、李志刚：《BP 公司处理墨西哥湾漏油纠纷的经验与启示》，载《国际石油经济》2015 年第 8 期。
24. 蒋蓉、屈婕：《美国医疗照顾制度基金运作研究》，载《科技管理研究》2016 年第 3 期。
25. 康仲远：《中外大城市灾例对比研究报告：墨西哥地震和洛杉矶（北岭）地震》，载《灾害学》1997 年第 1 期。
26. 李卉、杨淑娟、赵彬、孟广哲、安力彬：《长春市居民参加商业医疗保险现状分析》，载《中国公共卫生》2012 年第 10 期。
27. 李敏：《赔偿基金在大规模侵权损害救济中的定位与制度构想》，载《西北大学学报（哲学社会科学版）》2012 年第 4 期。
28. 李勤华、王鸿：《生产安全事故中企业主要负责人的民事损害赔偿补充责任研究》，载《南京理工大学学报（社会科学版）》2015 年第 6 期。
29. 李文群：《我国商业医疗保险发展的困境与出路》，载《深圳大学学报（人文社会科学版）》2011 年第 2 期。

30. 李享宇:《关于吉林省建立水陆交通事故社会救助基金及安全生产责任保险制度的思考》,载《经济研究导刊》2015 年第 9 期。

31. 李玉尚、曹树基:《咸同年鉴的鼠疫流行和云南人口的死亡》,载《清史研究》2001 年第 2 期。

32. 李志刚:《墨西哥湾漏油事故各方赔偿责任划分分析及启示》,载《国际石油经济》2010 年第 8 期。

33. 梁茂春:《中国财产保险公司市场准入监管效应分析》,载《学术探索》2016 年第 1 期。

34. 林桂强、朱汉荣、姚若东:《近年全球几种主要传染病疫情概况》,载《中国国境卫生检疫杂志》2001 年第 4 期。

35. 林卉:《怠于履行公共职能的国家赔偿责任》,载《法学研究》2010 年第 3 期。

36. 林伟:《论专业自保公司风险分散和风险转移的前提条件》,载《上海金融》2012 年第 6 期。

37. 刘刚、赵军伟:《浙江中小企业财产保险服务调查报告》,载《保险研究》2008 年第 5 期。

38. 刘水林:《风险社会大规模损害责任法的范式重构——从侵权赔偿到成本分担》,载《法学研究》2014 年第 3 期。

39. 刘霞:《公共危机治理:理论建构与战略重点》,载《中国行政管理》2012 年第 3 期。

40. 刘臻荣:《工伤保险赔付与侵权损害赔偿的冲突与协调》,载《山西大学学报(哲学社会科学版)》2012 年第 2 期。

41. 娄湘恒、张铁伟:《日本地震保险制度风险管理体系分析》,载《现代日本经济》2011 年第 4 期。

42. 罗敏:《论羌族禁忌的形成与道德文化的构建》,载《西南民族大学学报(哲学社会科学版)》2011 年第 S3 期。

43. 孟红:《刑事被害人救助制度之救助对象范围略论》,载《东南大学学报(哲学社会科学版)》2011 年第 6 期。

44. 明仪:《世界地震保险制度》,载《中国保险》2008 年第 5 期。

45. 〔美〕P. 克鲁格曼、R. 韦尔斯:《美国医疗卫生的困境》,新晴译,载《国外社会科学》2006 年第 3 期。

46. 尚晓等:《国外自保公司监管经验对我国的借鉴与启示》,载《金融发展评论》2014

年第 11 期。

47. 沈亮、马岩、罗智勇、王敏:《刑事被害人救助制度改革略谈》,载《中国审判》2010 年第 4 期。

48. 沈荣华:《城市应急管理模式创新:中国面临的挑战、现状和选择》,载《学习论坛》2006 年第 1 期。

49. 施锦明:《论我国医疗保险制度的实践与创新》,载《东南学术》2012 年第 4 期。

50. 史本叶、孙黎:《日本地震保险制度及其借鉴》,载《商业研究》2011 年第 9 期。

51. 苏志强、王冠:《美国地震保险制度对我国地震保险的启示》,载《法制与经济》2010 年第 7 期。

52. 粟榆:《大规模侵权责任保险制度的国际经验与借鉴》,载《财经科学》2014 年第 6 期。

53. 孙国伟:《对航运业专业自保公司的思考》,载《中国保险》2015 年第 12 期。

54. 孙树菡、朱丽敏:《现代工伤保险制度:发展历程及动力机制》,载《湖南师范大学社会科学学报》2010 年第 1 期。

55. 田军:《医疗保障制度中的政府责任》,载《上海师范大学学报(哲学社会科学版)》2008 年第 6 期。

56. 田雷:《美国事故法的构建之路》,载《中国减灾》2009 年第 5 期。

57. 王和:《我国家庭财产保险问题研究》,载《保险研究》2008 年第 3 期。

58. 王珺、刘智勇:《美国医疗保险市场改革风险分担机制的设计及启示》,载《卫生经济研究》2016 年第 2 期。

59. 王婷婷:《中美油污损害赔偿基金之立法比较》,载《人民司法》2014 年第 17 期。

60. 王鑫、黄枫、吴纯杰:《城镇居民医疗保险补偿率和疾病风险研究》,载《社会科学家》2014 年第 10 期。

61. 危敬添:《关于国际油污赔偿基金组织索赔手册(上)》,载《中国远洋航务》2007 年第 9 期。

62. 文太林:《从罗斯福到奥巴马:美国医疗保险的百年变革》,载《新东方》2014 年第 2 期。

63. 〔德〕乌尔里希·贝克:《从工业社会到风险社会》,王武龙编译,载《马克思主义与现实》2003 年第 3 期。

64. 吴海峰、马天荷:《大型企业设立自保公司的作用与途径》,载《中国核工业》2015

年第 8 期。

65. 夏益国:《美国加州地震保险局的运作及启示》,载《上海保险》2007 年第 7 期。

66. 许明月:《论社会损害综合防控体系中的责任保险制度设计》,载《法商研究》2015 年第 5 期。

67. 许均:《国外巨灾保险制度及其对我国的启示》,载《海南金融》2009 年第 1 期。

68. 鄢斗、邹炜:《美国地震保险发展模式及其对我国的启示》,载《海南金融》2008 年第 12 期。

69. 闫正平:《日本地震保险制度及启示》,载《中国保险》2011 年第 4 期。

70. 杨登峰:《重特大生产安全事故赔偿过程中的政府职能》,载《北方法学》2013 年第 1 期。

71. 杨玲、刘远立:《美国医疗救助制度及其启示》,载《武汉大学学报(哲学社会科学版)》2010 年第 5 期。

72. 杨雪冬:《全球化、风险社会与复合治理》,载《马克思主义与现实》2004 年第 4 期。

73. 叶逗逗:《三鹿奶粉事件民事赔偿方案浮现》,载《财经》2008 年 12 月 27 日。

74. 殷俊、田利:《未参保企业工伤保险的经济补偿责任及落实》,载《求索》2016 年第 4 期。

75. 应星:《中国群体性抗争行动》,载《二十一世纪》2012 年第 6 期。

76. 于欣华:《美国工伤保险制度》,载《现代职业安全》2010 年第 7 期。

77. 余飞跃:《美国工伤保险制度概述》,载《中国医疗保险》2016 年第 1 期。

78. 余洋:《基于保障水平的农业保险保费补贴差异化政策研究:美国的经验与中国的选择》,载《农业经济问题》2013 年第 10 期。

79. 袁祥州、程国强、黄琦:《美国农业保险财政补贴机制及对我国的借鉴》,载《保险研究》2016 年第 1 期。

80. 袁祥州、程国强、朱满德:《美国新农产安全网的主要内容和影响分析》,载《农业现代化研究》2015 年第 2 期。

81. 袁忠群:《美国历史上最大的洪水灾害》,载《治黄科技信息》1994 年第 3 期。

82. 张成福:《公共危机管理:全面整合的模式与中国的战略选择》,载《中国行政管理》2003 年第 7 期。

83. 张光磊:《论巨灾赔偿基金中的特别主事人》,载《行政法学研究》2015 年第 6 期。

84. 张红、董时华:《刑事被害人救助制度的路径思考及选择》,载《西部法学评论》

2014年第2期。

85. 张俊岩:《风险社会与侵权损害救济途径多元化》,载《法学家》2011年第2期。

86. 张奇林:《制度的悖论与逻辑:我国医疗保障制度改革的回顾与展望》,载《学术研究》2009年第2期。

87. 张铁薇:《侵权法的自负与贫困》,载《比较法研究》2009年第6期。

88. 张晓明、李云求:《美国工业事故法的转型探析》,载《广东广播电视大学学报》2013年第3期。

89. 张晓松:《云南大姚地震救灾资金被挤占挪用4111万元》,载《中国减灾》2005年第5期。

90. 张祥稳:《试论清代乾隆朝中央政府赈济灾民政策的具体实施》,载《清史研究》2007年第1期。

91. 张新宝、岳业鹏:《大规模侵权损害赔偿基金:基本原理与制度构建》,载《法律科学》2012年第1期。

92. 张祖荣:《国外地震保险制度的主要模式及对我国的启示》,载《浙江金融》2009年第6期。

93. 赵斌、冯芮、赵魏巍、梁海伦:《美国医疗保障制度改革的先行者:马萨诸塞州医改综述》,载《中国卫生政策研究》2013年第6期。

94. 赵国玲、徐然:《刑事被害人救助立法根基的比较与重构》,载《东南学术》2015年第1期。

95. 赵曼、潘常刚:《医疗保障制度改革30年的评估与展望》,载《财政研究》2009年第2期。

96. 郑军、汤轩、王晓芳:《日本农业保险的制度演变与运行机制》,载《宏观经济研究》2016年第5期。

97. 郑荣鸣、华俊:《我国商业医疗保险与社会医疗保险发展协调度研究》,载《保险研究》2013年第4期。

98. 钟开斌:《回顾与前瞻:中国应急管理体系建设》,载《政治学研究》2009年第1期。

99. 周金玲:《美国医疗救治的财政体系与其医疗经费的膨胀》,载《中国卫生经济》2013年第12期。

100. 周钦、臧文斌、刘国恩:《医疗保障水平与中国家庭的医疗经济风险》,载《保险研究》2013年第7期。

101. 朱铭来、吕岩、奎潮:《我国企业财产保险需求影响因素分析》,载《金融研究》2010年第12期。
102. 朱铭来、宋占军:《大病保险对家庭灾难性医疗支出的风险分散机制分析》,载《中国卫生政策》2012年第5期。

二、中文著作类

1. 〔美〕埃莉诺·奥斯特罗姆:《公共事物的治理之道》,余逊达等译,上海三联书店2000年版。
2. 〔英〕边沁:《立法理论》,李贵方等译,中国人民公安大学出版社2004年版。
3. 〔美〕博登海默:《法理学——法律哲学与法律方法》,邓正来译,中国政法大学出版社2004年版。
4. 蔡勤禹:《民间组织与灾荒救治:民国华洋义赈会研究》,商务印书馆2005年版。
5. 曹沛霖:《政府与市场》,浙江人民出版社1998年版。
6. 陈成文、胡书芝:《社会救助与建设和谐社会》,湖南师范大学出版社2007年版。
7. 陈桦、刘宗志:《救灾与济贫:中国封建时代的社会救助活动(1750—1911)》,中国人民大学出版社2005年版。
8. 陈国刚:《福利权研究》,中国民主法制出版社2009年版。
9. 陈珊:《我国自然灾害事件下社会救助法制体系研究》,中国政法大学出版社2013年版。
10. 陈振明主编:《公共管理学》,中国人民大学出版社2005年版。
11. 〔美〕戴维·奥斯本、特德·盖布勒:《改革政府——企业家精神如何改革着公共部门》,周敦仁译,上海译文出版社1996年版。
12. 〔英〕戴维·米勒、韦农·波格丹诺主编:《布莱克维尔政治学大百科全书》,邓正来主译,中国政法大学出版社2002年版。
13. 〔美〕道格拉斯·诺斯:《经济史中的结构与变迁》,陈郁等译,上海人民出版社1994年版。
14. 〔美〕德莱尔:《兴邦之难:改变美国的那场大火》,刘怀昭译,中国政法大学出版社2015年版。
15. 邓云特:《中国救荒史》,河南大学出版社2011年版。
16. 董文莹:《中国突发公共卫生事件管理模式研究》,社会科学文献出版社2012

年版。

17. 〔美〕盖多·卡拉布雷西、菲利普·伯比特:《悲剧性选择》,徐品飞等译,北京大学出版社2005年版。
18. 高恩新:《加速与间断:农村集体行动转型研究》,华东师范大学出版社2010年版。
19. 谷明淑等:《自然灾害保险制度比较研究》,中国商业出版社2012年版。
20. 〔德〕哈贝马斯:《在事实与规范之间》,生活·读书·新知三联书店2003年版。
21. 〔美〕霍德华·昆雷泽等:《与天为战:新巨灾时代的大规模风险管理》,刘洪生主译,东北财经大学出版社2011年版。
22. 〔美〕贾雷德·戴蒙德:《崩溃:社会如何选择成败兴亡》,江滢等译,上海译文出版社2011年版。
23. 江亮演:《社会救助的理论与实务》,桂冠图书股份有限公司1990年版。
24. 〔德〕克里斯蒂安·冯·巴尔:《大规模侵权责任法的改革》,贺栩栩译,中国法制出版社2010年版。
25. 〔美〕肯尼斯·R.范伯格:《补偿的正义:美国如何应对灾难》,孙伟译,法律出版社2013年版。
26. 梁慧星主编:《民商法论丛》(第6卷),法律出版社1996年版。
27. 林嘉:《社会保障法的理念、实践与创新》,中国人民大学出版社2002年版。
28. 刘士国:《现代侵权损害赔偿研究》,法律出版社1998年版。
29. 〔美〕罗尔斯:《正义论》,何怀宏、何包钢、廖申白译,中国社会科学出版社1988年版。
30. 〔美〕罗斯科·庞德:《通过法律的社会控制:法律的任务》,沈宗灵、董世忠译,商务印书馆1984年版。
31. 〔德〕马克西米利安·福克斯:《侵权行为法》,齐晓琨译,法律出版社2006年版。
32. 〔英〕迈克尔·雷吉斯特、朱蒂·拉尔金:《风险问题与危机管理》,谢新洲等译,北京大学出版社2005年版。
33. 〔美〕米切尔·林德尔、卡拉·普拉特、罗纳德·佩里:《应急管理概论》,王宏伟译,中国人民大学出版社2011年版。
34. 〔美〕R.科斯:《企业、市场与法律》,盛洪、陈郁译,格致出版社、上海三联书店、上海人民出版社2009年版。

35. 〔美〕R. 科斯、A. 阿尔钦、D. 诺斯:《财产权利与制度变迁:产权学派与新制度学派译文集》,刘守英译,上海三联书店1994年版。
36. 〔美〕塞缪尔·亨廷顿:《变化社会中的政治秩序》,王冠华等译,上海三联书店1989年版。
37. 闪淳昌、薛澜主编:《应急管理概论:理论与实践》,高等教育出版社2012年版。
38. 孙绍骋:《中国救灾制度研究》,商务印书馆2005年版。
39. 孙树菡主编:《工伤保险》,中国劳动社会保障出版社2007年版。
40. 〔法〕涂尔干:《社会分工论》,渠东译,生活·读书·新知三联书店2000年版。
41. 庹国柱、赵乐、朱俊生等:《政策性农业保险巨灾风险管理研究》,中国财政经济出版社2010年版。
42. 汪行福:《分配正义与社会保障》,上海财经大学出版社2003年版。
43. 王明珂:《羌在汉藏间:川西羌族的历史人类学研究》,中华书局2008年版。
44. 王育民、薛文华、姜念东主编:《中国国情概览》,吉林人民出版社1991年版。
45. 王泽鉴:《侵权行为法》,中国政法大学出版社2001年版。
46. 〔英〕威廉·葛德文:《政治正义论》(第二、三卷),何慕李译,商务印书馆1980年版。
47. 〔美〕威廉·M. 兰德斯、理查德·A. 波斯纳:《侵权法的经济结构》,王强、杨媛译,北京大学出版社2005年版。
48. 魏丕信:《十八世纪中国的官僚制度与荒政》,江苏人民出版社2006年版。
49. 〔德〕乌尔里希·贝克:《风险社会》,何博闻译,译林出版社2004年版。
50. 〔荷〕乌里尔·罗森塔尔等:《应对危机:灾难、暴乱和恐怖行为管理》,赵凤萍、胡杨译,河南人民出版社2014年版。
51. 萧公权:《中国政治思想史》,新星出版社2005年版。
52. 徐晓军等:《灾后财富分配与流动:汶川地震个案研究》,华中师范大学出版社2011年版。
53. 薛澜、曾光等:《防控甲流:中国内地甲型H1N1流感应对评估》,社会科学文献出版社2014年版。
54. 薛澜、张强、钟开斌:《危机管理:转型期中国面临的挑战》,清华大学出版社2003年版。
55. 〔美〕约翰·法比安·维特:《事故共和国》,田雷译,中国政法大学出版社2016

年版。

56. 杨维中：《中国卫生应急10年：2003—2013》，人民卫生出版社2014年版。
57. 余凌云：《警察预警与应急机制》，中国人民公安大学出版社2007年版。
58. 余新忠：《清代江南的瘟疫与社会》，北京师范大学出版社2014年版。
59. 曾立新：《美国巨灾风险融资和政府干预研究》，对外经贸大学出版社2008年版。
60. 张奇林：《美国医疗保障制度研究》，人民出版社2005年版。
61. 郑功成：《社会保障学——理念、制度、实践与思辨》，商务印书馆2000年版。
62. 竺乾威：《公共行政学（第二版）》，复旦大学出版社2004年版。

三、外文期刊类

1. Erwann Michel-Kerjan & Burkhard Pedell, How Does the Corporate World Cope with Mega-Terrorism? Puzzling Evidence from Terrorism Insurance Markets, *Journal of Applied Corporate Finance*, 2006, Vol. 18, Iss. 4.

2. Jerry R. Skees & Barry J. Barnett, Conceptual and Practical Considerations for Sharing Catastrophic/Systemic Risks, *Review of Agricultural Economics*, 1999, Vol. 21, No. 2.

3. Joan Flocks & James Davis, The Deep Water Horizon Disaster Compensation Process as Corrective Justice: Views from the Ground up, *Mississippi Law Journal*, 2014, Vol. 84, No. 1.

4. Linda Mullenix, Prometheus Unbound: The Gulf Coast Claims Facility as a Means for Resolving Mass Tort Claims: A Fund Too Far, *Louisiana Law Review*, 2011, Vol. 71, No. 3.

5. Margaret G. Farrell, The Function and Legitimacy of Special Masters, *Widener Law Symposium Journal*, 1997, Vol. 2, No. 2.

6. N. Kapucu, Public Administrators and Cross-sector Governance in Response to and Recovery from Disasters, *Administration & Society*, 2009, Vol. 41, Iss. 7.

7. N. Kapucu, T. Arslan, & M. L. Collins, Examining Intergovernmental and Interorganizational Response to Catastrophic Disasters: Toward a Network-centered Approach, *Administration & Society*, 2009, Vol. 42, Iss. 2.

四、外文著作类

1. Charles F. Hermann, ed., *International Crises: Insights from Behavioral Research*, The Free Press, 1972.
2. M. Douglas & A. Wildavsky, *Risk and Culture*, University of California Press, 1982.
3. N. Luhmann, *Risk: A Sociological Theory*, De Gruyter, 1993.
4. U. Rosenthal, M. T. Charles, & P. T. Hart, eds., *Coping with Crises: The Management of Disasters, Riots and Terrorism*, Charles C. Thomas, 1989.